# 旧約聖書を美術で読む

秦剛平
Gohei HATA

青土社

旧約聖書を美術で読む

†

# 目次

はじめに　9

第1講　創世記1——天地創造と人間の誕生　13
第一の創造物語に見られる天地創造　15
第二の創造物語に見られる人間の創造　26
天地創造の図像　32
アダム誕生の図像　44
楽園追放　50
ユダヤ側の図像は　54

第2講　創世記2——大洪水とノアの箱船　57
メソポタミア起源の洪水物語　59
ノアと洪水　63
三階層と四階層の箱船　65
洪水後のノア　72
洪水の場面を描いた名画　74
最初期のキリスト教徒たちによる洪水解釈　86

第3講　創世記3——アブラハム物語　93
アブラム、カルデアの地を離れる　94

主、アブラムに顕現する　96
アブラム、飢饉のためにエジプトへ向かう　98
アブラム、甥のロトと別れる　103
主、アブラムに顕現し約束する　103
アブラム、甥のロトを奪還　105
アブラム、イシュマエルを儲ける　107
主、再びアブラムに顕現し約束する　110
ソドムとゴモラ　113
ロトとその娘たち　116
カデシュでの椿事　120
イサクの誕生　122
アブラハム、イサクを犠牲として神に捧げようとする　124
ヨセフスによる再話　130
アブラハムの家僕、イサクの嫁探しの旅に出る　133
イサク、リベカを嫁に迎える　136
アブラハム、今一度結婚する　138

## 第4講　創世記4――ヨセフ物語　143

ヨセフ、夢を見る　145
ヨセフ、兄たちによって売り飛ばされる　148
ユダとタマル物語――レビレート婚、オナニー、買春　153

エジプトにおけるヨセフ――不倫を迫るポティファルの妻　159
ヨセフ、投獄される　170
ヤコブの息子たちの帰国と報告　175
エジプトへ下って行ったヤコブの一族　176
ヨセフと父ヤコブの再会　177
死期が近づくヤコブ　180
ヤコブの祝福　180
ヤコブの死とヨセフの死　182

## 第5講　出エジプト記――モーセ物語　185

モーセの誕生　188
モーセ、殺人を犯し、逃亡する　200
ホレブ山でのモーセと、ファラオとの出国交渉　201
出エジプト、紅海での奇跡、荒れ野での彷徨　208
シナイ山での十戒授与　214
シナイ山を後にしてから　223
モーセの死　224

## 第6講　サムエル記上・下――ダビデ物語　229

ヨシュア、モーセの後継者になる　231
サムエル、エッサイ（イェッサイ）のもとへ遣わされる　234

ダビデ、油を注がれる　235
ダビデ、音楽療法をサウロにほどこす　237
ダビデ、ゴリアテと一騎打ちをする　240
小人ダビデ、巨人ゴリアテの首を取る　244
右肩上がりのダビデの人気　250
サウロ、ギルボア山で自害する　251
ダビデ、統一王国の王となる　254
女好きのダビデと人妻バト・シェバ　255
エッサイ（イェッサイ）の木　265

**第7講　列王記上——ソロモン物語　269**

ソロモンの誕生　271
老いゆくダビデ　272
ソロモン、ダビデの後継者となる　274
ソロモンの大岡裁き　276
ソロモン、神殿を建てる　282
ソロモン、宮殿を建てる　284
シバの女王の来訪　288
古代の千人斬り第一号——精力絶倫王だったソロモン　304
新約聖書のシバの女王　307

第8講　旧約外典――トビト記、ユディト記、エステル記、スザンナ物語　309
トビト記　313
ユディト記　324
エステル記（ギリシア語）　335
スザンナ物語　346

あとがきに代えて　359
参考文献覚書　(16)
図版出典一覧　(1)

# 旧約聖書を美術で読む

# はじめに

「聖書はだれが語っても構わない。」
「美術はだれが語っても構わない。」

これはわたしの基本的な理解であるが、本書はヘレニズム・ローマ時代のユダヤ教を専攻するわたしが、美術に関してはド素人であることを自嘲しながら、あろうことか「旧約聖書を美術で」語ろうとする無謀で大胆な試みである。このような不遜な試みに乗り出したのは、西欧のキリスト教美術やユダヤ美術を学ぶにしたがい、その二つの違いの決定的な要因となったものが何であったのかを考えてみたくなったからである。それは神表現ではなかったか。キリスト教美術をキリスト教美術たらしめたのは「三位一体《さんみいったい》」の神学である。

三位一体。紀元後四世紀のキリスト教神学は、「神」と、「神の子」と、「聖霊」が本質において同等であり、そのそれぞれが数学で言う等値符号《イークオール》で結ばれると申し立て、三位一体という奇妙奇《きみようき》天烈《てれつ》な概念を誕生させた。この概念は、新約聖書に淵源するものではなく、それだけにその誕生は難産の末のものであったことは、当時の教会史を少しでも囓《かじ》ればただちに了解されよう。

ある時期以降のキリスト教美術はこの三位一体を絵画で表現しようとした。というよりは、ある時期以降のキリスト教世界の神学やポリティックスは、キリスト教美術に、三位一体の絵画的表現をもとめるようになった、と言うべきかもしれない。いずれにしても、以後、本来姿・形を取らない、どこまでも超越的な一者であるはずの「神」が、地上的・世俗的な側面をもつ「神の子」で表現されるに至るが、ここでわたしたちを混乱させるのは、この間に、神性を付与されたマリアを信じる信仰が根付きはじめ、そしてまた同じ神性を付与された教皇が神の代理人として登場してキリスト教世界を差配しはじめ、やがてそれらも神や神の子と肩を並べる存在とされるか、それに取って代わったことである。

その結果はどうか？

もちろん、キリスト教の三位一体の絵画的表現に大きな変化が生じるが、現代のわたしたちがそうした中世キリスト教世界や、そこから展開してきた後の西欧キリスト教世界を俯瞰するとき、キリスト教は三位一体（三神教）の宗教どころか、四位一体（四神教）の宗教なのか、それとも五位一体（五神教）の宗教なのかと疑念をもつであろう。いずれにしても、キリスト教の背後に本来あったであろう、いやあらねばおかしい超越的な唯一神は、この三位一体、四位一体、五位一体の教えの前では霞んでしまい、まったく見えなくなっている。神学者や聖書学者あるいは美術史家がこの事態について積極的な発言をしないのは面白い。彼らにとっては、本来の神や神信仰などはどうでもいいのかもしれない。

本書は、西欧のキリスト教絵画や彫像、ユダヤ教の写本の挿絵などに目をやりながら、旧約聖書を学ぶ試みであるが、わたしは本書が同時に、一神教の神がどのようなプロセスで、消滅寸前まで追いやられたかを視覚的に明らかにできればと願っている。なお、最初にお断りしておくが、わたしはユダヤ・キリスト教の一神教の神を消滅寸前・絶滅寸前の品種科目と見なして久しいが、だからといって、それを保護管理科目に指定してその消滅や絶滅から救おうなどと訴えるつもりはさらさらない。ものぐさなわたしがそんなお節介をするはずがない。

本書は八回の講義ノートから成っているが、そのいずれも東京のあるカルチャー教室で使用したものであり、その欠けや舌足らずな部分は、勤務先の大学院の学生諸君を相手に開講している宗教学特殊研究の「想像と創出」で用いた講義ノートから補った。その補いはときに大きなものである。カルチャー教室では一回の講義で最低三〇枚以上の画像を、また大学院の講義ではそれ以上の画像を使用するが、本書では紙幅の都合上、点数を絞らせていただいたことをお断りする。

本書で使用する聖書は、わたし自身が邦訳した『七十人訳ギリシア語聖書』（河出書房新社）のモーセ五書ほかである。五書以外でも、必要であれば、現在進行中の拙訳を使用する。わたしがギリシア語訳にこだわるのは、これこそは最初の数世紀のキリスト教徒が用いた聖書だからであり、また西方世界でラテン語聖書が使用されるようになっても、東方のキリスト教世界においてはこれが使用されつづけたからであり、さらにまた旧約聖書の外典を取り上げるにあたっては、それがヘブル語聖書に含まれるものでないため、このギリシア語訳聖書を用いる必然があったからである。

なお、わたしはまた本書で、フラウィウス・ヨセフス（紀元後一世紀）がその著作『ユダヤ古代誌』（拙訳、ちくま学芸文庫）の前半の一〇巻で行なった再話をしばしば引く。それは本書の読者であるみなさん方に、今から二〇〇〇年前に、ひとりのユダヤ人が聖書物語を再話していたことを知ってほしいからである。七十人訳とヨセフスに関しては、ものぐさのわたしも、みなさん方がそれを手に取るようにと、あらゆる機会をとらえてキャンペーンを積極的に張っていきたいと思う。

第1講

# 創世記1——天地創造と人間の誕生

最近、日本人の美術好きを統計の上で教えてくれる非常に興味深い事実を、ロンドンで月一回発行されている「アート・ニューズペーパー」紙で教えられました。この新聞記事によりますと、世界の各美術館が公表した二〇〇五年度の展覧会での総入場者数を開催日数で割って一日の平均入場者数を出してみたところ、北斎展、唐招提寺展、そしてルーブル美術館展のあった日本が上位三位を独占したそうです。北斎展の一日平均の入場者数は何と九〇〇〇人を突破したそうで、過去一〇年、毎年この種の統計を取りはじめた同紙によれば、この入場者数は珍記録、いや新記録だったそうです。わが家では家内も行きました。息子も娘も行きました。新記録だと報道されればそれを実感いたします。わが家もこの新記録達成になにがしかの貢献をしたわけですが、それぞれが高価な図録を購入してきてしまい、わが家の書棚には三冊の同じ図録が並ぶ始末です。

わたしたち日本人は無類の展覧会好きです。わたしたちはすし詰めの通勤電車や押し合いへし合いの百貨店のバーゲン売り場に慣れているせいか、展覧会での入場制限やもみくちゃをものともしません。しかし、その体力と敢闘精神はよしとしても、わたしたちは真に美術作品を鑑賞しているのでしょうか？　わたしがこのような疑問を抱くのは、ヨーロッパの美術館で見られる日本人の鑑賞態度を問題にしたいからです。ほとんどの人が、作品の前に立ち止まることなく、足早に通り過ぎるからです。これではいくら何でも、という思いを抱いてしまいます。

さて、今日からはじまるこの講座は美術を背景にして旧約聖書の主要な主題を扱いますが、聖書の主題が描かれた図像の前にしばらく立ち止まり、その理解に必要な物語の解説を行なってみたいと思います。ご承知かと思われますが、わたしは美術大学に勤務しておりますが、美術史の教師ではありません。わたしはヘレニズム・ローマ時代のユダヤ教を専門とする者でありますので、美術史に詳しいみなさん方からすれば、とんでもないことを口にし、非常識を連発するかもしれません。お許しください。なお、最初にお断りいたしますが、この講義で使用する聖書はわたしが日本語に翻訳した『七十人訳ギリシア語聖書』(河出書房新社)です。もちろん、新共同訳や岩波版、あるいはフランシスコ会訳をお持ちでしたら、それをご利用くださってもかまいません。わたしは自分自身の聖書に愛着がありますので、それを使用するわけです。

それでは、第一回の講義に入ります。

### 第一の創造物語に見られる天地創造

まず、神が天と地をつくったと高らかにうたう創世記の第一章を開き、天地創造の場面を読んでみましょう。

「はじめに、神は天と地をつくった。

地は見えるものでも形あるものでもなく、闇が深淵の上にあり、神の霊が水の上を漂っていた。

神は言った。

『光が生まれよ。』

すると光が生まれた。

神は光を見た。美しかったからである。神は光と闇をはっきりと分けた。神は光を昼と呼び、闇を夜と呼んだ。

夕方となり、ついで朝となった。（第）一日。」（一・一―五）

これが天地創造の第一日目の光景です。

第一日目ですから、六日間にわたる創造の行為の中で一番重要なものです。

それでは、天地創造の神について議論してみましょう。

冒頭、「はじめに、神は天と地をつくった」とあります。これからして、神は天地をつくった行為者であることが分かります。

次節に「闇が深淵の上にあり、神の霊が水の上を漂っていた」とあります。「闇が深淵の上にあった」という光景は、何となくですが想像できるものです。しかし、「神の霊が水の上を漂っていた」はどうでしょうか？　ここでの「神の霊」を意味するギリシア語は「神の息」とか「神の風」と訳すことも可能ですが、「神の霊」とは一体何なのでしょうか？「神の息」とは何なのでしょうか？「神の風」とは何なのでしょうか？「霊」や「息」、あるいは「風」は、一般に、姿形のないものだとされているからです。そのため無知蒙昧なわたしは、長い間、西欧の画家たちの中で、この一節をキャンバスに描いた者はいないと信じ込んでおりました。しかし作例はありました。沢山ではありません。先に進んでからそれをお見せいたします。楽しみにしておいてください。

ここでみなさん方にお尋ねいたします。

この第一日目の記述に見られる神の属性とは何でしょうか？「属性」（アトリビュート）という言葉が難しければ「特色」とか「特徴」に置き換えても構いません。それはここでの神が、「神は言った。／『光が生まれよ』」から分かるように、人語、すなわち人間の言葉を発する存在者、つまり人間としてイメージされていることです。ここでの神は、人間存在を超越する者としてイメージされているのではありません。少なくとも完全な超越者ではありません。その点をまず押さえておいてください。

「光が生まれよ」とありました。これは命令形です。ここでの神は命令を発した主体者ですが、いったい神は、誰に向かって命令を発したのでしょうか？　まだつくられてもいない光に向かってなのでしょうか？

それとも光を生み出すために、神は自分自身に向かって命令を発したのでしょうか？　わたしたちの経験則によれば、わたしたちはある行為を実行するにあたり、命令を自分自身に向けて発することはありません。そんなことを日常的に行なえば、わたしたちは統合失調症と診断されます。とすると、この「光が生まれよ」は、形式ないしは文法の上では命令形ですが、神の独り言だった可能性が高くなります。命令には勢いというものがあります。それこそは命令の生命線です。しかし、ボソッと口にした独り言にはそれがありません。先細りです。その点で、少しばかり気になります。以下でも、一々は取り上げませんが、命令形が頻出しますので、最初に少しばかり、「何を言おうとしているのやら、この神は！」と首をかしげておく必要があります。

そして、このあたりのことも手伝ってのことなのでしょうか、西欧のキリスト教美術における「三位一体」の神は人間として描かれてきました。人間として描かれる以上、その背後にどんな立派な神学的な屁理屈があっても、神はもはや神ではなく人間となります。他方、ユダヤ教美術は、大体において、行為者としての神を「手」として描くことはあっても、「人間」として描くことはありません。それは、偶像を描いてはいけない、という十戒の教えとして徹底しておりますが、その徹底のためなのでしょう、ユダヤ美術は美術として発展することはなかったのです。実際、もう二〇年も前の話になりますが、現代のイスラエルに美術大学はなく、そのためひとつくらいつくろうとする動きがあったのですが、もし美術大学ができれば、そこで（偶）像がつくられるのではないかと恐れた保守派のユダヤ人が座り込みをして建築を阻止したのです。ですから、キネティック・アートで有名なヤアコブ・アガム（一九二八―）などがいい例ですが、美術を志す者は、イスラエルの外に行ってそれを学ばねばならないのです。これではユダヤ美術が栄えるわけがありません。

さて、元に戻りますが、ここでのヘブル語テクストは「神は光を見て、よしとした」です。ヘブル語テクストでの神は満足げに結果責任を口にしているようです。ギリシア語訳の「美しかったからである」は、結果責任を云々するものではありません。そこにあるのは美術館で絵画を見るときの鑑賞者の態度です。この鑑賞者の態度は、以後の五日間も保持されます。

二日目に神は、水の間に天蓋をつくり、天蓋の上の水と天蓋の下の水を分けました。これも凡人には想像しにくい光景です。みなさん方は、ここで想像しにくい一文を、わたしがよく翻訳したものだと皮肉られるかもしれません。確かに、翻訳者が悪戦苦闘するのはイメージできない事物や事象、イメージできない光景を言葉で表現するときですが、悪戦苦闘の末の措置は簡単です。言葉をそのまま機械的に日本語に置き換えて知らんぷりするしかありません。現代語の翻訳では、著者がまだ存命しておれば、著者に問い合わせをし、問い合わせをした事実を「あとがき」か何かにさりげなく書き込んでいかにも良心的な翻訳をやったかのような演出をすることも可能ですが、過去の文献であるギリシア語訳の場合はそうはいかないのです。せいぜいできるのは、使用するギリシア語テクストについている「異読欄」に目を通して、他の可能な読みがないかを検討してみることしかありません。それ以上のことはできないのです。結局、非常にしばしば後味の悪い訳文づくりとなりますが、仕方ありません。そうでなければ先に進めなくなるのです。

三日目に神は、陸地と海を、青草と果実のなる木をつくります。

四日目に神は、太陽と月と星辰をつくります。

五日目に神は、水の中の生き物と地の上の鳥をつくります。

六日目に神は、地の上の生き物をつくりますが、神はまた同時に、人間をつくります。そのさい神は次の人語を発します。

「『さあ、われわれは、われわれの姿に似せて人をつくろう。そして、海の魚と、空の鳥と、家畜と、地のすべてのものと、地の上を這うすべての這うものを治めさせよう。』神は人間をつくった。神の姿に人間をつくった。彼らを男と女につくった。」(一・二六―二七)

ここには、ヨハネ福音書の冒頭に見られる「キリスト＝ロゴス」論や、最初の数世紀に輩出した教会の物書きたちの聖書解釈を理解する上で、また後でお見せする人間の創造を描いた画家たちを理解する上で大切な箇所があります。それがどこなのか、お分かりになる方がおられるでしょうか?

それは冒頭の言葉、「さあ、われわれは、われわれの姿に似せて人をつくろう」です。ここまでの神は単独者であったはずです。ところが、そうではなかったようなのです。「さあ、われわれは」とあるからです。「われわれの姿に似せて人をつくろう」とあるからです。創造の行為にあずかろうとする神には「連れ合い」ないしは「仲間」がいたとしなければなりません。その連れ合いないしは仲間はひとりだったのでしょうか、それともひとり以上の複数だったのでしょうか? 神は男性形で表されますが、ここでの連れ合いは一人ないしは複数の女神だったのでしょうか? それとも男神だったのでしょうか? 男の神が女の神あるいは女の神々に呼びかけて人間をつくったのであれば、ここでの神の世界は多神教の世界ないしはギリシア神話の世界に近いものとなってしまいます。それで結構、という方もおられるかもしれませんが、それでは困る、と頭を抱え込んでしまう方もおられるのではないでしょうか? ここでの「われわれ」には天使のような妄想上の、いや想像上の存在者が含まれているのかもしれません。しかし、その天使は「さあ、われわれは……」

と呼びかけられるのですから、それは神と等しい地位にあるものと想像しなければなりませんが、ここまでの記述では、神に等しいものは今だつくられてはおりません。ですから、この一文はわたしたちの想像力を無限に刺激するものとなります。お時間がありましたら、ここでの「われわれ」が誰を指すのか、想像していただきたいのですが、二〇〇〇年前に、それを想像した福音書記者がおりました。先ほど触れましたヨハネ福音書を書いた人物です。

この福音書記者は冒頭で次のように申しました。

「始元にロゴスがあった。
ロゴスは神とともにあった。
ロゴスは神であった。
このロゴスは、始元に神とともにあった。
万物はロゴスによって成った。
成ったもので、ロゴスによらずに成ったものは何ひとつなかった。
ロゴスの内に命があった。
命は人間を照らす光であった。
光は暗闇の中で輝いている。
暗闇は光を理解しなかった。
……。」（一・一以下）

ヨハネ福音書の訳者は、通常、ここでのロゴスに「ことば」とか「言霊《ことだま》」の訳語を与えてお茶を濁しますが、それに適切な訳語を与えることは不可能かと思われます。ここでのロゴスがキリストを指していることは、この後にくる文脈から明らかですが、なぜキリストが「ロゴス」でもって形容されるのでしょうか？　それが分からないのです。分からなければ、訳語をつくることなどできません。まあ、それはともかくとして、研究者が「キリスト・ロゴス」論とか「先在のロゴス」というときのロゴスは、この箇所に出てくるロゴスを指しております。ここでの「先在」は、天地創造に先立って存在したという意味での「先在」です。

さて、ヨハネ福音書の記者は、わたしたちが今問題にしている一文に注目して神の連れ合いを「キリスト」にしてしまいました。すなわち、キリストは天地創造の前から、神の傍らにいて、神と一緒に天地創造や人間の創造に与ったとしたのです。そして実際それを受けて、このヨハネ福音書の中では、「イエスは……ご自分が神のもとから来て、神のもとへ帰ろうとしていることを悟り……」（一三・三）とか、「それは天地創造の前からわたしを愛して、与えてくださったわたしの栄光を、彼らに見せるためです」（一七・二四）と述べたりしているのです。

では、なぜこの福音書記者はこのような突拍子もないことを想像したのでしょうか？

創世記の「われわれ」の連れ合いを明らかにしたかったからだ、と言われればそれまでですが、実は、別の事情があったのです。わたしはここで、ローマ史の専門家である塩野七生さんが、ある書物の中で、「ローマ帝国には三〇万の神々がいた」と書いておられたことを思い起こすのですが、このような神々の世界へのキリスト教の登場《デビュー》はどのような意味があったのでしょうか？　イエスが神の子であると、いくら声を大にして叫んでみたところで、「だから」という突き放された冷たい反応しか返ってこなかったのではないでしょうか？　しかし、その神の子が、天地の創造のはじめに、神と一緒にいたと申し立てますと、それは驚天動地の新しい解釈となり、人びとの耳目を引くものとなります。キリスト教の神はそんなに古い神だったのか、ローマのパルテノンに祭られたいかなる神よりも古いものだったのか、帝国の三〇万の神々が束になってもかなわない古い神だったのか、となります。神々の世界への新参者ではなくなるのです。ヨハネ福音書記者は、なかなかの知恵者だったのです。

第二章の冒頭の三節を読みます。

「(こうして) 天と地とそのいっさいの秩序が完成された。神は第六日に、そのなした仕事を完了し、そして第七日に、そのなしたすべての仕事から解放されて休んだ。神は第七日を祝福し、それを聖別した。神はその日に、着手したすべての仕事から解放されて休んだからである。」(二・一―三)

今読み上げました第二章の最初の三節をもって、天地創造の話は終わりますが、この創造物語でみなさん方の注意を喚起しておきたいことがあります。

わたしたちが読んだギリシア語訳の冒頭は「はじめに、神は天と地をつくった」でしたが、お気づきになられたでしょうか、それは「はじめに、神は天と地を創造した」ではないのです。ヘブル語テクストでは「創造する」を意味する動詞バラーが使用されておりますが、二〇〇〇年以上も昔のギリシア語訳の訳者は、ギリシア語にそれに相当する動詞クティゾーがあるにもかかわらず、それを選択せず、「つくる」を意味する動詞ポイエオーを選択しているのです。この天地創造の物語では、一貫して「創造した」ではなくて「つくった」なのです。

なぜなのでしょうか？

これは考えるに値する大きな問題です。創世記や出エジプト記をギリシア語に翻訳したアレクサンドリアのギリシア語訳の訳者の念頭には、ヘカタイオスが著した『エジプト史（タ・アイギュプティアカ）』や、プトレマイオス王朝に奉仕していたマネトーンがギリシア語で著した同名の『エジプト史（アイギュプティアカ）』や、セレウコス王朝に奉仕していたバビロニアの神官ベーローソスが著した『バビロニア史（タ・バビュロニアカ）』があったはずです。これらの史書はいずれも、自分たちの民族の歴史が何万年、何十万年もの太古に遡る古いものであることを高らかにうたったものので、その古さは創世記の語る天地創造の古さをもってしても太刀打ちできるものではなかったのです。実際、ヘレニズム・ローマ時代のユダヤ人の知識人たちは、聖書の年代記述から算出して、天地創造から自分たちの時代までの時の経過を五〇〇〇年を少しばかり上回るぐらいにしか考えていなかったのです。

本当か、という方がみなさん方の中におられると思います。

ひとつの証拠をお見せいたします。ヨセフスの『ユダヤ古代誌』第一巻の「はじめに」の部分を開いてみてください。彼はそこで、これから語るユダヤ民族の歴史が連綿としてつづいてきたことを強調しようとして、次のように述べるのです。

「……聖なる文書に語られていることは、実はほとんど無限に近い。それは五〇〇〇年の民族の歴史を包含し、その中には、あらゆる種類の運命の有為転変、数多くの戦争の帰趨、英雄的な将軍たちの功績、劇的な政治革命等が語られているからである。」（第一巻一三節）

さて、この五〇〇〇年に太刀打ちできるのは、ユダヤ人たちの周囲にいるギリシア人の歴史しかありません。彼らの歴史記述は紀元前八世紀のオリンピック紀にはじまるからです。これならば、ユダヤ人たちの歴史の古さは十分すぎるほどに太刀打ちでき、自分たちの歴史が彼らの歴史よりも古い由緒あるものであると誇ることができます。

しかし、どうでしょう。

彼らユダヤ人たちは、ギリシア語訳を生み出したときには、アレクサンドリアではまだ二流市民であったのです。もし彼らが自分たちの神が「天と地を創造した」と申し立てれば、その申し立て自体が、彼らの周囲にいるギリシア人たちの間でトラブルを引き起こすことになりかねなかったのです。ギリシア語訳の訳者は彼らとの神学的な論争や歴史の起源論争を回避しようとしたように思われます。そのためギリシア語訳の訳者は、「創造した」ではなくて、「つくった」としたのではないでしょうか？

これはわたしの邪推にすぎないでしょうか？

この天地創造の物語で覚えておいていただきたいことがもうひとつあります。過去においてキリスト教側の神学者や哲学者は「無からの創造」をよく口にし、それを議論してきましたが、「無」からの創造は、本来的にあり得ないものです。実際、この天地創造物語にもそれを前提としていない記述が冒頭に見えるのです。創世記第一章の二節に「神の霊が水の上を漂っていた」とあるではありませんか。これによれば、「神の霊」はともかくも、質量を伴う「水」はすでにして「つくられていた」のです。あるオリエント学者は「創造の行為とは、混沌の中から秩序をもたらすことの中に成り立つのであって、無から存在させることの中に成り立つのではない」（青土社刊『ユダヤの神話伝説』三九ページ）と言っておりますが、これはひとつの正しい洞察であろうかと思います。

## 第二の創造物語に見られる人間の創造

創世記の創造物語は、第一章からはじまって第二章の三節で終わる物語を「第一の創造物語」とすると、第二章の四節からはじまる物語が「第二の創造物語」で、この二つがドッキングして成り立っております。

第二の創造物語は「これは天と地の誕生の書。神が天と地をつくったその日、野のすべての緑は地には生えておらず、野のすべての青草は萌出ではいなかった」ではじまります。冒頭の「これは天と地の誕生の書」は別にして、それにつづく一文は、非常に唐突です。世界の創造の完成が六日でなされたことに関心を示しておりません。第一の創造物語とは異なり、時系列で神の創造の行為を追うものとはなっておりません。

実は、創造に関しては二つの異なる伝承が存在し、それが編集されたのです。そのプロセスの痕跡は明瞭です。この第二の創造物語にも、第一の創造物語と同じく、人間の誕生に至るまでの他の誕生物語が長々とあったはずです。しかし、第一の創造物語の記述の方がすぐれている、あるいは分かりやすいといった理由で取り込むことにしたら、第二の創造物語の記述は不要です。そのためでしょう、第二の創造物語で語られている、人間の創造に至るまでの他の物語が大きく削られてしまったのです。第二の創造物語の不要部分がハサミでもってバッサリと切り取られ、次に第二の創造物語に見られる人間誕生の物語だけがノリでもって第一の創造物語に貼り付けられたのです。そのことは、ヘブル語テクストではより明白なのです。

少しばかり立ち入った議論になりますが、第一の創造物語では神は一貫して「神」ですが、第二の創造物語では神は「主・神」なのです。ギリシア語訳の訳者は、二つの伝承に細工が施されていることに気づいておりません。そのため神の呼称の違いに注意を払ってはおりません。紀元後一世紀のアレクサンドリアのユダヤ人哲学者フィロンによる五書注解や同じ世紀のもうひとりのユダヤ人著作家ヨセフスの『ユダヤ古代誌』を読んでみて分かるのですが、彼らは神の呼称の違いなどに注意を払っておりません。それに注意が払われるのは、はるか後の近代の聖書学の学問世界においてなのです。

なお、ここで申し添えておきますが、物語の冒頭から資料や伝承のドッキングがあるのは珍しいことではありません。先ほどヨハネの福音書の冒頭の「ロゴス・キリスト」論に触れましたが、わたしはあの部分の記事は本来は独立して流布していたのではないかと疑っております。わたしはいつか「古代世界における文書資料の切り貼り細工」とでも題した論文が書ければと願っております。話を元に戻し、人間の創造についてもう少し語ります。なかなか画像をお見せできませんが、もうしばらくご辛抱ください。

第一の創造物語では、人間誕生に関しては、神がどのようにしてそれをつくったかがまったく明らかにされておりません。「神は人間をつくった。神の姿に人間をつくった。彼らを男と女につくった」とあるだけです。もちろん、ここには「神の姿に人間をつくった」と書かれていることは重要です。われわれはここで、逆に、人間の姿から神の姿を想像することが許されることになるからです。神を人間として描いても、それほど不自然ではない聖書的な根拠がここにもとめられることになります。

第二の創造物語によれば、神は次のようにして人間をつくりました。男と女の生物学的な区別はまだありませんから、男をつくったのではなくて、あくまでも人間をつくったことにご注意ください。七節を読みます。

「神は地の塵から人間を形づくり、命の息をその顔に吹きかけた。すると人は生ける霊になった。」（二・七）

ヘブル語では「地」のことをアダマーと申します。したがって、「人間」を意味する「アダム」

と「地」を意味するアダマーの間には言葉遊びがあることになります。人間誕生という厳粛な出来事を記述するのに言葉遊びがあるとは何事かと思われるかもしれませんが、実は、創世記は、至る所に言葉遊びやだじゃれがちりばめられているのです。わたしは大学で宗教学を担当しておりますが、その講義で創世記を取り上げるときには、それは古代世界における「だじゃれ教本」「お笑い読本」の第一号文書だと紹介して、学生たちの笑いを取ることにしておりますが、実際、ヘブル語で創世記を読める人にとっては、それは気の置けない面白本なのです。厳粛な重々しい気分に浸りながら読む本では断じてありません。寝転がって、鼻毛でも抜きながら読むのが一番適当な書物なのです。

ギリシア語訳にはヘブル語テクストと違う箇所がもうひとつあります。そこでは、神は塵で人間の姿を形づくると、「命の息をその顔に吹きかけた」とありますが、ヘブル語テクストでは「その鼻に吹き入れた」なのです。顔に命の息を吹きかけるのと、鼻に吹き入れるのでは、その勢いに大きな違いがあります。前者には勢いがありません。それにしてもヘブル語テクストでは、なぜ鼻だったのでしょうか？　わたしが数えたわけではありませんが、人間という個体には穴が六つあるそうです。もしそうなら、他の穴、たとえばおしりの穴ではだめだったのでしょうか？　そこから命の息を吹き込むことは可能であったはずです。

余談ですが、わたしは小学校の理科の実験で、先生の目を盗んでカエルのおしりの穴にストローを差し込んで息を吹き込み、腹をぱんぱんにさせたことがあります。そのときそれに気づいた教師に「残酷なことをしてはいけません」と叱られましたが、教師はわたしを叱った後、わたしのカエルを取り上げてメスで腹を切り割いてみせたのですから、わたしに言わせれば、教師の方がわたしよりもはるかに残酷でした。わたしは、以来、教師不信のトラウマに陥って今日に至っております。

さて、この第二の創造物語によりますと、主・神は「人がひとりでいるのはよくない」と考えて、その助け手をつくることにいたします。なぜひとりでいるのがよくないのか、そのあたりの洞察は見られませんが、神はどのようにしてその連れ合いをつくったのでしょうか？　二一節と二二節をお読みください。

「そこで神はアダムを脱魂状態にして眠らせた。（神は）彼のあばら骨を一本取ると、そこに肉を詰めた。主・神はアダムから取ったあばら骨で女をつくり、彼女をアダムの所へ連れて行った。」（二・二一―二二）

神はアダムのあばら骨を一本抜き取ると、そのあとを肉でふさいだそうです。ピーマンの肉詰め料理ではあるまいし、とつい余計なことを考えてしまいますが、女はアダムのあばら骨からつくられ、女の誕生により、アダムは、生物学的に男と分類されるようになるわけです。なお、ユダヤ教では、アダムは「人」「人間」を意味するところから、最初のアダムを指してアダム・ハリション（「第一のアダム」の意）と呼びます。ハリションであり、ハクションではありません。

以上の解説がみなさん方の頭の中に入ったことを願います。

それでは天地創造や人間の誕生を描いた図像を見てみましょう。

図1　天地創造の天井画、サン・マルコ大聖堂

## 天地創造の図像

わたしの勉強不足もあるのでしょうが、天地創造の場面を描いた図像は必ずしも多くはないようです。しかし、いくつかはありました。

最初のものはヴェネツィアのサン・マルコ聖堂のアトリウム（玄関間）に架かる円蓋のモザイク画です（図1）。この聖堂は、ヴェネツィアを訪れる人は間違いなく立ち寄るところです。聖堂に足を踏み入れた途端、その玄関口で上を見上げねばなりません。制作年代は一三世紀です。このモザイクの天井画は、アダムの誕生までの創造の七日間が内側の第一の円環と次の第二の円環の、それぞれ仕切られた空間内に描かれております。図像上の第一日は、第一の円環の下の仕切られた空間部分からはじまるように配置してみました。時計の逆まわりに進みます。最初の仕切りの空間部分には「水の上をただよう神の霊」が描かれております。わたしは先ほど、姿・形の見えない神の霊を描けるのか、と疑問を呈しましたが、それがここでは描かれているのです。器用なものです。

ご承知のことかと思いますが、キリスト教の図像では、聖霊はつねに鳩で表されます。それはイエスがヨルダン川でヨハネによって洗礼を授けられて水から上がると、聖霊が「鳩のように」自分の上に降ってくるのを見たと、福音書に書かれているからです。この天井画での「神の霊」は聖霊に見立てられております。鳩の頭の上には、赤で縁取りされた金色の頭光が描かれております。この頭光は、神の属性を表しているのでしょう。つまり、ここでの鳩はたんなる聖霊ではなくて、「神の属性をもつ霊」「神の聖霊」と見立てられているのです。その右上の仕切り壁の中の図像も同じく第一日の場面で、神が光と闇を分離させたところです。赤い球体が太陽で、その右の黒い球体が闇を表しております。

赤い球体の上にはみ使いが描かれております。

天と地の創造にみ使いが関わっていたとは驚きですが、「さあ、われわれは……」と呼びかける創世記の「人間」創造の記述（一・二六）は、すでに見てきたように、神による創造行為に神以外のものが手を貸したことを示唆するだけに、この天井画にみ使いが描かれていても不思議ではありません。このみ使いの左には金色の頭光をもつ神が描かれております（図2）。頭光の中には十字架が描かれております。まちがいなくラテン十字です。何度見てもラテン十字です。ここでの神は最初から、「キリスト教化された」神なのです。聖書のどこかに「神は偏りみない」と書かれていたのを、ここでついつい思い起こしてしまいます。神は不偏不党であってほしいものです。神はユダヤ教や、キリスト教、そしてイスラームを超越する神であってほしいものです。この先、少しばかり、心配になります。

もっともわたしはここでの神が「キリスト教化された神」だと申し上げましたが、ここでこの「キリスト教化された神」についてもう少し、ああだこうだ、何だかんだと議論してみるのも一興かもしれません。ここでの「キリスト教化された神」をもう少し突き詰めていきますと、どこに行き当たるのでしょうか？　それはもしかしてラテン十字をかざす「教皇」かもしれません。それはもしかして「先在のロゴス」、すなわち「先在のキリスト」かもしれません。この天井画をつくらせた人物が「先在のロゴス」についてどれほどの理解があったかは分かりません。それについては無知蒙昧であったかもしれません。しかし、それはそれであって、わたしたちはここでこの天井画を見上げながら、この神が、「キリスト教化された神である」とか、いや「教皇である」とか、いや「先在のロゴスである」と口角泡を飛ばして議論すべきだと思われるのですが、どうでしょうか？　美術史家がこのような議論をすることはないようです。寂しいかぎりです。なにしろある著名な美術史家に、この天井画を見せて先在のロゴスについての議論をしようとしたところ、「センザイって何ですか？」と問われてしまい、わたしはあわてて、「あ、それは洗濯用の洗剤ではありません」と答えたものです。

脱線しました。

さて、その上は二日目の場面です。神は水と水の間を分け、天（大空）をつくります。その左は陸地と海の分離の場面です。

その下は三日目の場面で、植物の創造です。み使いの数は三人に増えております。なぜ三人なのでしょう？　三は聖なる数ではありませんから、このような疑問をもってしまいますが、ここでの「三」は三日目を表しているようです。これで内側の第一の円環が終わり、ふりだしに戻ります。次の第二の円環に進んでください。なにやら双六をやっているような気分にさせられます。最初は四日目の場面で、太陽と月と星の創造です。「トゥィンクル、トゥィンクル、リトル・スターズ」と口ずさみたくなる星の輝きです。四日目ですから、み使いは四人です。その右は五日目の場面で、飛翔する鳥と海の生き物の創造が描かれております。ここでの魚はヴェネツィアの魚河岸に並べられていたものでしょうが、中央のものだけは売られていなかったと思われます。怪獣とか怪魚と訳

図２　「天地創造」の場面から。図１の部分を拡大、サン・マルコ大聖堂

されるレビアタンだからです。ユダヤ教の伝承によれば、このレビアタンはなかなかの珍味だそうで――どうして分かるのでしょうか？――、メシアが到来したときの祝宴ではこのレビアタンの切り身が皿に盛られるそうです。最初に箸をつけるのは誰でしょうか？　お分かりになりますか？　ダビデなんだそうです。彼はいつの時代でも特別待遇なのですね。

その上は鳥が祝福を受けているところです。五日目の出来事ですから、五人のみ使いが登場します。その上は陸の上の動物を描いておりますが、興味深いのは、ここでの動物の向きがてんでんばらばらだということです。なぜすべての動物が神の方に向いていないのでしょうか？

その上はアダムの誕生です。

アダムは土くれからつくられたためか、黒っぽい色の小さな石粒が使用されております。その左隣りの図は、七日目の祝福です。そのため七人のみ使いが登場します。祝福する神が座っているのは、やはりどうみても教皇座です（図２）。ここではじめて、天地創造の神は、「先在のロゴス」ではなく、教皇であることが分かるのです。あるいはここでの神には教皇の姿が投影されていることが分かるのです。教皇は神の代理人だそうですが、この創造のサイクル画は、その絶大なる権力は天地創造のときにまで遡ることを訴えているかのようです。

さて最初の図像（図1）に戻って次の左下は、命を与えられたアダムが描かれております。彼が抱こうとしているように見えるのは彼の子ではありません。まだ彼には連れ合いが与えられてはおりません。これは「命の息」ではないでしょうか？　創世記第二章の七節に、「神は地の塵から人間を形づくり、命の息をその顔に吹きかけた」とあります。ここですよね。その下は楽園に誘われるアダムで、ここで再び元に戻ります。その下の第三の円環に進みます。最初は動物に名前をつけるアダムが描かれております。「こいつはライオンでいいだろう」と、思いつくままに「名前」を粗製濫造・粗製乱発している場面です。その右はエバの創造を描いております。左には連れ合いがいなくてふて寝しているアダムが描かれております。いや、エバを誕生させるために眠らされているアダムです。この間、彼はあばら骨を一本抜かれてしまいます。文字通り、ホネヌキ状態です。

この美しいモザイク画の詳しいことは、ＮＨＫ日曜美術館、名画への旅『天国へのまなざし　中世Ⅲ』（講談社）から学んでください。そこではこのモザイク画が、「『コットン・ゲネシス（コットン創世記）』と呼ばれる五世紀の古写本の挿絵を直接の手本としていることが明らかになっております……」（四三頁）と断定的に言われておりますが、『コットン創世記』は、一七三一年の火災で大半部分が消失してしまったため、それとの直接の比較はもはや不可能ですので、この著者のように、両者の関係を断定的に言うことは無理かと思われることも、老婆心ながら、ここで付け加えておきます。

同じ一三世紀にフランスでつくられた『道徳聖書』の挿絵をお見せいたします。みなさん方の中には、『道徳聖書』とは「何じゃらほい?」と言われる方がおられるかも知れませんので、ひとこと説明しておきます。これは一二二〇年から一二三〇年にかけて、パリかシャンパーニュでつくられたフランス語聖書で、道徳的に役立つと思われる聖書物語をまとめたものです。縦三四センチ、横二六センチで、一三一葉からなるものです。各頁に八つの小さな円環の中に描かれた図像が入れられております。この書物のパトロンはシャンパーニュ伯爵ティボーだとされております。この書物は現在フランスにあるのではなくて、ウィーンのオーストリア国立図書館に置かれております。

図3　天地創造の12の場面、13世紀の『道徳聖書』より

ここでお見せするのは、第一葉の左頁に描かれた天地創造の場面です（図3）。ここでの神は、明らかに、ビザンチン経由のキリストの顔です。キリストの顔をした神は、一二世紀末にヤコーポ・トリーティによってつくられたサン・フランチェスコ聖堂の天地創造のフレスコ画や、一二八〇年代につくられたフィレンツェのサン・ジョヴァンニ洗礼堂の天地創造のモザイク画にも認められるものですが（図4）、それらの絵をつくづくと眺めておりますと、神がキリストになってしまってはお終いだ、という思いにかられてしまいます。しかし、三位一体というわけの分からぬ、迷信的なキリスト教神学の議論からすると、「神」と「神の子」は、その本質において、数学でいう等式で結べるのですから、神の顔がキリストの顔になろうとそれはそれで構わないのかもしれません。なお、ここで覚えておきたいのは、一三世紀の初頭にキリストの顔を描いたイコンが大量に西欧に持ち込まれ、しかもイコンの礼拝によって罪も許されるとされたわけですから、キリストの顔が神の顔に取って代わるのも自然なのかもしれません。

これも『道徳聖書』からのものですが、神はコンパスを使って天地を正確につくろうとしております（図5）。天、その中にある太陽と月、星辰、そして海などがコンパスで型取りされた円環の中に見えます。わたしは工具類やコンパスが好きなので、この画像には引かれるものがあります。ここでの神の姿にも注目してください。十字架入りの頭光がつけられております。教皇座はどこにも見えませんので、十字架入りの頭光をもつこの神が教皇を象徴していると見ることはできませんが、キリスト教的な神であることには間違いありません。

次にお見せするのは、一五世紀のイタリアの画家ジョヴァンニ・ディ・パオロ（一四〇三―八二）

図４　天地創造、サン・ジョヴァンニ洗礼堂

図５　天地創造の神？教皇？『道徳聖書』より

図６　天地創造と楽園追放、ジョヴァンニ・ディ・パオロ

図7　世界の創造、ヒエロニムス・ボス

の作品です（図6）。ニューヨークのメトロポリタン・ミュージアム・オブ・アートが所蔵するものです。左に天地創造を描き、右に楽園から追放されるアダムとエバ、そしてケルビム（有翼天使）を描いております。ここでの天地創造の結果は、「黄道十二宮」をあらわす同心円の一番中心に近い円蓋の中に見られるものです。神は左上方から一二のケルビムに囲まれて、というよりはそれに支えられて天から降下中で、その人差し指で天地創造の結果を指し示しております。

こちらは北ネーデルランド生まれのヒエロニムス・ボス（一四五〇―一五一六）の作品です（図7）。これは三連祭壇画（右、左、中央と三つのパネルからなる祭壇画）で、ここでお見せしているのは、右と左のパネルを中央に向けて畳み、畳まれた二つのパネルの面をまたぐようにして創造の三日目が描かれております。創造の行為者である神は描かれておりません。畳まれたパネルを左右に開きますと、左側（左翼）にはエデンの園、アダムとエバが描かれております。なお、ついでながら申し添えておきますが、ここでの三連祭壇画の陶板画は、四国の鳴門にある大塚国際美術館で見ることができます。左右のパネルが自動的に厳かに開閉するので、はじめて見たときには腰を抜かしてしまいましたが、マドリッドのプラド美術館のそれも同じなのでしょうか？

次にお見せするのはイタリアの盛期ルネサンスを代表するミケランジェロ（一四七五―一五六四）の作品です。これはバチカンのシスティーナ礼拝堂の天井に描かれたフレスコ画で、太陽と月と植物の創造を描いた全体図から太陽をクローズアップした部分図です（図8）。ここまででお見せした絵画に登場した神がそうであったように、「われわれは……」を口にした神には、連れ合いがおります。ここでは前面の子供らしきものを入れますと、少なくとも四人の人物が神の背後におりま

図8　天地創造の一場面、ミケランジェロ

図9　イッソスの戦い、ポンペイ「牧神の家」より

す。神の表情は非常に険しいものです。怒っているようにさえ見えます。この神が恐ろしく見えるのは、神が貧相に描かれているからではなくて、筋肉ムキムキマンとして描かれているからです。ところで、この画像の左にいてお尻を丸出しにしているのは誰なのでしょうか？　神に向かってお尻など出してよろしいのでしょうか？

そもそも、この作図はどこに淵源するものなのでしょうか？

いろいろ考えました。ありました。それはポンペイの「牧神の家」で発見された、イッソスでのアレクサンドロスとペルシアのダレイオスの戦いを描いた絵です（図9）。馬と人間の違いはあるにしても、構図的には同じなのです。ダレイオスのポーズは神のそれと同じです。彼の下に描かれている円形状の盾は、神の創造した太陽に相当するように見えます。絵を見る者にお尻を向けるその大胆さには驚くべきものがありますが、わたしの同僚の美術史家、諸川春樹さんに尋ねますと、ミケランジェロ以降には、見る者にお尻を向けている絵画は結構あるそうです。神が見る者にお尻を向けている絵画はないかと、つまらぬことを聞きましたところ、それはないそうです。

では、次に人間の誕生に移ります。

## アダム誕生の図像

これもミケランジェロが描いたアダム誕生の場面です（図10）。

ここで注目したいのは、ミケランジェロが創世記の記述から自由になっていることです。創世記の第二の創造物語によれば、神は命の息をアダムの顔に吹きかけるか、その鼻に吹き込んだはずで

図10　アダムの誕生、ミケランジェロ

図11　エバの誕生、作者不詳。神は教皇？

すが、ここでの神はアダムの指先に触れれば、もうそれでよいのです。いや触れる前にすでにしてアダムは筋骨隆々の青年として形づくられているのです。エバ誕生の光景も描かれております。これはアントワープの無名氏によって一五三〇年ころに描かれたものです（図11）。この場面は創世記の第二の創造物語にもとづいております。エバがアダムの肋骨から誕生しようとしております。この絵で注目したいのは、左側の「神」です。ここでの神は教皇服をまとい、十字架の教皇冠を頭にのせた神、つまり、教皇なのです。

わたしたちはすでにキリスト教化された神が創造に与っている場面を見てまいりましたが、これは明らかにその延長上にあるのでしょう。このような絵がなぜ大手を振るって登場したのかを考えるのは重要です。まあ、いろいろ理由が考えられるでしょうが、そのひとつの理由は、西欧のキリスト教会が一三世紀以降、教皇を神の地位にまで高める中央集権とそれを支える位階的構造を完成させていたからでしょうが、もうひとつの理由は、すでに「はじめに」で述べたように、キリスト教世界が四世紀以降、依然として「三位一体」という迷信を引きずりつづけていたからでしょう。位階制度を完成させたものの、神の代理人である教皇をその三位一体の中に割り込まさねばならなかったのです。教皇をそこに割り込ますことにより、実質的には、三位一体は拡大されて四位一体となります。図式で表せば、理論的には、「神（＝教皇）＝神の子＝聖霊」なのでしょうが、実質的には、教皇が突出してしまい、「教皇→神＝神の子＝聖霊」か「教皇＝神＝神の子＝聖霊」となってしまったのです。ですから、一三世紀以降の画家にとって、とくにカトリック教会のイデオロギーに奉仕する御用画家にとっては、創造の場面に教皇を登場させてもおかしいとは思わなくなって

図12　アダムとエバ、バルドゥング

いるのです。

第一の創造物語によれば、動物の創造は人間の誕生に先立つものですが、第二の創造物語によれば、動物の創造は人間の誕生後です。一六世紀のティントレット（一五一八―九四）は、神と誕生した生き物たちを描いております。そこでの鳥や魚には勢いがあります。神は空中に少しばかり浮遊して足をばたつかせているように見えますが、神の体全体にもなかなかの勢いがあります。右手は、生き物たちに進むべき方向を示しております。アダムのところに連れてこられた動物たちにアダムが名前をつけている場面は、ベルトラム・フォン・ミンデン（一三四五―一四一四）によって描かれております。わたしは彼の絵を見ていると、それを動物学者か生物学者に見せて、そのうちのどれが当時のヨーロッパに生息していなかったものなのかを聞き出したくなります。この作者の動物や鳥類にたいする知識は生半可のものではありません。なお、この画家の描くアダムの頭には十字架入りの頭光が置かれておりますから、それは「キリスト教化されたアダム」なのでしょうが、キリストそのものだと蘊蓄を傾けることも、多分、可能でしょう。

ここでアダムとエバの二人を描いた作品に戻りましょう。

お見せするのは通称グリーンの名で知られるバルドゥング（一四八五―一五四五）のもので、フィレンツェのウフィツィ美術館で展示されているものです（図12）。彼はデューラーの筆頭弟子です。この作品の制作年代は不明ですが、デューラーが一五〇七年に「アダムとエバ」を制作し、彼はその後に描いたのかもしれません。エバの足元にはライオンなどが描き込まれております。

フランドルの画家で、マビューズとも呼ばれたホッサールト（一四七八―一五三二）も描いており

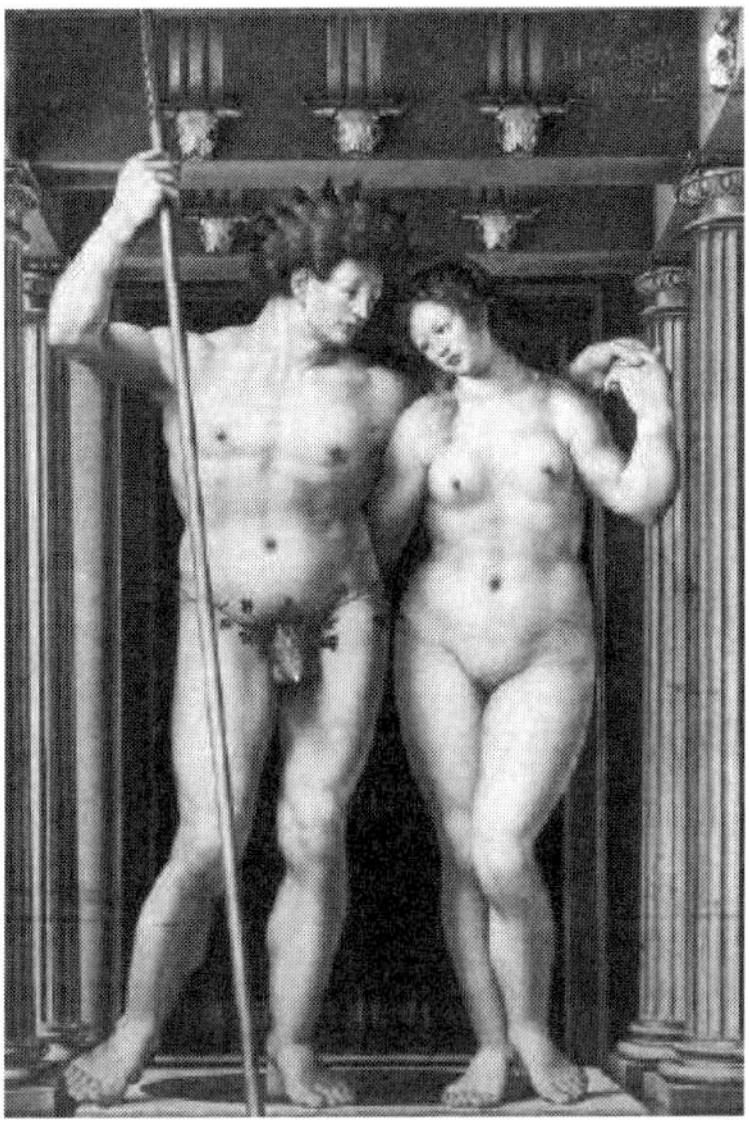

図14　ネプチューンとアンピトリテ、ホッサールト

図13　アダムとエバ、ホッサールト

ます（図13）。これは現在、ウィンザー宮殿のロイヤル・コレクションのひとつとなっております。この画家はアダムとエバの絵を少なくとも九点は描いているそうです。この絵ではまた、一本の木ではなく、「命の木」と「善悪を知る木」の二本が描かれております。この絵は一時期イギリスのチャールス一世の手にありましたが、王の死後売却され、王政復古のときに買い戻されたそうです。ミルトンはチャールス一世の手を離れる前にこの絵を見ていたのではないかと言われております。

この画家はまた、この「アダムとエバ」よりも五年くらい前に「ネプチューンとアンピトリテ」と題する絵を描いております。これがそうです（図14）。ネプチューンはローマ神話に登場する海神で、ギリシア神話のポセイドンに相当し、アンピトリテは、ポセイドンの妻で、海の女神です。この絵をみなさん方にお見せしたのは、これがフランドル絵画の歴史の中で裸体を描いた最初のものだったと指摘されるからですが、またこの絵の構図が後のデューラーらに影響を与えたと指摘されたりしているからです。

デューラー（一四七一―一五二八）の制作したもので、だれでもが一度は目にしたことのある作品があります。マドリッドのプラド美術館で展示されております。アダムとエバの大切な所はリンゴの葉で隠されております。創世記によれば、人類最初のアパレルはイチジクの葉ですが、この画家によれば、それはリンゴの葉であったようです。どちらでもかまいませんが、アパレル業界で働くひとは、リンゴの葉や、イチジクの葉、カエデの葉、あるいは表面積の一番小さなイチョウの葉などが人類のアパレルの原点であったことを想起して、つねに原点回帰を試みてほしいものです。クラーナハ（一四七二―一五五三）も随分と「アダムとエバ」を描いております。時代は飛んでしまいますが、わたしの好きなのはゴーギャン（一八四八―一九〇三）の描いたものです。二人の足元には、柿、いやリンゴがいくつか落ちております。動物たちも描かれております。

では、次にアダムとエバの楽園追放の光景を見てみましょう。

## 楽園追放

これはみなさん方おなじみの初期ルネッサンス、フィレンツェ派のマサッチオ（一四〇一―二八）が制作したフレスコ画です（図15）。フィレンツェのサンタ・マリア・デル・カルミネ聖堂のブランカッチ礼拝堂で見れるものです。あまりにも有名なので、みなさん方はご覧になっておられると

図15　楽園追放、マサッチオ

思われますので、解説は不要でしょうが、この絵はよく楽園から追放されたアダムとエバの懊悩を描いていると言われます。本当でしょうか？　というのも、わたしにはエバが、「何すんのよ、神のヤツは。せっかく楽しんでいたのに」と激しく訴えているかのように見えるからです。このフレスコ画で残念なのは、この絵の上部に描かれていた天空部分が一八世紀に切り落とされてしまったことです。切断した経緯は知りませんが、残酷な行為です。

このフレスコ画の掛かるブランカッチ礼拝堂の反対側の壁には、ほとんど同じ時期に制作されたもうひとつのフレスコ画が見られます。パニカーレが一四二六―二七年に描いた「誘惑」と題するものです。そこでのアダムとエバの動きはマサッチオのそれとは非常に対照的で、その二つを見る者は、すぐに比較対照したくなるのではないでしょうか？　こちらの「誘惑」で描かれているアダムとエバには、一七世紀に、性器のモロ出しはよくないということで、イチジクの葉が描かれたそうですが、近年の修復作業でそれが取り除かれました。葉の覆いは性衝動への妨げであり、それは誘惑の妨げとなるものです。

次にお見せするのはミケランジェロのものです（図16）。禁断の木の実を食べようとするアダムとエバを左側に、そして、それを食べた結果、エデンの園から追放される二人を右側に描いております。この絵で興味深いのは、アダムの男性性器とエバの口との位置関係です。エバの顔は右側の禁断の木の方に向いておりますが、禁断の木の実――それは女性で表されております――を食べた後、左を向いたらどうなるでしょう。彼女の顔の前にあるのはアダムの性器です。彼の性器は下方に向いておりますが、エバが振り向けば、それは自然に上向きに猛々しく屹立し、ちょうど彼女の

図16　楽園追放、ミケランジェロ

口にあたるのです。もしアダムとエバが正常位でセックスを楽しんでいたならば、そう簡単には楽園追放の憂き目には遭わなかったはずです。何しろ、二人には子づくりが期待されていたからです。しかし、禁断の木の実を口にした後、エバがいきなりアダムのペニスを口にするのでは、さすがの神もあわててしまいます。予想だにしなかった展開だからです。ミケランジェロは、神が二人を園から追放した理由まで明らかにしているのではないでしょうか？

みなさん方は楽園追放後のアダムとエバの放浪生活を想像されたことがおありでしょうか？

最近、わたしの宗教学の試験で受講生に課した問題のひとつは「楽園から追放されたアダムとエバの放浪生活を想像してみなさい。そして、必要ならば図像を付して説明しなさい」というものでした。学生たちには冬休み前に問題を提出し、休暇中にじっくりと考えさせ、年明けの試験に臨ませたのです。わたしはなぜこのような問題をつくったのでしょうか？　それはわたしの宗教学の受講生に創世記の物語を想像力豊かに読む訓練をほどこしたかったからですが、同時にそうすることにより、ユダヤ文学における「ハガダー／アッガダー」（聖書の記述上の欠けなどを想像で補う物語、説話物語）の何たるかを具体的に教えたかったからです。もちろん、わたしの受講生の大半は絵を描くことが得意ですから、彼らの描くアダムとエバも見てみたいという魂胆もわたしにはあったのですが……。

全員が面白い解答を提出したわけではありません。しかし、一割の学生は真剣に取り組みました。さらに、その一割の一割は秀逸なものでした。学生たちの多くが想像したのは、孤独と恐怖という問題でした。もちろん、これは当然予想される想像でした。何しろ、アダムとエバ以外の人間はまだ創造されておりませんから、どこをさまよっても他の人間に出会うことはないからです。したがってまた、どこをさまよおうとも、踏みならされた道などまだつくられてはおりません。いくら二人がお手々つないでさまよったとしても、それは孤独と恐怖に圧倒される放浪だったはずです。この放浪で男と女が出来ることは何かと言えば、それは抱き合うことしかありません。抱き合い、見つめあい、まさぐりあい、まぐわいをしているときだけ、二人は恐怖と孤独を忘れることができたのではないでしょうか？

**ユダヤ側の図像は**

最後にユダヤ側のものを二点お見せいたします。

最初のものは大英図書館が所蔵する『タルグム偽ヨナタン』が創世記の第三章の六節と七節にほどこした挿絵です（図17）。制作年代は不明です。ここでリンゴがたわわになっている、といった解説は不要でしょう。次のものは『サラエボ・ハガダー』として知られるもので、創世記三章八節

図17　アダムとエバ、『タルグム偽ヨナタン』、挿絵

図18　アダムとエバ、『サラエボ・ハガター』、挿絵

に挿入された挿絵です（図18）。制作年代は一四六〇年ごろとされております。エバの乳房にもう少しふっくら感があればよかったかと思います。

最後に締めくくりとしてひとこと贅言を加えます。

神による人間の創造ですが、それは大失敗であったとわたしは考えます。その理由は簡単です。神は人間を誕生させたとき、一組の男女しかつくらなかったからです。そのため、おかしな事態が生じてしまうのです。

創世記の第四章によれば、アダムとエバからカインとアベルが生まれました。アベルはカインに殺されますから、彼は子を儲けずに亡くなったわけですが、カインは子を儲けました。問題が、由々しき問題と言うべきなのでしょうが、ここで発生いたします。第四章に「カインはその妻を知った。彼女は身ごもってエノクを産んだ」（四・一七）とありますが、この時点で全地に存在する女はエバしかおりませんから、この一文にはじめて接したとき、わたしは「あれれ……」と叫び、のけぞりかえりました。カインのセックス相手はエバしかいないからです。カインは父親の目を盗んで、母親とセックスしたことになります。あるいはまたエバがアダムとのセックスのマンネリ化に退屈して、息子を誘惑して遊んだことになります。わたしがこの事態を指して、人類を誕生させた「神の大失敗」と呼ぶ所以です。二組の男女をつくり、もう一組に女の子（たち）を誕生させれば、この事態は回避できたはずです。

中世のラビたちは困惑しました。

彼らは頭を抱えただけではありません。抱えた頭を使い、人間の目には見えない「リリツ」と呼ばれる存在者を想像してみせたのです。これはハガダー的手法です。目には見えない霊的な存在者ですから、創世記が言及していないのは当然だというわけです。カインが相手にしたのはこのリリツであり、エバではなかったというわけです。この立派な屁理屈のおかげで、エバとカインの間の疑念は見事解消されたのです。ところで、キリスト教側には、マリアの「聖霊による身ごもり」という噴飯もののアイデアがありますが、わたしは最近、ラビたちが想像した「リリツによる身ごもり」は、キリスト教側の「聖霊による身ごもり」のパクリではないかと考えております。このリリツは以後、ユダヤ民話の中にもしばしば登場するようになります。その一端は拙訳『ユダヤの民話』上・下（青土社）をひもとけばお分かりになるかと思われます。

今日はみなさん方と創世記の二つの創造物語を学び、ついでその図像を見てみました。こんな調子でこれからの講義も進めてまいりますので、ひとつよろしくお願いいたします。

# 第2講

# 創世記2——大洪水とノアの箱船

日本では、秋になれば、台風が次つぎに襲来します。あるいは秋の長雨がつづきます。そうなれば、日本の河川は氾濫し決壊することがしばしばです。必ず痛ましい死傷者が出ます。日本ばかりではありません。アメリカの南部を襲ったハリケーンはミシシッピー川を氾濫させ、ジャズの町ニューオリンズを水浸しにいたしました。わたしはジャズとクレオール料理を提供してくれるこの町が好きなだけに、この町の受けた大きな被害には心を痛めました。

為政者にとって治水対策は大きな統治目標のひとつですが、古代世界において治水対策などありません。人びとは洪水に自分たちの運命を託さねばなりませんでした。世界には古代からの洪水物語はごまんとあります。それを知るためには、たとえば、アラン・ダンダス編『洪水神話』〔Alan Dundas eds., The Flood Myth (California: University of California Press, 1988)〕などをお読みください。あ、これはまだ邦訳がないかもしれません。

さて、今日の講義は「大洪水とノアの箱船」です。

みなさん方とご一緒に創世記で語られている洪水物語を、絵画を見ながら学んでみたいと思いますが、今日の講義の下敷きにするのは、創世記はもとより、月本昭男さんがお訳しになった『ギルガメシュ叙事詩』（岩波書店）です。月本さんの翻訳は信頼するに足るものだと思います。

## メソポタミア起源の洪水物語

聖書の洪水物語は、創世記の第六章から第九章までで語られております。その洪水物語の下敷きとなったのはメソポタミアのチグリス川やユーフラテス川で恒常的に起こった洪水を扱った物語です。その物語にはさまざまなバージョンがあり、粘土板に楔形文字で刻まれたそれらの物語はイギリスやフランスの学者によって解読されました。一九世紀の後半のことです。アッシリアの王アッシュールバニパルの図書館跡から見つかった粘土板を読み解いたイギリスのジョージ・スミスの顔が思い起こされます。

洪水は共同体に繁栄と悲惨をもたらします。適度の氾濫ですと、川は土地に栄養分を満遍なく運んでくれます。それは豊穣を約束します。しかし、大氾濫となると、それは共同体を破滅・破壊へと導くものになります。古代の人びとは川が大暴れするたびに、人間存在を超える神々の意志をそこに見たのです。そのため人びとは神々の意志で引き起こされる洪水についての物語をつむぎだし語り継いでいったのです。それを語り継いだ人たちはチグリスやユーフラテスの川沿いにつくられた都市の共同体の者たちですが、そこを離れて他の都市に移り住む者たちがいれば、語り継がれてきた物語は、今度は所を変えて語り継がれるわけで、こうしたプロセスの中で、さまざまなバージョンが生まれるわけです。

「アトラハシス叙事詩」として知られているバビロニアの叙事詩があります。それは現在大英博物館で見ることができますが、紀元前一六〇〇年ないしは一七〇〇年ころにつくられた、大洪水を扱ったものです。この「アトラハシス叙事詩」は、大洪水物語を語るに先立って、人間の誕生について語り、さらには人間がどのようにして神々の怒りを買うようになったのか、その経緯を説明しております。

物語によれば、神々には「大きな神々」と「小さな神々」がいたそうです。小さな神々は湿地帯を灌漑する仕事をしておりました。彼らの労働のおかげで、大きな神々は腹をすかせずにすみました。しかし、小さな神々には不満が鬱積していきます。来る日も来る日も同じ仕事を四〇年やらされてはたまりません。彼らは灌漑に必要な道具類を燃やして仕事を放棄いたします。これは職場放棄のサボタージュです。そして、彼らは神々の親分であるエンリルの家へ出かけると、その家を包囲いたします。「親分さま、あなたは包囲されております。無駄な抵抗はやめて外に出てきてください」とハンドマイクか何かを使って、こわごわと呼びかけたのかと想像してみたくなります。そのときのエンリルは熟睡中で、外で何が起こっているかを知りません。彼は目をさますとはじめて、自分の家が小さな神々によって包囲されていることを知るのです。そのとき彼が仰天し、慌てふためいたかどうかは分かりません。いずれにしても彼は神々の集会を招集すると、そこにやって来たエンキという地下の水を支配する神の助言をもとめます。エンキはなかなかの知恵者でした。彼は、人間をつくって、その人間に小さな神々の仕事をやらせてみたらと提案するのです。人間をつくるには母となる神ニントゥの助けが必要です。粘土と、殺された神の肉と、血が混ぜ合わされて人間がつくられます。

しかし、人間を誕生させても、問題は解決されなかったのです。一二〇〇年も経たないうちに、人間の数が多くなりすぎたからです。人間はかしましいものです。四六時中、ああだこうだ、なんだかんだと捲《まく》し立てております。神々は人間のおしゃべりや喧噪に耐えられなくなります。そこでエンリルは疫病を人間の間に送り込み、人口を減少させようと試みます。人間の数が減れば、少しは静かになるのではないか、というわけです。この発想は単純明快なものですが、よくよく吟味しますと、これは鏖殺《おうさつ》、すなわち大量虐殺の思想のはじまりみたいなものです。人間の数が削減されました。そのときは効果てきめんだったのでしょうが、それから一二〇〇年も経つと、人口はまたも増えて元の数に戻っております。そのため雨を降らせるのを止めます。しかし、また一二〇〇年経つと、同じ状態に戻ってしまいます。怒り狂った神々は、六年間つづけて雨と毎年の洪水を止めてしまいます。洪水がないため、大地は干涸《ひから》びてしまいました。人びとには口にする食べ物がありません。彼らは隣人同士で殺し合い、親は自分の子を殺しては貪り食います。

ところで、エンキはアトラハシスをよき理解者としていたそうです。このアトラハシスは神話の中の王で、その治世は四八〇〇年つづいたとされます。何か深刻な災禍が起ころうとすると、アトラハシス王は自分の守護神に祈りを捧げるわけですが、エンキはその祈りを知ると、アトラハシス王のために一肌脱ぎます。おかげで王が治める人類は滅亡から救われるわけですが、救われると今度はまた増えつづけるわけです。ついにエンリルは決心いたします。彼は人類を完全に絶滅させるために大洪水を送ろうといたします。エンキはエンリルが計ろうとしている「最終解決」を知るにいたり、王の住んでいる葦の小屋の壁に伝えます。王は、葦の壁を通り抜ける風の音で、大洪水が発生することを知ることになります。風の音で災禍を事前に予知する。ナマズの大暴れよりもステキな予知方法です。

エンキは王に助言します。それは巨大な船をつくり、水漏れのないようアスファルトでその表面を覆えというものでした。アトラハシスはわずか七日間で七階層の船を建造いたします。各階に七つの部屋がつくられました。船が完成すると、アトラハシスはその中に財宝や、金銀、動物たちや鳥などを乗せるのです。

地上に大洪水が襲います。

エンリルひとりの力でこの大災禍がもたらされたのではありません。他の神々の協力がありました。友情出演です。嵐の神アダドは、黒雲の中で雷鳴を轟かせます。神々の中には大地を焼き払うものもおりました。堤防を決壊させるものもおりました。神々の一致団結の力はすごいものです。すべてのものが水中に没し、すべての人間が溺れ死にいたします。

アトラハシス王が乗り込んだ船は七日七晩、大水の上を漂った後、ある山の頂にとまります。彼が外を見ますと、大地が水のため平らとなり、人間はすべて粘土と化しております。彼の乗った船はしばらくの間山頂にとどまっておりましたが、一週間後、彼は鳩を放ちます。鳩は止まり木がなかったため、戻ってきます。燕を飛ばします。これも戻ってきます。この間に水が次第に引きはじめ、烏を放つと、もう戻ってはきません。水が引きはじめたことを知った王は、船から出ます。彼は船外に出ると、船中に連れ込んでいた羊を犠牲として捧げ、神々のために香をたきます。王は人間が生きのびたことを知ります。エンリルは、人間を絶滅させようとしたその浅はかな試みを母なる神やエンキに非難されます。

以上が「アトラハシス叙事詩」の内容ですが、これは古代オリエント世界で広く伝えられたばかりか、カナンの地でも伝えられたようです。その証拠は、北シリアのラス・シャムラ（のちのウガリト）で発見された粘土板の断片に楔形文字で刻まれた物語の主人公の名前が同じアトラハシスであることにもとめられます。

では次に、この物語を頭の片隅に置いて、わたしたちの本来の目的である創世記の洪水物語に目を移しましょう。

## ノアと洪水

創世記の第六章の洪水物語は「ノアは五〇〇歳だった。彼は（その歳になって）三人の息子、セム、ハム、ヤフェトをもうけた」（六・一、ヘブル語テクストでは五・三二）で終る「アダムの系図」の後に置かれるものです。

第五章で語られている洪水前の「アダムの系図」は非常に単調な、それだけに退屈なものです。たいがいの人は、この系図をさっさと飛ばして前に進むわけですが、わたしたちはここでしばらく立ち止まり、この系図をつらつらと眺めてみましょう。するとどうでしょう。わたしたちは、この系図から、人が地上に確実にしかも加速度的に増えはじめたことを知るのです。アダムとエバの系譜に連なる女たちは、連日連夜、所かまわず種馬となる男たちの上に乗っていたようです。「騎乗位」なんていう表現がありますが、これはもしかしてこの太古の時代にまで遡る、それなりの来歴のある言葉かもしれません。おかげで男と女の間で、次つぎに息子や娘たちが誕生し、その息子や娘たちから……と、またまた息子や娘たちが誕生いたします。

人間がねずみ算方式で増えはじめれば、何が起こるでしょうか？

「アトラハシス叙事詩」では「喧噪」でした。あちらはあちらです。創世記では「悪」です。わたしは前回の講義で、なぜ神は二組以上の男と女をつくらなかったのかと疑問を呈しました。カインはエノクを儲けるにあたり、他に女はまだつくられていなかったのですから、母親のエバと性的に結ばれた可能性が高いことを重々しくも指摘いたしました。これは由々しきことです。最大の悪のひとつです。ですから、創世記の第六章が「主・神は、人間たちの諸悪が大地にはびこり、だれもが心の中で来る日も来る日も悪しきことだけに思いをはせているのを見た」（六・五）と嘆いて見せたところで、神自身が最初から致命的な取り返しのつかない誤りを犯しているのですから、どうしようもありません。

悪や不法がはびこるのは当然です。そのため、神には背負いきれない大きな責任があると思われるのですが、神にはこの地が一方的に堕落したと映るのです。困ったものです。神は「人間などつくるのではなかった」と大袈裟に悔やんでみせますが（六・六）、悔やんでばかりいてもはじまりません。神は、地上に洪水を送り、そこから堕落した人間を一掃しようと試みます。いやそればかりか、家畜に至るまで、這うものまで、空の鳥まで一掃しようとします。これは神の最初の殺戮計画です。はっきり言えば、これは神主導の「ホロコースト」です。天地の創造者、人間の創造者であった神が、恐ろしい破壊者・大虐殺者となるのはこのときなのです。ＢＧＭとして「皆殺しの唄」

が流れてきても不思議ではありません。

悪が蔓延する地上にひとりだけ義《ただ》しい人がいたそうです。六〇〇歳のノアです。彼が、いかなる意味で、義しかったのかは創世記に書き記されておりません。ノアとその家族の者だけが救いの対象とされます。ノアの家族の者が、ノアと同じレベルで義しかったとはどこにも書かれておりませんから、まあ、神の側にも「贔屓《ひいき》の目こぼし」があったと見なさなければなりません。

創世記第六章によれば、神はノアに向かってこう言います。

「すべての人の時がわたしの前に来ている。地は彼らの不正不義で満ちているからだ。見よ、わたしは彼らと地を徹底的に滅ぼす。さあ、おまえはおまえ自身のために（切り口が）方形の木材を使って箱船をつくるのだ。おまえは箱船の中にねぐらをつくり、箱船の内と外とをアスファルトで塗るのだ。」（六・一三―一四）

## 三階層と四階層の箱船

神はこう告げた後、ノアに箱船の作り方を教えます。そして箱船が出来上がったら、家族と動物たちを連れてそれに乗り込むよう命じます。創世記の第六章に次のように書かれております。

「おまえは箱船を次のようにしてつくる。箱船の長さは三〇〇ペークス、幅は五〇ペークス、高さは三〇ペークス、……箱船は高さは一階、二階、三階をつくる。」（六・一五―一六）

一ペークスは腕の長さです。約四〇センチです。長さ三〇〇ペークスですと、それは一二〇メートルです。幅は二〇メートル、高さは一二メートルです。この寸法からすれば、この箱船は途方もなく大きな船であったことになります。この船は三階層です。紀元後一世紀のヨセフスが著した『ユダヤ古代誌』の第一巻七七節や、彼よりは少しばかり早い時代のアレクサンドリアのユダヤ人哲学者フィロンが著した『モーセの生涯』第二巻六〇節によれば、この箱船は四階層です。ノーマン・コーンさんがその著書『ノアの大洪水』(浜林正夫訳)で使用した挿絵のひとつは、一二世紀はじめにつくられた『シロス黙示録』からのものですが、そこに描かれている箱船はやはり四階層のものです(図1)。もしその制作者がヨセフスの読者であったのであれば、彼の読んだ『ユダヤ古代誌』はラテン語訳のものであったと思われます。

三階層と四階層では随分と違います。三階建てのマンションと四階建てのマンションが違うのと同じです。どうしてこのような違いが出たのでしょうか?

よく分かりませんが、ヨセフスやフィロンが使用したギリシア語テクストが、わたしたちが現在使用するものと異なるものであったのかもしれません。もしかしてその違いは、彼らの使用したギリシア語テクストの背後にあるヘブル語テクストが、わたしたちが現在使用するヘブル語テクスト(マソラ本文)とは異なるものであったのかもしれません。もしかしてそれは……? もしみなさん方がどこかで目にされる図像の箱船が四階層でしたら、その作者がヨセフスかフィロンを参照して箱船を描いている場面を想像してみてください。図像を見る楽しみが一挙に倍増するはずです。

図1　四階層のノアの箱船、『シロス黙示録』

創世記の第六章以下で語られている洪水物語には、人間の創造物語と同じく「神」で語られる版と「主」で語られる版があります。構造的に同じであるためか、その二つの版は並置されるのではなく、織り合わされているような感じとなっております。どちらの版においても、人間と動物の命は大洪水で断ち切られようとします。どちらの版においてもノアとその家族の者は助けられますが、その細部には不一致があり、それは明らかな重複として露呈されております。「神」で語られる版では、ノアが箱船に乗せる動物はそれぞれの種類の雄と雌の二つずつですが（六・一九）、「主」で語られている版では「清い動物をすべて七つがい、清くない動物をすべてひとつがいずつ」（七・二）なのです。ヨセフスはこの違いに気づいていたようですが、次のように述べて切り抜けます。「ノアは……種族を絶やさないようにとすべての生き物の雌雄のつがいを積み込んだが、なかには七つがいのものもあった」（『古代誌』第一巻七七節）。両方の版の顔を立てたうまい逃げです。

創世記の第七章の六節に見られるひとつの版によれば、洪水はノアが六〇〇歳のときに起こります。同じ章の一一節に見られるもうひとつの版によれば、その洪水は「ノアの生涯の六〇〇年目、第二の月の、その月の二七日に……」起こったとされます。ヘブル語テクストでは二七日ではなくて、一七日ですが、いずれにしてもこちらの版はディーテイルに富むものです。

地上を襲うこの洪水は、雨が地上に四〇日四〇夜降り続いたために引き起こされます。ノアとその家族の者、そして動物たちの乗った船は水の上を漂い、アララト山に漂着いたします。この山は現在のトルコ共和国の東端にありますが、正確には、トルコ、イラン、アルメニアの国境に位置しております。この山の領有をめぐっては悲惨な歴史があるのですが、ここでは立ち入りません。

洪水は、ひとつの版（七・二四）によれば、一五〇日後にはじめて引きはじめます。もうひとつの版（八・一三）は、一年後としております。ここでも二つの版が混在しております。注意深い読者であれば、その混在にすぐ気づくはずです。

水が引きはじめてから四〇日目、ノアは箱船の窓を開いて鳩を放ちますが、地上に乾いた場所がなかったために戻ってきます。さらに日数がたって彼はもう一度鳩を放ちます。すると鳩はくちばしにオリーブの葉をくわえて戻ってきます。ここで脱線いたしますが、たばこの銘柄のひとつに「ピース」があります。ご存じでしょうか？ そこにはオリーブの葉をくわえた鳩が描かれております。創世記の箱船からなのです。「戦後日本のデザインは一羽の鳩からはじまった」とよく評されるのは、レイモンド・ローウィ（一八九三―一九八六）の手になるこのデザインがあったからです。

さてノアは、鳩がオリーブの葉を口にくわえて帰ってきたのを目にすると、一部の所で水が引きはじめ、地の面が水の上に出はじめたことを知ります。彼が六〇一歳になったその年の第二の月に、地の面はすっかり乾いたとされます。ノアとその家族の者たち、そして箱船の中に入っていた動物たちすべてが外に出ます。ノアがそこで何をしたかと言いますと、「主」として語られている版と「神」として語られている版では内容が異なります。前者によれば、ノアは主のために祭壇を築き、焼き尽くす捧げ物を祭壇の上に置きます。カインとアベルはともに主のもとに捧げ物を携えていきましたが、そこではまだ祭壇の存在が言及されておりません。ですから、ここではじめて、宗教的行為が具体的な形を取りはじめたように思われます。ここでもカインとアベルの場合と同じく、主が捧げ物を要求しているのではありません。捧げ物をする行為はあくまでも人間の側の「自発の行為」なのです。そして主・神（ヘブル語創世記では「主」）はその捧げ物が放つかぐわしい香りに満足します。主・神には「嗅覚」があったのです。以後、宗教的儀式で香をたくのは、神が鋭い嗅覚の持ち主であることが前提とされているのでしょうか。

さて主・神はこう言います。

「わたしはもう二度と人間たちの行為ゆえに、地を呪うことはすまい。人間は若いときからもっぱら悪しきことに思いをはせているものだ。わたしはこのたびしたような、生けるすべての肉を打つようなことはもう二度とすまい。」（八・二一）

「神」として語られているもうひとつの版では、神は主・神よりもさらに積極的で、ノアとその息子たちに向かって「おまえたちは増え、多くなり、地を満たし、それを支配するのだ」（九・一）と告げ、ついで神は主・神とは対照的に「……すべての肉は、もはや大洪水の水が原因で死ぬことはない。全地を破滅させるための水の大洪水は、二度とない」（九・一一）よう、ひとつの徴《しるし》、すなわち虹を与えてこう言うのです。

「わたしはわが弓を雲の中に置く。それはわたしと地との間の契約のしるしとなる。わたしが地の上に雲を湧き起こすとき、わが弓が雲の中に現れ、わたしは、わたしとおまえたちとすべての肉の中のすべての生ける命の間の、わが契約を思い起こす。すべての肉を一掃するような大洪水にいたる水は二度とない。弓は雲の中に置かれる。そしてわたしはそれを見て、わたしと、地の上にあるすべての肉の中のすべての生ける命との間の、未来永劫の契約を思い起こす。」（九・一三―一六）

台風一過、いや洪水一過で、もはや悪の滞貨物は地上にはありません。ノアとその家族は、すがすがしい朝を迎えると同時に恐ろしい孤独と恐怖の環境の中で再出発します。わたしたちは前回の講義で、アダムとエバが楽園から追放された後、恐ろしい孤独と恐怖を味わったと想像しました。ノアとその家族が味わうことになる孤独は、あれに匹敵するものだったのではないでしょうか？いや、それ以上であったに違いありません。四〇日四〇夜つづいた大洪水のため、自然はすべて破壊されていたからです。全地が泥土と化していたからです。その泥土の中には人間や動物の死体が散らばり、そこからはウジ虫がわき、耐え難い腐臭が漂っていたはずです。この中で彼らは生きていかねばならなかったのです。この恐怖の環境の中にノアとその家族の者たちがぽつんと取り残されたのです。それでも彼らにはなにがしかの救いがありました。彼らには、アダムとエバとは違い、動物たちが一緒にいたことです。

創世記の第九章は次のように言います。

「箱船から出てきたノアの息子たちはセム、ハム、ヤフェトだった。ハムはカナンの父である。これら三人はノアの息子たちである。この者たちから人間が全地に散った。」（九・一八―一九）

これによれば、わたしたちの先祖はノアにまで遡るようです。アダムから数えないのは、そこから数えて一〇代目までの者たちがみな洪水で滅びたからなのでしょうか？　まあ、神経質になるのはやめましょう。所詮、〝物語〟なのですから。

## 洪水後のノア

さて、第九章の二〇節以下は、ノアのその後を伝えます。

ノアは地を耕す人間となり、葡萄の木を植えますが、そこから取れる葡萄酒による酒浸りの余生を送るようになります。彼はあるとき、葡萄酒を飲んで酔いつぶれ、自分の家ですっ裸になって寝ております。そのとき、彼は三人の息子たちのひとりに犯されてしまいます。下世話な言葉で言えば、うしろを掘られてしまうのです。読んでいて赤面してしまいます。こんな行為が人類の一一代目ですでにはじまっていたのですね。

わたしたちは、ここでのノア像とここまでで描かれてきたノア像との間のあまりの落差に首をかしげてしまいます。確か、洪水前のノアは神の前に「義しい人だった。その世代の人びとの中で完全完璧だったのである」（八・九）と評された人物でした。洪水「前」（ビフォー）と洪水「後」（アフター）では落差がありすぎます。落差がありすぎるときには疑ってみることが大切です。ここでの醜態を演じる人物は、別の太祖の生涯の一場面に登場していたのではないでしょうか？　こうしたスキャンダラスな話は非常に人聞くさくて、それなりに面白いのですが、ここまでで語られてきたノア像とは合致しません。いや、だから創世記は面白いのだ、と言うこともできます。

創世記の第一〇章は、ノアの息子たちセム、ハム、ヤフェトの系図を紹介し、それを「以上は彼らのさまざまな土地における彼らの言語ごとの、彼らの諸部族の中の、また彼ら諸民族の中のセムの子孫である」（一〇・三一）で結んでおりますが、それにつづけてもうひとつの結語、すなわち「以上は、その系譜ごとの、その氏族ごとのノアの息子たちの諸民族である。この者たちから、大洪水の後、海沿いの諸国民は地の上に散った」（一〇・三二）が置かれております。ここでも二つの

図２　箱船建造中のノアとその息子たち、作者不詳（下図は部分拡大図）

伝承が混じり合っているのは確かです。

## 洪水の場面を描いた名画

では先に進む前に、図像をいくつか見てみましょう。

最初のものは、三階層の箱船を建造している場面です（図2）。完成されれば「寿荘」とでも命名されそうな安普請《やすぶしん》のアパートの建築現場に見えなくもありません。工具類好きの者には、ここでの大工たちが使っている道具に目が行くのではないでしょうか。ご注意ください。ここでの棟梁はだれでしょうか。中央上の円内に描かれた神であります。神の左手にあるのは図面ではなくて、モーセ五書です。ノアの箱船の記述のある創世記はモーセが書いたとされているのです。ところで、この箱船が完成したとき、神は何と言ったのでしょうか？　それはどう記述されたのでしょうか？　神が棟梁である以上は、「神はそれを見て、よしとされた」でなければなりません。もっとも七十人訳ですと、「神はそれを見た、美しかったからである」となるでしょう。創世記の第一章の冒頭をわたしの訳で読んでおいてください。ラファエロ（一四八三―一五二〇）も箱船を建造している場面を描いております。そこにも面白い工具が見られます。こちらはユダヤ側のもので、ロンドンの大英図書館が所蔵する『ピルケー・ラビ・エリエゼル』第二三章の挿絵です（図3）。左端にはノアの奥さんか娘さんがこの仕事に駆り出されております。確か、洪水は一週間後に襲ってくるのです。総力戦で仕事をしなければなりません。

次は現代のアメリカの画家ウィスコッキ（一九二八―二〇〇二）の作品です（図4）。一九九七年の

図3　ノアの箱船、『ピルケー・ラビ・エリエゼル』

図4　箱船に乗り込む動物たち、ウィスコッキ

ものです。動物たちが律儀に列をつくって船に乗り込もうとしております。この絵はイギリス人たちが見たら涙を流して喜ぶのではないでしょうか？　彼らはどんな場合も列をつくり、列をつくった以上、そこへの割り込みを許さないからです。彼らにとってはそれが人間社会の最低のモラルのはじまりのようですが、わたしたち日本人は「われ先に」で生き延びていくしかありません。

洪水を描いて傑作なものをお見せいたします。初期ビザンチン（六世紀）の彩飾写本『ウィーン創世記』に見られる挿絵です（図5）。この彩飾写本については、カルル・クラウスベルク著『ウィーン創世記――絵で読む聖書の物語』（加藤哲弘訳、三元社）をお読みいただければ一番よいのですが、ここで少しばかり説明しておきます。

製作年代は六世紀です。この世紀に、この『ウィーン創世記』のほかに、『シノペ福音書』（図6）、『ロッサーノの福音書』（図7）と呼ばれる、三大紫写本と呼ばれるものがつくられました。ここでの紫は紫貝から取れる染料で――パレスチナのツロにつくられたこの染料工場のことは、確か、四世紀のパレスチナの司教エウセビオスの『教会史』（拙訳、山本書店）に書かれておりました――、紫写本の羊皮紙はその染料に羊皮紙を浸して紫にしたものです。紫が高貴な色であることはみなさん方もご存じのことかと思います。貴人の色です。奇人ではありません。皇帝や王の長衣は紫です。紫貝はわずかしか取れませんから、その染料を使った紫羊皮紙は目の玉の飛び出るくらい高価なものなのです。ところでこの『ウィーン創世記』ですが、その内容は、創世記の物語をギリシア語で要約した創世記のリーダース・ダイジェスト版なのです。その呼称からしてウィーンでつくられたと想像されがちですが、さにあらず、シリアのアンティオキアか、パレスチナのエルサレムかどこ

（右上）図5 『ウィーン創世記』
（左上）図6 『シノペ福音書』
（左下）図7 『ロッサーノの福音書』

図8　大洪水、『ウィーン創世記』より

かでつくられたものです。それは一四世紀にヴェネツィアにあったこと、しかし一六世紀にはウィーンの王立図書館に収まっていたことが知られておりまず。現在はオーストリア国立図書館が所蔵するものです。それで『ウィーン創世記』と呼ばれているのです。

この『ウィーン創世記』は、本来、一九二葉の挿絵が挿入された、九六ページの冊子本であったと推定されておりますが、天地創造の要約部分などはすでに失われております。残念です。現在残されている挿絵は四二葉だけだそうです。少なくとも八人の挿絵画家が動員されたと想像されております。表現の仕方の違いからそう想像されるのです。七十人訳聖書の研究者にとって、この『ウィーン創世記』はそれなりに重要です。それは七十人訳の創世記からの要約だからです。ちょうどヨセフスの『ユダヤ古代誌』に収められている「アリステアスの書簡」の要約が、書簡のテクストを確立する上で重要なのと

図9　大洪水、ミケランジェロ

図10　冬、プーサン

同じで、この創世記にも六世紀のギリシア語テクストの状況を教えてくれる手がかりがあるかもしれないのです。

では、三大写本についての講釈はこれくらいにして、『ウィーン創世記』の洪水の挿絵に目をやりましょう（図8）。

絵そのものは稚拙ですが、それだけにリアルではありませんか。すでに土左衛門となっている者、顔を下に向けて、あるいは上に向けてぶくぶくと沈んでいく者、最後のあがきをしている者、どれをとっても妙にリアルです。ミケランジェロ（一四七五―一五六四）が描いたものもあります（図9）。例によって非常に勢いのある作品です。中世の難民船、ボート・ピープルの上陸図と見立てたくもなります。この天井画を見るかぎり、洪水から救われた者たちもいるようで、ホッといたします。

これはプーサン（一五九四―一六六五）が制作した「冬」と題する作品で、洪水が描かれておりま す（図10）。「冬」という主題からだけでは必ずしもそれが聖書的主題の「洪水」と結びつかないかもしれませんが、「春」は「エデンの園のアダムとエバ」を、「夏」は「ルツとボアズ」を、「秋」はカナンの地の偵察から帰還した斥候を、それぞれ描いておりますから、この「冬」も聖書的な主題を扱ったものであり、もしそうだとすると、それは「洪水」以外は考えられません。プーサンが描いたこの四季は、ルーブルで見ることができます。なお、余計なことを申し上げておきますが、この四季を「ウェブ・ギャラリー・オブ・アート」（http://gallery.euroweb.hu/）で引き出しますと、ヴィヴァルディの四季を聞くことができます。「冬」を見ながら「冬」を聞けるのです。便利な世の中になったものです。

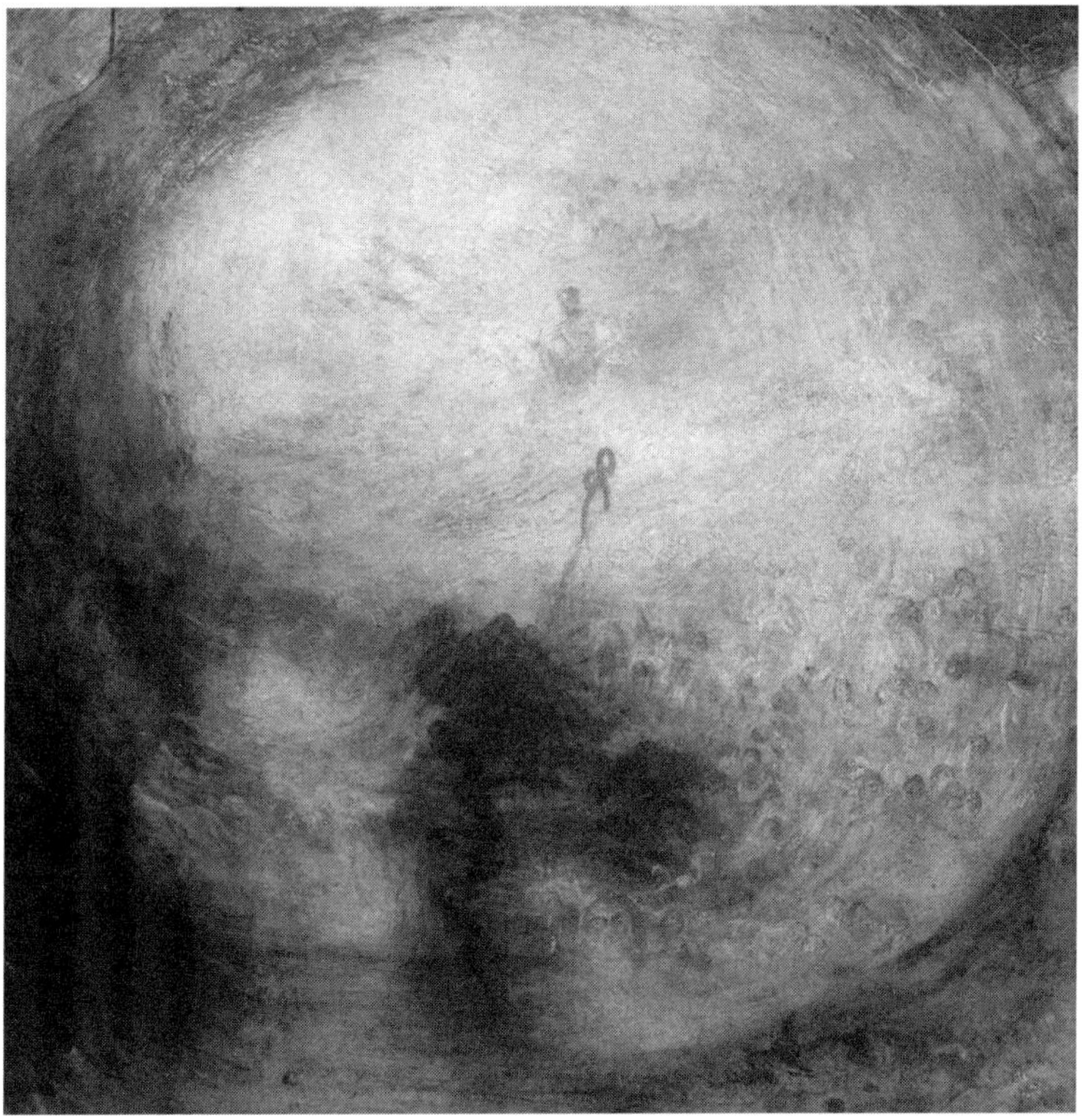

図11　洪水の朝、ターナー

こちらは「洪水の朝」と題するもので、作者はターナー（一七七五―一八五一）です（図11）。ターナーとくればテート・ギャラリーですが、まさしくこの絵はテームズ河畔のテート・ギャラリーに飾られております。三〇年前に何の知識もなくこの絵の前に立ったとき、わたしはこの絵を非常に黙示録的であると解しましたが、それを今思い起こします。中央には人間らしきものが見られます。これはノアなのでしょうか？　それとも神なのでしょうか？　それとも……？

こちらはアララト山の頂に漂着したノアの箱船を描いたヒエロニムス・ボス（一四五〇頃―一五一六）の作品です（図12）。アララトの連山は大水の下にあり、その大水の下には人間の遺体が散在しております。この遺体のいくつかのポーズをじーっと見ておりますと、七九年でしたか、ベスビオス山の噴火で死んだ者たちの取ったさまざまな姿を思い起こしてしまいます。

面白いもので、このアララトの山頂にノアの箱船が漂着し、そこに箱船の残骸があるはずだと信じる者たちがキリスト教のファンダメンタリストたちの中におります。ファンダメンタリストとは、聖書に書かれていることはすべて「歴史的事実」だと信じ、そう信じることが「キリスト教信仰」だと思い込んでいるおバカさんたちを指す業界用語です。こうした済度しがたい、どうしようもないキリスト教徒たちはアメリカのバイブル・ベルトと呼ばれる地域に住むバプテスト派の者たちの中に多いのですが、彼らの中にはノアの箱船の断片を探そうと躍起になっている者たちがおります。最近の報道によれば、彼らは莫大な金を使って、遠征隊を送り出すそうです。箱船の残骸が出てこないことだけは、わたしが一〇〇パーセント保証いたします。これは物語だからです。

さて、やがて水が引きはじめます。

ノアはそれを確認するために、烏を、次には鳩を放ちますが、これはそのときの場面を描いたモザイク画です（図13）。ヴェネツィアのサン・マルコ聖堂で見られるものです。西洋の絵画を注意深く見ておりますと、烏が結構描かれておりますが、お気づきだったでしょうか？　なぜ烏なのか？　これはわたしが長年持ちつづけてきた疑問のひとつです。

これはイタリアの画家、バッサーノ（一五一〇―九二）が描いたものです（図14）。中央の奥でひとり祭壇の前に座っている人物がおりますが、それがノアであるように見えます。祭壇には天から光が照射しております。手前の右にいる男たちは、ノアの三人の息子たちであるセム、ハム、ヤフェトで、彼らはこれから自分たちが住むことになる掘っ立て小屋か何かをつくっているのです。こ

図12　アララト山頂のノアの箱船、ヒエロニムス・ボス

図13　鳩を放つノア、サン・マルコ大聖堂

図14　ノアの捧げる犠牲、バッサーノ

図15　酔っぱらったノア、ジョヴァンニ・ベリーニ

図16　酔っぱらったノア、ミケランジェロ

の絵にも工具類がいくつも描かれていて、ただそれだけでわたしはこの作品が好きになっております。真ん中のハムが使用している工具は、現在の日曜大工センターでは見られないものです。左手には夕食の準備か何かをしているノアの息子の嫁たちが描かれております。この絵は「ノアの犠牲」と題するよりも、「労働の分担」とか「生存のための分業」と題した方が適切かもしれません。

さて、すでに述べたように、下船後のノアは農夫となって葡萄畑をつくりますが、ある日のこと、彼は葡萄酒をしこたま飲んで酔っ払い、スッポンポンになっていぎたなく寝入ります。この場面は絵になります。最初のものは、ジョヴァンニ・ベリーニ（一四三〇頃―一五一六）のものです（図15）。年老いたノアが画面の中央で寝入っております。右端の息子はノアの一物を布切れで覆おうとしております。他方左側にいる息子は、風邪でもひかれては大変だとばかりに、大きな覆いをノアの裸の体にかけようとしております。ここでは酒樽は描かれておりませんが、左端の隅に描かれた一房の葡萄とノアの前に置かれたマグカップが、ノアが葡萄酒をがぶ飲みしていたことを示唆いたします。

次はミケランジェロの描いたものです（図16）。父親ばかりか、三人の息子たちも裸です。大きな酒樽が描かれております。優しい気遣いの息子たちです。

## 最初期のキリスト教徒たちによる洪水解釈

最初の数世紀のキリスト教徒たちはどのような視点から洪水物語を読んでいたのでしょうか？

これについて少しばかり触れておきましょう。最初はマタイ福音書の第二四章からです。そこに

図17　洪水の前、ウィリアム・B・スコット

はこう書かれております。

「その日、そのときは、だれも知らない。天使たちも子も知らない。ただ、父だけがご存じである。人の子が来るのは、ノアのときと同じだからである。洪水になる前、ノアが箱船に入るその日まで、人びとは食べたり飲んだり、めとったり嫁いだりしていた。そして洪水が襲ってきて一人残らずさらうまで、何も気がつかなかった。人の子が来る場合も、このようである。」（新共同訳、二四・三六―三九）

ここに認められるのは何でしょうか？

ここでの「その日」はイエス・キリストが「再臨する日」を指しているのでしょうが、その日の到来の予測不可能性や突然性を、洪水の来襲の予測不可能性や突然性をたとえにして述べているようです。マタイ福音書のこの一文からこの場面を

描いたのはウィリアム・ベル・スコットで、一八六五年に制作されたその作品は「洪水の前」と題されております（図17）。この絵の左半分がその場面を描いておりますが、右半分には箱船に乗り組むノアたちが描かれております。遠方には自然界の急変を予兆するかのように、白い厚い雲がわき起こっております。

新約聖書の中にはペトロの第二の手紙と呼ばれる文書が入っております。本当にあのペトロが書いたものか疑わしい文書ですが、そこにはこう書かれてあります。

「……神の言葉により……そのときの世界は水におおわれて滅んでしまった。しかし、今の天と地とは、同じみ言葉によって保存され、不信仰な人びとが裁かれ、滅ぼされる日に火で焼かれるときまで、そのまま保たれていたのです。」（三・五―七）

ここでのペトロの第二の手紙の言葉によっても、ノアは解釈し直されます。彼は最後の審判のときを忘れずに日々正しい生活を送り、そのため救いが約束されている信仰篤きキリスト教徒を象徴する者と解釈されるのです。「信仰とは、望んでいる事柄を確信し、まだ見ていない事実を信じることである」そうで、それを教え込むために、ヘブルびとへの手紙の作者は、「信仰によって、ノアはまだ見ていない事柄についてお告げを受け、恐れかしこみつつ、その家族を救うために箱船をつくった」（一一・七）と、無邪気にそして都合よく解釈しております。

創世記の洪水物語では、ノアは教えを説く者としては描かれておりません。しかし、彼は義《ただ》しいことを教え説く者とされてきました。ペトロの第二の手紙はノアを洪水のときの「義の説教者」（二・五）としております。一世紀の終わりのローマ教会の物書きにクレメンスという人物がおりますが、彼はその第一の手紙の中で、「ノアは悔い改めを説き、それを受け入れた者は救われた」と説いております。二世紀の後半のアンティオキアの司教であるテオフィロスという人物も、ノアは当時の人びとに洪水の来襲を警告し、悔い改めれば救われると説いたと書いております。そのため、ノアを説教する者と見立てるのは、この二人の教会の物書きからはじまったように見えます。実際、そう説明する研究者も多いのですが、わたしには、ペトロの第二の手紙の作者も、クレメンスも、二世紀後半の教会の物書きたちは、明らかにヨセフスの『ユダヤ古代誌』の読者であって、彼の記述の影響下にあったように思われます。わたしに言わせれば、ノアを説教する者と見立てるのはヨセフスにはじまったとするのが正しいのです。というのも、彼は『ユダヤ古代誌』の第一巻で、アダムとエバの子孫らの腐敗堕落や神のみ使いたちが女たちとセックスにうつつをぬかしはじめたことに言及した後、次のように言っているからです。

「ところで、彼らの行為に立腹し、彼らの意図を不快な気持ちで見ていたノアは、彼らに精神を改め行動を慎むように説いたが、彼らはそれに耳を傾けるどころか、完全に悪徳の悦びの奴隷になった。それを知ったノアは、彼らに殺されることを恐れ、妻たちや息子たち、そして彼らの妻たちを連れてその土地を離れた。神はノアの廉直さを愛された。そしてノアの忠言を受け入れない人びとをその悪徳のゆえに処罰しただけでなく、そのとき生きていた人間すべてを絶滅させ

て……。」（第一巻七四―七五節）

この一節から明らかなことは、ヨセフスがノアを説教する者、忠言する者と見ていることです。残念ながら人びとは、「小さな忠言、大きなお節介」とばかりに、ノアの言葉には耳を傾けなかったようです。

ここでヨセフスを引き合いに出したので、もう少し彼に付き合おうではありませんか。

ヨセフスは、洪水が発生した時期に重大な関心を示し、七十人訳ギリシア語聖書にもとづいて計算し、アダムからはじめて一〇代目のノアまでの期間を算出し、それが天地創造から「二二六二年」（第一巻八二節）目の出来事だったと言っております。ここでの彼は、ノアまでの太祖が次の太祖を産むまでの年齢を加算してこの「二二六二年」を導き出しているわけですが、太祖の年齢が必ずしも七十人訳聖書のあげる数とは一致しておりません。それだけに彼の使用したギリシア語テクストが何であったのかという興味深い問題が浮上してきますが、ここではそれに立ち入りません。それはわたしたち専門家が議論すればいい事柄だからです。しかし、ここでみなさん方に知っておいていただきたいのは、このようにして年代を計算していくと、紀元後一世紀後半の人ヨセフスの時代までは、天地創造から「五〇〇〇年」にしかならないという事実です。少なくとも彼の計算によれば（『古代誌』第一巻一三節）、そうです。

これでは、ヨセフスから二〇〇〇年後の世界に住むわたしたちにとっては、天地創造はたかだか七〇〇〇年前の出来事にすぎなくなります。こんな数字をわたしたちの前に投げ出されますと、天地創造がかくも最近の出来事だったことが分かり、当惑します。困惑します。まあ、聖書の天地創造の物語や洪水物語は物語にすぎず、それ以上でもそれ以下でもないのですから、当惑した後で、「まあ、そんなことはどうでもいいや」と呟いてみせるのもひとつの賢明な態度だと思われますが、面白いことに、後の時代のユダヤ教のラビたちは、ギリシア語聖書ではなくてヘブル語聖書にもとづいて計算し直しました。するとどうでしょう。天地創造のときから紀元零年までの時の経過は三七六〇年となりました。その結果、天地創造のときはもっと最近の出来事になってしまったのです。この「三七六〇年」さえ頭に入れておけば、ユダヤ暦で本年が何年であるかは簡単に算出できます。たとえば、三七六〇年＋二〇〇七年、五七六七年となります。ちょっとしたトリビアの知識です。

　今日の講義は、メソポタミアで生まれた洪水伝説ではじめました。わたしたちは、それが創世記の洪水物語の下敷きになったものであることを知りました。わたしたちは新約聖書の中ではノアが「義の説教者」とされていることをも知りましたが、それはヨセフスの『ユダヤ古代誌』に由来するものであることをも知りました。ヨセフスの著作は、早い時期から教会の物書きたちに利用されました。二世紀の中頃にマリアが処女で生まれ、イエスを処女のままで産んだことを申し立てる『原ヤコブ福音書』が著されました。これは新約偽典文書として見なされる文書なので、多くの方はご存じないかもしれませんが、この著者もヨセフスの著作の愛読者であったことが分かっております。どうかみなさん方、もしヨセフスの著作にまだ慣れ親しんでおられなかったら、この講座を受講されたのが何かの縁だとお考えになって、聖書ばかりか、ヨセフスの著作をもお手に取るようお願いいたします。

第3講

# 創世記3——アブラハム物語

四月は大学が始まりますので、わたしも人並みに忙しい日々を送っておりますが、今年もまた、人並みにお花見を楽しみました。みなさん方もそれぞれお花見スポットをお持ちかと思いますが、わたしは東京世田谷の桜新町から入っていく「呑川《のみがわ》緑道」の桜を楽しみました。昨年の秋、東京の地図を見ていて、東京には緑の道、すなわちいくつかの緑道と呼ばれるものがあることを知り、そのほとんどすべてを家内と歩いてみました。五キロとか一〇キロ続くのはごく普通ですから、けっこう歩くことになり健康的です。わたしと家内が気に入ってしまったのが、その呑川を挟んでその両側に何百本という桜が植えられている緑道でした。昨年の秋に、来年の春の桜のときは是非歩こうということになり、その願いを実現させたのです。とにかくこの緑道は知られていないのか、穴場です。人混みの上野や皇居のお堀端に桜を見に行く人の気がしれません。

## アブラム、カルデアの地を離れる

今日は、アブラム（アブラハム）物語です。

時代背景は紀元前二〇〇〇年くらいとされますが、本当のことはよく分かりません。

物語の筋書きはいたって簡単です。物語の主人公となるアブラム（後にアブラハムと改名）は、カルデアびとたちの土地ウルを出発後、一時滞在したハランの地から、自分の妻サライ（後にサラと改名）と、自分の兄弟の息子ロトを引き連れてカナンの地に入って行きます。それは父テラの死後、アブラムが「おまえを大いなる民族にし、おまえを祝福し、おまえの名を大いなるものにする」という主の言葉に励まされたからですが、ヘブル語創世記も、七十人訳創世記も、なぜ主がアブラムをカナンの地へ誘ったのかを説明いたしません。

なぜカルデアではダメだったのでしょうか？

なぜハランではダメだったのでしょうか？

主には説明責任があると思われるのですが、残念ながら、それはまたされておりません。このときのアブラムは七五歳です。確か、モーセが砂漠の中を彷徨しはじめたのが八〇歳のときですから、神は高齢者を引き立てるのがうまいのです。神は「高齢者ガンバレ事業団」の団長みたいです。

冗談はさておき、アブラム一行の旅の経路を地図で確認しておきます（図1）。全体をよく見てください。

チグリス・ユーフラテス川はペルシア湾に注ぎますが、その下流にウルの町があります。ここは現在のイラクのバクダッドから南東約三〇〇キロの地点にある、テル・アル・ムカイヤルです。ハランはユーフラテス川の上流に位置する町です。現在のトルコ領の東ですが、シリアと境を接しております。わたしはこの場所をいまだ訪ねたことがありませんが、ウェブからかなりの数の画像を取り込みました。とんがりコーンの日干し煉瓦の家が点在しておりました。日中の暑熱が摂氏五〇度だそうです。はんぱではありません。わたしの年齢でこの地を訪れることは、もしかしたら死を意味するものとなるかも知れませんが、旅は死のリスクがあってはじめて面白いものになるのですから、一度はその地に足を踏み入れてみたいと願っております。麦わら帽かパナマ帽をかぶり、手ぬぐいを首にまき、命の水エビアンを五〇本くらいもって。

アブラム一行は、カナンの地にあっという間に到着です、少なくとも物語の上では。あまりにも呆気ないものですが、一行の出立のときの旅姿を描いた画家がおります。バッサーノ（一五一〇―九二）やラストマン（一五八三―一六三三）らですが、ここではハンガリー生まれの画家モルナール（一八二一―九九）が一八五〇年に描いたものをお見せいたします（図2）。乗り物は馬であったり駱駝であったりしますが、彼は駱駝です。一行にはしばしば羊の小さな群れが一緒です。道中の食料となるからです。モルナールは荒れ野の感じをよく出しております。この制作年代に注目してください。一九世紀の後半です。オリエントの知識がヨーロッパに入りはじめていたのです。画家たちはようやく聖書で語られる「荒れ野」をイメージできるようになっていたのです。

## 主、アブラムに顕現する

主はカナンのシケムに落ち着いたアブラムに顕現して「わたしはおまえの子孫にこの地を与える」（一二・七）と約束します。

この約束は以後七回も繰り返されます。約束は普通一回性のものですので、七回も繰り返される約束は、言葉の真の意味で、約束と言えるのかと心配になります。

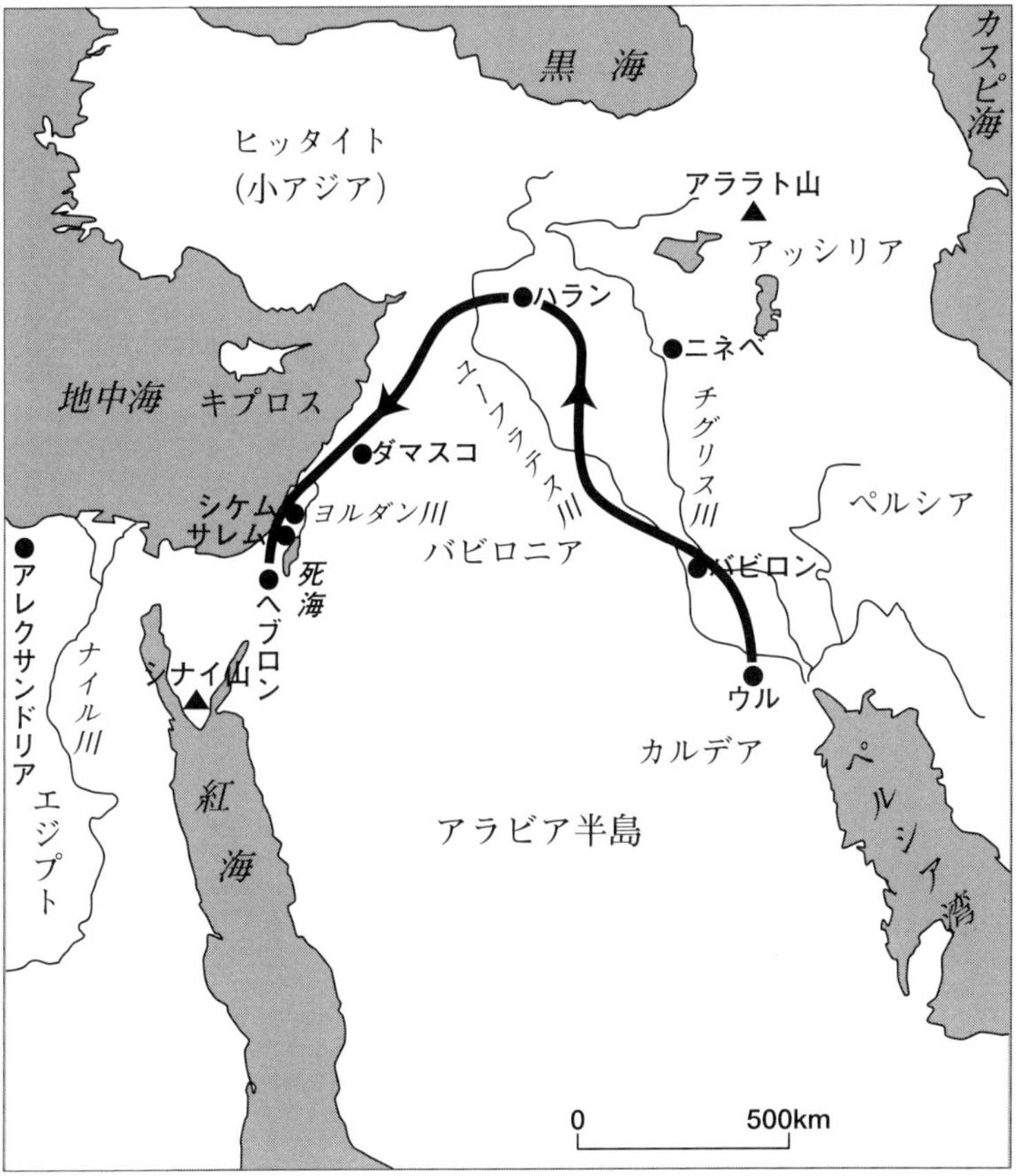


図１　アブラハムの旅の経路

アブラムは主が顕現した場所に祭壇を築くと、そこからベテルの東の山地に向かいます。彼はそこでも祭壇を築き、主の名を呼びます。「名を呼ぶ」行為は、「名を付ける」行為（創世記二・二〇）と同様に、あるものを他と区別する非常に重要な行為ですが、ここではその「主の名」は明らかにされておりません。エル・エルヨン（いと高き神）だったのでしょうか？　それとも……

## アブラム、飢饉のためにエジプトへ向かう

アブラムの一行が到着して間もなくすると、カナンの地に飢饉が見舞います。そこで彼らは、エジプトへ向かいます。彼らは食料をもとめる難民と化すわけです。国連の報告によりますと、現代世界の食料難民は数千万に達するそうですが、アフリカでの部族単位の移動の光景はアブラム一行のそれとダブらせることができます。

アブラムの連れ合いサライは器量よしの女だったそうです。そのため、エジプトに近づくとアブラムは妻に、とんでもないことを言うのです。

「わたしはおまえが器量よしの女であることを知っている。エジプト人たちはおまえを見れば『こいつは、やつの女だ』と言って、わたしを殺すに決まっている。だが、おまえは生かしておくだろう。そこでおまえは『わたしは彼の妹です』と言うのだ。そうすれば、わたしはおまえのゆえに丁重にもてなされ、おまえのおかげでわたしは命拾いすることになる。」（一二・一一―一三）

図2　アブラハム一行のカナンへの旅立ち、モルナール

わたしはこの箇所をはじめて読んだとき、アブラムをけしからぬ男だと思いました。最低の男だと思いました。妻を自分の妹だと偽ることで、自分がエジプトの地で生きながらえようとしたからです。

さて、エジプトに入ると、ファラオの高官たちはサライを宮殿に連れ込みます。ファラオはサライと同衾するわけですが、神は、そのため彼とその宮殿を大きな災禍で撃ちます。しかし、なぜ神は、ファラオがサライと寝る前に、彼を撃たなかったのでしょうか？　神は彼の下心を読むのが苦手だったのでしょうか？

ファラオは、ことが終わった後でアブラムを召し出すと、次のように言うのです。

「なぜ、こんなことをわしにしたのだ？　おまえはなぜ、あの女が自分のものだとわしに告げなかったのだ？　おまえはなぜ、彼女が自分の妹だ、なんぞとぬかしたのだ？　わしは彼女を妻としてしまった。さあ、見るがよい。おまえの妻がおまえの前にいる。この女を連れて、とっとと消え失せるがよい。」（一二・一八―一九）

では、ここでみなさん方にお尋ねいたします。

ファラオは本当にサライと寝たのでしょうか？　そのときのサライは何歳だったのでしょうか？　第一七章の一七節によれば、七五歳のアブラムとサライの年齢差は一〇歳ですから、このときの彼女は六五歳となります。小皺の目立つ年齢です。荒れ野の中で生活してきたのですから、小皺どころではないはずです。しわくちゃであったはずです。すでに御用済みとなって久しい乳房は、だらーんとだらしなく垂れ下がっていたはずです。ですから、ファラオの前に出たサライは、彼の気を引くためにはよほど若作りしていなければなりません。

それにしても、なぜアブラムはサライに身分を偽らせたのでしょうか？　先に読んだ第一二章の一一―一三節はその理由らしきものを述べておりますが、ファラオがここで「なぜだ」と問うたのは当然だったのではないでしょうか？

ところで、イエス時代の歴史家であるヨセフスも当惑しました。彼は、その著作『ユダヤ古代誌』の中で、ここでの物語を次のように再話いたします。戸惑われるといけないので、あらかじめ申し上げておきますが、ヨセフスの記述ではサライは一貫してサラです。

「さて彼はサラを同伴したが、人妻にたいするエジプト人の異常な興奮ぶりを恐れ、美人の妻をもっているために王に殺されても困るので、次のような方策を考えついた。すなわち彼は彼女の兄であると偽り、また彼女にもそのほうが有利だからと告げて、それにふさわしい振る舞いをするようにと教えたのである。

彼らがエジプトに着くと、すべてがアブラハムの心配したとおりであった。彼の妻の美しさがいたる所で喧伝され、ついにはエジプト人の王ファラオまでが、その評判を聞いただけでは満足せず、サラに会って彼女を自分のものにしようと情熱を燃やしたのである。しかし、神は王を病気にし、そのうえ政治的な動乱まで起こして、彼の不義なる情熱の裏をかかれた。そして彼が治療法を尋ねるために犠牲を捧げると、神官たちは、王の病気は異邦人の人妻に凌辱を加えようとして神の怒りに触れたからだと宣言した。

驚愕した王は、サラを呼んで彼女は何者なのか、また彼女が伴ってきた男はいったいだれなのかと尋ねた。そして、ことの真相を知ると、王はアブラハムに謝罪を乞うて次のように釈明した。自分が彼女に愛情を抱いたのは、彼女がおまえの妻とは知らず妹だと信じたからであり、また自分は本心から彼女と婚約しようとしたのであって、情熱のままに彼女を犯そうと思ったのではなかった、と。王は彼に多額の金を与えた。そしてアブラハムはエジプト人の中の最高の学者たちと交際するようになり、その結果、彼の徳とその評判はいちだんと異彩を放つようになった。」（第一巻一六二―五節）

わたしたちに解せないことはまだまだあります。

ファラオによって妻のサライが寝取られたというのに、アブラムが実にたんたんとしていることです。彼は怒りという人間らしい感情をもたぬ男のようです。やはり最低の男としか言いようがないですが、一方でヨセフスによれば徳と評判が高い男とされていて、ますます不可解です。ところで、このときのサライは不妊の女でしたから、よかったものの、もしファラオの子種でも宿していたらどうなったでしょうか？　以後の物語の展開は、いや人類史の展開は大きく変わっていたと思われます。少なくとも物語の上では。

## アブラム、甥のロトと別れる

アブラムとその一行はエジプトから戻ると、再びカナンの地に入りますが、そこでアブラムの家畜を牧する者とロトの家畜を牧する者との間で喧嘩が起こり、そのため、アブラムはヘブロンでロトと分かれます。「おまえはおまえの道を行け、わしはわしの道を行く。では、さようなら」というわけです。ヘブロンはエルサレムの南西三二キロの場所です。

アブラムはヘブロンにあるマムレの樫の木の近くに住み、ここでも祭壇を築きます（一三・一八）。祭壇がつくられれば、その場所は由緒ある場所になりますが、四世紀の教会史家エウセビオスが著した『コンスタンティヌスの生涯』（拙訳、京都大学学術出版会）は、この由緒ある土地が長い間不浄のままに放置されていたと申し立てます。その場所はときのローマ皇帝コンスタンティヌスによって清められ、「聖なる場所」に指定されたそうです。現在のヘブロンはアラブ人の町です。わたしは昔、一度だけ訪れたことがあります。

## アブラム、甥のロトを奪還

第一四章では、ロトを拉致した四人の王をアブラムが追撃した話が挿入されます。ここでの話は、それまでのアブラム像を一新します。さながら、悪を懲らしめる西部劇のヒーローのようです。拉致されたら、奪い返す。そのためには手段を選ばない。

アブラムは甥のロト奪還のために一族郎党を総動員いたします。その数は三一八人だったそうです。彼はこれだけの数の者を惜しげもなく投入したのです。ひとりの拉致被害者を救出するためには、たとえ身内に三一八人の死傷者が出てもかまわない、というわけです。ナルホドね。学ぶものがあります。当の彼らにとっては、当たり前の話なのですね。

余談ですが、この三一八という数は、後のキリスト教時代に、コンスタンティヌスが三二五年の五月にニケアで招集した公会議に出席した司教の数として信じられるようになります。この三一八人という数の他に、二〇〇人だったとか二五〇人だったとか、三〇〇人位だったとか、いろいろな数があげられたのですが、そのどれも「聖書の数」ではなかったのです。「聖書の数」はそれほどありがたいというわけです。わたしたちの目からみれば、これは愚かしい聖書信仰です。このような聖書信仰に陥ってはなりません。ところで、この追撃の場面は絵になりそうですが、わたしの知るかぎり、描かれていないようです。

アブラムは凱旋いたします。

サレムの王メルキゼデクが彼を出迎えます。サレムはエルサレムの別名です。王は「いと高き神」の祭司です。ギリシア語訳の訳者はヘブル語創世記のエル・エルヨンを「いと高き神」と訳します。岩波版の訳者である月本氏によれば、このエル・エルヨンは「至高者エル」の意で、元来はカナンの至高神を指したそうです。もちろん、ギリシア語訳の訳者にカナンの神についての十分な知識があったとは思われませんが、ここでのエル・エルヨンの訳語として「いと高き神」を選択したのは賢明だったと思われます。形容詞「いと高き」は、ギリシアの主神ゼウスに冠せられたり（「いと高きゼウス」）、エジプトのイシス神に冠せられたりしていたからです。

## 主、アブラムに顕現し約束する

第一五章は、主の言葉が幻の中でアブラムに臨んだことを告げます。彼は主に自分が子に恵まれないことを訴えます。すると、主は彼を天幕の外に連れ出し、満天の星を見せて「おまえの子孫はあのようになる」（一五・五）と約束し、そればかりかその日の夕方には、アブラムの子孫に与える土地について彼と契約を結びます。

「しかと知るがよい。おまえの子孫は、自分たちのものではない土地に仮寓する者となり、四〇〇年の間、奴隷としてエジプト人たちに仕え、（人びとは）彼らを虐待し、彼らを悲惨な目に遭わせる。だがわたしは、彼らが奴隷として仕える民を裁く。おまえは長寿を全うして葬られ、平安のうちにおまえの父祖たちのもとへ赴く。彼らは四代目になってここへ戻ってくる。アモリびとの罪は、今にいたるもまだ満ちていない。」（一五・一三―一六）

これは、一見、アブラムの子孫のエジプト滞在とそこからの脱出（出エジプト）についての驚くべき預言であるかのように見えます。出エジプト記第一二章の四〇節によれば、イスラエル（ヤコブ）の子らのカナンの地とエジプトの滞在期間は四三〇年です。カナンの地での滞在期間を三〇年として、それを差っ引けば、四〇〇年となります。どんぴしゃりです。どんぴしゃりのときは、その不自然さを疑いましょう。

出エジプト記第六章の一六―二〇節は、イスラエルの子らがエジプトへ下ってから脱出するまでの世代を、レビ、ケハト、アムラムと数えて三代としています。それにモーセを加えれば、カナンの地に戻るまでは四代となります。「四代目」に言及するここでの記述（一五・一六）は、出エジプト記の語るものと見事に一致するのです。しかし、一致はつねに胡散臭いものです。疑ってかからねばなりません。わたしはここで疑ってかかる根拠を、最後の文節「アモリびとの罪は、今にいたるもまだ満ちていない」、ないしはそのヘブル語テクストの読みにもとめます。ここまでのテクストでは、アモリびとは第一〇章の一六節、第一四章の七節、第一四章の一三節でその名前をあげられておりますが、彼らの「罪」はまったく言及されていないのです。にもかかわらず、アモリびとの罪がきわめて唐突な仕方で言及されているのです。この事実は、この文節をも含む一文全体が後の時代の付加であることを示唆いたします。ヘブル語出エジプト記を読んだ者が、その内容を「主の預言」の形にしてここに挿入してみせたのではないでしょうか？　ですから、創世記にすでにイスラエル（ヤコブ）の子らのエジプト滞在や、そこからの脱出についての預言がある、さすがに主だ、主は四〇〇年後のことをもお見通しだ、なぞと感心するには早いのです。わたしはこの箇所以外にも後の時代の挿入がいくつかあると考えます。この第一五章には注意を払わねばならぬ箇所がもうひとつあります。それは主がアブラムと契約を結んで口にした言葉です。

「わたしはおまえの子孫に、エジプトの川からかの大河エウフラテース川にいたるまでのこの地と、カインびとと……エブスびとの地を与える。」（一五・一八）

ここで描かれている光景は、いつの時代のものでしょうか？

実は、これはソロモン時代の光景であって、アブラムの時代のものではないのです。もし列王記上第五章の一節の一文「ソロモンはエウフラテース川からペリシテびとの地方、さらにエジプトの国境にいたるまで、すべての国を支配した」が史実を反映するものであれば、ここでの一文はそれに合致するのです。それは創世記の編者が、列王記上の記事を読んだ上で「主の預言」の一文をつくり、それを創世記の第一五章に挿入したことを暴露いたします。ここでわたしたちは後の時代につくられた一文が、主の預言という形で創世記に挿入されていることを見ましたが、他にもこのような小細工がある可能性があるのです。わたしたちはここで挿入された二つの文章から、ヘブル語創世記は、ヘブル語出エジプト記やヘブル語列王記上が編纂された後に、纏《まと》められたと推測できるのです。この推測が正当であれば、ヘブル語創世記は必ずしも最初に纏められたものではないことになります。ヘブル語出エジプト記やヘブル語列王記上の著作（編纂）年代についての議論は旧約学者の仕事ですので、ここでは立ち入りません。

## アブラム、イシュマエルを儲ける

創世記第一六章の冒頭の一文によりますと、アブラムの妻サライの不妊症が改善された気配はありません。彼女は石女《うまづめ》なのです。彼女にはエジプト人女性のハガルという侍女がおり、彼女はアブラムにハガルを代理母としてあてがいます。侍女を代理母とするのは古代の人の知恵です。彼らがいつごろからこの知恵をもちはじめたのか、わたしは知りたいのですが、まだ分かりません。これはサライがアブラムにハガルをあてがっている場面で、ストーメル（一六〇〇―五〇頃）が描いたものです（図3）。裸のアブラムの肉体は、衰えが顕著です。痛々しさを感じさせます。残酷です。ヴェルフ（一六五九―一七二二）も、一六九九年に似たような場面を描いておりますが（図4）、彼の描くアブラムの上半身にはまだハリがあり、救いがあります。ハガルはうつむき加減で、左の乳房を右手で覆い隠そうとしておりますが、左の乳房はストーメルと同じく、モロ出しです。

アブラムは、子づくりのために、さっそくハガルと連日連夜セックスに励みます。年齢が年齢ですから、彼は創世記第三〇章の一四節以下に登場するマンダラゲ（曼荼羅華）を使用したと想像したいものです。これは古代世界のバイアグラです。ヨヒンビンです。マカです。赤ヒゲ堂の原点です。余計なことですが、このマンダラゲの別名は、アジアでは、チョウセンアサガオですが、それはアサガオのような花を咲かせるからです。もうひとつ余計なことを申し上げておきます。このマンダラゲにはそちらの方面に効くばかりか、この茎を精製し、他の薬草と一緒に使用すれば麻酔効果をもたらすそうで、それに注目したのが華岡青洲です。

脱線してしまいました。

さて、ハガルは身ごもり、アラブ人の先祖とされるイシュマエルを生みます。ときにアブラムは八六歳です（一六・一六）。やがて、といってもそれから一四年後の、アブラムが一〇〇歳になろうとしているときのことですが、新たなチン事態が展開いたします。

図3　ハガルをアブラムにあてがうサラ、ストーメル

図4　ハガルをアブラムにあてがうサラ、ヴェルフ

## 主、再びアブラムに顕現し約束する

第一七章によりますと、主はアブラムに顕現いたします。そのときのアブラムは九九歳です。


「わたしはおまえの神。

おまえはわたしの前に喜ばれる者となり、非難されない者となれ。

わたしは、わが契約をわたしとおまえの間に置き、おまえの子孫をおびただしく増し加える。

そしてわたしは、見よ、わが契約はおまえとともにある。おまえは多くの民族の父となる。

おまえの名は今後二度とアブラムとは呼ばれない。おまえの名前はアブラハムである。わたしがおまえを多くの民族の父としたからである。わたしはおまえの子孫をおびただしく増やし、わたしはおまえを諸民族の父とし、王たちはおまえの子孫から出るであろう。わたしはわたしとおまえの間に、そしておまえの後に代々つづくおまえの子孫との間に、わが契約を未来永劫にわたる契約として立てる。それはわたしがおまえの、そしておまえの後につづくおまえの子孫たちの神となるためである。わたしはおまえとおまえの後につづく子孫に、おまえが今、仮寓している土地、すなわちカナンの全地を未来永劫にわたる所有として与える。そしてわたしが彼らの神となるであろう。……」(一七・一―八)

少しばかり解説しておきます。

冒頭に「わたしはおまえの神」とあります。ヘブル語創世記では「わたしはエル・シャッダイ」

です。七十人訳の他の箇所ではエル・シャッダイは「全能の神」と訳されておりますが、このエル・シャッダイの正体は不明とされます。すでに見てきたように、ギリシア語訳の訳者は神の名前を表わしていると思われるエル・エルヨンを「いと高き神」と訳し、またエル・ロイを「あなたこそはわたしを顧みられる神」（一六・一三）とパラフレーズしております。ここで引いた文章の最後の一節をもう一度読んでみてください。そこには「そしてわたしが彼らの神となるであろう」とあります。より正確に訳せば、「そしてわたしが彼らのために神となるであろう」ですが、ここでの神を表わすギリシア語テオスには冠詞がないのです。ここでの定冠詞の欠落には、ギリシア語訳の訳者の側に気遣いがあるようです。それは、すでに見たように、「神」を「神々」とする気遣いと同質です。訳者は多神教の世界のアレクサンドリアの人間なのです。

ここでの神は「饒舌の神」「おしゃべりの神」です。

神はアブラハムの子孫が生後八日目に受けることになる割礼について語った後、さらに次のように申します。

「おまえの妻サライだが、これからは彼女の名はサライとは呼ばれない。サラが彼女の名となる。わたしは彼女を祝福し、彼女からおまえに子を与える。わたしは彼女を祝福する。彼女は諸民族の母となり、諸民族の王たちは彼女の子孫から興る。」（一七・一五―一六）

これから先、アブラムはアブラハムと、サライはサラと呼ばれるようになります。二人にとっては心機一転の人生となるのですが、さすがにアブラハムは、自分に子が与えられるという主の約束に、「ほんまかいな」と懐疑的になります。当たり前です。もう少し読みつづけましょう。

「アブラハムは顔を伏せた。そして彼は笑って心の中でつぶやいて言った。『一〇〇歳の者に子が生まれようか？　九〇歳のサラが子を産めようか？』」（一七・一七）

ここでの一語「笑って」は、なかなかよい光景を醸し出します。ヘブル語創世記では「笑った」（ツァハク）とこれから生まれてくる子の名前イサク（イッハク）の間には言葉遊びがあります。緊張の糸がここでプツンと切れますが、それをギリシア語訳で表わすことは不可能です。もちろん、日本語でも不可能です。なお、ここで申し添えておきますが、創世記には言葉遊びが至る所に見られます。わたしは、すでに述べたように、創世記を古代世界における「だじゃれ読本」とか「お笑い読本」と呼んでおります。この本をその観点で読んではじめて、エンジョイできるのです。

実は、サラもこの約束を聞いて笑っているのです。第一八章の一二節に「サラは『今日まですっかりご無沙汰なのに。わたしの主人も老いぼれなのに』と言って、くすりと笑った」とあります。彼女がげらげらと笑いこけて「何バカ言ってんのよ、この神は」と言ったならお終いです。そう言っていないところが救いです。ホッとさせます。このサラの言葉の前には、「アブラハムとサラは日数を重ねて年老いていた。サラの月のものは止まっていた」とありますが、閉経を告げるこの地の文がサラの「くすくす笑い」を納得させます。

考えてみれば、これは神による受胎告知です。

サラが処女でなかったのが残念ですが、閉経後の受胎と出産です。この箇所は、イエス誕生の受胎告知の理解に少しばかり役立つかもしれませんが、閉経後の受胎と出産は、以後の人類の受胎史上、また出産史上他に例を見ないのではないでしょうか？

さて神はこう告げると、アブラハムのもとを離れて天に昇って行きます（一七・二二）。天から降りてきたり、天に昇って行ったりと、活動家の神はなかなか忙しいのです。

サラは男子の誕生について神の約束を立ち聞きしたのですが、そのときその約束をアブラハムに告げたのは三人のみ使いのひとりでした。ヘブル語聖書では、神（主）とみ使いが同義語であることがあります。なお、ここで贅言を加えますと、後のキリスト教側の物書きの中には、ここでの三人のみ使いの顕現に最初の三位一体の例を見る者がおりますが、どこでどう三位一体と結びつくのでしょうか？

アブラハムと彼の前に現れた三人のみ使いを描いた作品には、ティエポロ（一六九六―一七七〇）によるものがあります。

## ソドムとゴモラ

あるとき、主はソドムとゴモラを滅ぼそうとします。

この二つの町からは「嬌声」があがるからです。この二つの町は、現代の東京・新宿は歌舞伎町のような歓楽街か、男色専門の街だったようです。アブラハムはここで、町を救おうと、必死になって主に執り成しをします。彼は主に言います。

「その町に五〇人の義《ただ》しい者がいても、彼らを滅ぼされるのですか？」（五〇・二四）
「もしそこに四〇人いたら？」（五〇・二九）
「もしそこに三〇人見出されたなら？」（五〇・三〇）
「もしそこに二〇人見出されたなら？」（五〇・三一）
「もしそこに一〇人見出されたなら？」（五〇・三二）

アブラハムはよほど自信がなかったのでしょう。義しい人の数をどんどん下げていきます。主は町に一〇人の義しい者がいたら、そこを滅ぼさないと約束します。アブラハムはなぜここで問いかけを打ち切ってしまったのでしょうか？　なぜ「もし一人でもいたら……わたしが義しい人ではないのですか？」と尋ねなかったのでしょうか？　彼は自分の町へ帰って行きます。

二人のみ使いがソドムの町にやって来ます。彼らはロトの家に泊まります。すると町の男たちが彼の家を取り囲み、戸口をがんがん叩きながら「今夜おまえの所に入った男たちは、どこにいるのだ？　やつらをわれわれの所に引きだせ。やつらと寝たいのだ」（一九・五）とわめき散らすのです。この町は本当に男色の町・無法の町だったのです。このような町にロトは住んでいたのですから、彼はなかなかの変わり者です。

なお、余計なことですが、英語で男色のことをソドミー（Sodomy）、男色者をソドマイト

(Sodomite)と申しますが、これらはいずれもこのソドムに由来するものです。女性の同性愛者をレズビアン(Lesbian)と申しますが、これは創世記に由来するのではなく、ギリシアの女流詩人として有名なサッポーの生地であるレスボス(Lesbos)に由来するものです。ソドミーという英単語の登場は一六世紀か一七世紀だと見当をつけてオックスフォードの辞典にあたったところ、それははずれておりました。一二世紀に遡るのです。言葉は社会を映し出す鏡ですから、一二世紀のイギリス社会では男色が流行っていたと想像されるのですが、そのあたりのことは今度時間があったら調べてみようと思います。

ここで、わたしたちには理解できないロトの行動があります。それは、客人の安全を守るために、彼が自分の娘を差し出そうとしたことです。

「兄弟たちよ、やめてください。そんな馬鹿なことはしないでください。わたしには、男をまだ知らない生娘が二人おります。あなたがたのもとに彼女たちを引き出しますから、好きなようにもてあそんでください。ただこの客人たちにはどんな不正なこともしないでください。彼らはそのようなことをされないように、わたしの家の屋根の覆いの下に入ったのですから。」(一九・七―八)

一体、どこの親が自分の愛する娘を町の男たちに差し出して、「好きなようにもてあそんでください」と言うのでしょうか?

ロトは変わっているのです。結局、彼は客人たちの助言にしたがい、翌日、娘たちや身内の者たちと一緒に町から脱出します。彼らがツォアルの町に逃げ込んだとき、主はソドムとゴモラの町の上に硫黄と火を天から雨のように降らせて、滅ぼしてしまうのです。

## ロトとその娘たち

デューラー（一四七一―一五二八）は、二人の娘と一緒にソドムの町から脱出するロトを描いております（図5）。遠景には滅ぼされようとしているソドムが見えます。わたしはデューラーの絵が好きなのですが、この絵からは脱出の緊迫感がまるで伝わってきません。ロトが二人の娘をしたがえて山に入りキノコ刈りでもするような雰囲気です。

ところで、わたしたちはここで、洪水の後で、主・神が口にした言葉を思い起こさないでしょうか？　前回の講義で引用したように、主・神は、確か、こう言ったはずです。

「わたしはもう二度と人間たちの行為ゆえに、地を呪うことはすまい。人間は若いときからもっぱら悪しきことに思いをはせているものだ。わたしはこのたびしたような、生けるすべての肉を打つようなことはもう二度とすまい。」（八・二一）

どうやらこの約束は、すべての人間を滅ぼすことはしないが、一部の不埒な者たちは滅ぼす、ということだったようです。早合点は禁物です。

図5　ソドムの町から娘たちと逃げ出すロト、デューラー

図6　ロトとその娘たち、ルーカス・ファン・レイデン

町が滅びると、ロトと二人の娘はツォアルの町から山地に入り、そこの洞窟に住みます。娘たちは父に葡萄酒を飲ませて同衾します。ジャンケンポンで決めたのでしょうか、それとも年上からという暗黙の了解があったのでしょうか、最初は姉が、次には妹が父の所へ入るのです。成人した娘たちが自分の父親と性的関係をもつ、これは何姦というのでしょうか？「父子相姦」なのでしょうか？　いずれにしても、創世記には母子相姦あり、男色あり、父子相姦ありと、後の文明社会の人間関係を先取りするなかなか賑やかな光景を、次つぎとわたしたちの前で展開させてくれます。先に進めば、ユダがタマルを娼婦だと思って買ってしまう、買春の話もあります。

前回の講義によれば、ノアは葡萄酒でへべれけの状態にされたため、息子のひとりとしたセックスを覚えていないそうですが、ロトもまた葡萄酒で酔いつぶれていたため、自分の娘たちとしたセックスを覚えていなかったそうです。しかし、二人の娘はともに身ごもります。へべれけの状態での交合では、マンダラゲを使用していればともかく、相手を身ごもらせることができるのか、知りたいものです。それはともかく、姉の方は、モアブびとの先祖となるモアブを産み、妹の方は、アンモンびとの先祖となるアンマンを産みます。アンパンではありません。

ここで少しばかり説明しておきます。まず最初にお見せするのはルーカス・ファン・レイデン（一四九四?―一五三三）が描いたものです（図6）。最初のセックスは父を酔わせた上で、二人の姉妹が仕掛けたものでしたが、ここでは父が娘の一人に積極攻勢を仕掛けております。そのためでしょうか、右側に描かれている姉の表情に戸惑いが見られます。固い表情です。左の妹は積極的です。葡萄酒を父に飲ませようとしております。三人が町を脱出する光景も小さく描かれております。遠景は、東京・両国や玉川の花火大会ではなく、神の怒りがソドムとゴモラに臨んだ光景です。

次のはアルトドルファー（一四八〇頃―一五三八）のものです（図7）。これは画集などでよく見かけるものです。ここでのロトは好色そうなエロ爺です。はじめてこの絵に接したわたしは、ロトが後ろから挿入しているのかと勝手な妄想にふけり、赤面しながらしばし見入ってしまいましたが、ここでの娘の表情は固いものです。まだことには及んではいないようです。その証拠は彼女の左手に置かれているワイングラスです。「酔わなきゃ」といったつぶやきが聞こえてきます。右側の奥に描かれているもう一人の娘はすでに裸になって、スタンバイの状態です。もっと好色そうなツルッパゲのロトを描いて傑作なのは、イタリアの画家フリーニ（一六〇〇―四六）のものです。

マサイス（一五一〇―七五）もこの場面を絵にしております。そこでは神の怒りを買ったソドムと

図7　ロトとその娘たち、アルトドルファー

図8　ロトとその娘たち、ホルツィウス

ゴモラの町は、画面の左手に描かれております。普通こうした芳しくない場面は、画面の右手に描かれるものですから、その意味で、これは珍しい絵ですが、絵それ自体は凡作なので、ここでは紹介いたしません。ホルツィウス（一五五八―一六一七）の絵はなかなかのものです（図8）。彼はことが終わったあとの光景を描いております。どうしてことが終わった後だと分かるのでしょうか？それは断言できます。三人が三人、みな満足そうな笑みを浮かべているからです。左の妹（姉？）は、「お父さん、若いのね」とか何とか言いながら、右の姉（妹）に同意をもとめているかのようです。右端に置かれた机の上にはチーズやパンなどの盛り合わせが、葡萄酒のおつまみとして置かれております。

## カデシュでの椿事

アブラハムはカデシュとシュルの間に移り住み、ゲラルびとのもとに仮寓します。物語は次のように展開します。

「アブラハムは、自分の妻サラについて『わたしの妹です』と紹介した。彼女ゆえに、町の男たちがいつなんどき自分を殺すのではないかと恐れて、彼は『わたしの妻です』とは口にできなかったのである。ゲラルびとの王アビメレクは人を遣わし、サラを召し出した。神はその夜、眠りの中でアビメレクに入って来て言った。『見よ、おまえは召し出した女のために死ぬことになる。彼女は男と一緒に暮らしているのだ。』

アビメレクは、彼女には指一本触れていなかった。

彼は言った。

『主よ、あなたは汚れのない義しい民族をも滅ぼされるのですか？　彼はわたしに、わたしの妹です、と言ったではありませんか？　彼女は、あの人はわたしの兄です、と言ったのです。わたしは清い心で、また正義の手でこのことをしたのです。』」（二〇・三―五）

話の展開によれば、サラはこのときすでに九〇歳なのです。九〇歳の連れ合いを土地の王に差し出すのですから、抱腹絶倒です。ここでの話は七五歳のときのサライがファラオに召し出されて犯されたという、先に見た話の別バージョンと考えるのが適切でしょう。ここでの「彼女ゆえに、町の男たちがいつなんどき自分を殺すのではないかと恐れて、彼は『わたしの妻です』とは口にできなかったのである」（二〇・一一）の一文は、ヘブル語創世記には見られませんが、第二六章の七節のイサク物語の中の一文とまったく同じものですので、そこからの転用であると考えられます。しかし、ギリシア語訳の訳者が使用したヘブル語テクストに本来あったとも考えられます。挿入するには、少しばかり長すぎるからであり、また挿入するためには、創世記第二六章の七節まで読み進んだ後、この第二〇章まで戻らねばならないからです。

アビメレクはアブラハムを召し出すと、彼を難詰します。サライと同衾したときのファラオと同じです。そしてサラをアブラハムの手元に返すにあたっては、金子《きんす》と羊と牛と奴隷を与えます。これもファラオと同じです。このことからも、ここでの話が先に語られた話の別バージョンである可能性が示唆されます。それにしてもアブラハムは妻のサライをだしにしてその財産を殖やしていったようです。サライもいやがってはいないようですから、彼女もぐるだったのかもしれません。旧約版美人局《つつもたせ》、と言うと語るに落ちる邪推ですが。

## イサクの誕生

第二一章は、アブラハムにイサクが誕生したことを語ります。アブラハムがはじめて自前の子をもつのです。

「主は、かつて言ったとおりに、サラを顧みた。主はかつて語りかけたとおりに、サラのために行い、サラは身ごもり、主が彼にかつて語りかけたとおりの時期に、アブラハムに男子を産んだ。アブラハムは、サラが自分のために産み、自分のためにできたわが子をイサクと名付けた。アブラハムは、神が命じたとおりに、八日目にイサクに割礼をほどこした。アブラハムは一〇〇歳だった、息子イサクが彼に生まれたときは。」（二一・一―五）

この誕生物語につづくのは、イサクの成長の記事であり、ついで第二一章では、イサクを奉献するアブラハムについての話が語られます。イサクは、サラの侍女が生んだ子と戯れたりします。ヘブル語創世記第二一章の九節を日本語に訳しますと、「サラは、アブラハムに生まれたエジプトの女ハガルの子が、わが子イサクとイサ（＝いちゃ）ついているのを目撃して」ショックを受け、この侍女とその子を追い出すようにとアブラハムに訴えます。これはその後の人類史によく見られることになる正妻と妾《めかけ》の間の最初のバトルとなります。サラに言いなりのアブラハムはハガルとその子イシュマエルを追い出します。二人は荒れ野の中を彷徨《さまよ》うことになります。

この場面は絵になります。

ドゥヤールディン（一六二二―七八）が描いております。イシュマエルがイサクと戯れていて、ハガルがそれを見守っている場面です。ハガルの上には、彼女とイシュマエルがベエル・シェバの荒れ野を彷徨っていたときに現れるみ使いが描かれております。

グェルチーノ（一五九一―一六六六）やフェルハーゲン（一七二八―一八一一）も、アブラハムがハガルとイシュマエルを追い出す場面を描いております。前者の絵（図9）では、ハガルの目は理不尽な仕打ちを訴えております。怯えております。そのためでしょう、ハガルの子イシュマエルは泣いております。アブラムの左手は、ハガルの訴えにたいして「まあまあ」と言っているように見えますが、その右手は外に出て行くよう指図しております。彼はサラのいいなりになる情けない男です。彼の後ろで背を向けている女性がサラです。背を向けるのは、サラの置かれた立場が優位であることを示しております。ハガルを無視する態度です。後者の絵（図10）では、サラとイサクが描かれております。この絵での二人の女性の目つきに注目してください。サラの目つきは勝ち誇った勝者のそれですが、ハガルの目つきは悲しげです。敗者のそれです。この目つきの違いは、わたしたちに、中世の画家たちが好んで描いた反ユダヤ主義の絵画に見られる十字架を中に挟んで描かれる図像を思い起こさせるものです。十字架の左に描かれる女性はつねに勝ち誇った目つきをしております。それは教会を象徴するからです。それにたいして、十字架の右に描かれる女性は目隠しをさせられるか、悲しげな目つきをしております。ユダヤ人のシナゴーグを象徴するからです。

## アブラハム、イサクを犠牲として神に捧げようとする

第二一章の二二節以下には、井戸をめぐる物語が挿入されます。物語の展開の上では、この挿入は異質な感じを読む者に与えます。

第二二章は、「これらのことの後、神はアブラハムを試みた」ではじまります。神はアブラハムに息子イサクを連れてモリヤ山へ行き、そこで献納物として息子を捧げよと命じます。彼の信仰心を試すための命令ですが、とんでもない命令を神は出したものです。三日路の旅になるというのに、サラはこの命令と実行のかやの外に置かれます。

イサクは父と出かけます。

ヘブル語創世記第二二章の二節によれば、目的地は、後にエルサレムと同一視されることになる「モリヤの地」です。ギリシア語訳では「高い地」です。現在のエルサレムの黄金のドーム（岩のドーム）の立つ場所です。『クルアーン（コーラン）』によれば、ムハンマドはここから天使をしたがえ天馬にのって天に昇っていったそうです。いろいろな人が天に昇っていくものです。

さて、この山に登って行く途中、イサクは、焼き尽くす献納物となるはずの羊を父が携えてこなかったことに気づき、そのことを父に問いかけます。長くて重い沈黙の一瞬です。父は彼の問いかけには答えず、「わが子よ、神はご自身のために焼き尽くす献納物のために用いる羊を用意される

図9　ハガルとイシュマエルを追い出すアブラハム、グェルチーノ

図10　アブラハムにより追い出されたハガルとイシュマエル、フェルハーゲン

のだ」（二二・八）とすっとぼけてみせます。そして祭壇を築くと、その上にたきぎを置きます。そして次に、イサクを縛り上げると、彼を祭壇の上でたきぎにしようとします。息子を縄でがんじがらめに縛り上げたのですから、ここでのアブラハムによる自作自演の「緊縛ショー」は急展開します。アブラハムは短剣を取ろうと、その手を伸ばします。イサクを葬るためです。しかし、まさにそのとき、主（のみ使い）がアブラハムに言うのです。

「おまえの手を少年の上に振り下ろしてはならないし、彼に何もしてはならない。わたしは今、おまえが神を畏れていることを知った。おまえは、わたしのために、おまえの愛する子の命さえ惜しもうとはしなかった。」（二二・一二）

この一文から、アブラハムはユダヤ教や、キリスト教、イスラームの「信仰の元祖」「信仰の家元」とされます。

確かに、ここに見られるのは「信仰」かもしれませんが、問題はその信仰の「質」です。ここでのその質は盲信のレベルでの「狂気」です。聖書にはここでの「狂気」に端を発する「熱心」が見られ、それが賞讃されることがあります。そのよい例は民数記第二五章に見られるピネハスの熱心です。彼はモアブの女とお楽しみ中のイスラエルびとの男を、女もろとも槍のひと突きで殺しますが、主は彼を「わたしの熱心さに倣った」として賞讃し、それればかりか彼とその子孫に「永遠の祭司職」を保証するのです。この熱心は、紀元前二世紀にシリアのセレウコス王朝にたいして叛乱を起こしたマタティアスに継承され（マカベア第一書二・一九―二八）、さらに対ローマのユダヤ戦争のときの「熱心党」と呼ばれるゼーロータイにも継承されるのです。この手の熱心はなかなかのくせものです。それは紛争の原因となったものを不問に付したままにするからです。それは過誤を過誤として認める知的営為を胡散臭いものとするからです。キリスト教もこの熱心を継承したことは、キリスト教が、滑稽にも、アブラハムを神信仰の父として仰ぎ見ていることから分かりますし、キリスト教二〇〇〇年の歴史からも明らかです。現代世界が抱える宗教がらみの問題、とくにユダヤ教とキリスト教とイスラームの問題の解決は、まずこの熱心の駆除退治からはじまらねばならないでしょう。もちろん、全面的な駆除などは出来ない相談ですが、その必要があるという認識だけはもちたいものです。

物語をつづけて読んでみましょう。

「アブラハムが目を上げると、見よ、一頭の雄羊がサベクの灌木に両角を取られているのを見た。アブラハムは行って雄羊を捕まえ、自分の息子イサクの代わりにそれを焼き尽くす献納物として捧げた。」（二二・一三）

これは、「焼き尽くす献納物に用いる羊はどこにいるのですか?」と言ったイサクの問いかけへのアブラハムの答え（二二・八）の内実となるものですが、これはいかにも見え透いた、いや出来すぎた光景です。こうした光景は最後に見るアブラハムの家僕によるイサクの嫁探しの旅物語でも見られるものです。

　このアブラハムによる息子イサクの奉献は彫刻や絵になるものです。

　ドナテッロ（一三八六頃―一四六六）はこの場面を彫り上げました。羊や天使でも彫られておれば、ただちにアブラハムとイサクと分かりますが、それなしですから、分かりにくいかもしれません。こちらは激しい気性の持ち主として知られるカラヴァッジオ（一五七三―一六一〇）の絵です（図11）。イサクの悲鳴が聞こえてくるようです。カラヴァッジオはこうした残酷な場面を得意としますが、それについては先に進んでから説明いたします。チゴーリ（一五五九―一六一三）は、一六〇七年ころにこの場面を描いておりますが、イサクを裸にしております。ドメニキーノ（一五八一―一六四一）の絵でもイサクは裸です。

　シナゴーグ（ユダヤ人会堂）の床にもアブラハムとイサクは描かれました。イスラエルのベイト・アルファと呼ばれるシナゴーグに行ってみてください。六世紀のものです。こちらはイギリスのマンチェスターにあるジョン・ライランズ図書館が所蔵する一三世紀の写本の挿絵です（図12）。わたしはこの図書館が所蔵する申命記の断片を見に行ったとき、頼み込んでこれも見せてもらいました。わたしのメモ帳によれば、これは縦一八センチ強、横一四センチ強の小さなものですが、なかなか味わいのあるものです。次のものは同じ世紀のものですが、フランスでつくられたヘブル語聖書の挿絵です（図13）。中世以降、ユダヤ人の描写ではユダヤ帽がかぶされて反ユダヤ主義のメッセージがそこに込められるのですが、ここでの挿絵にはそれが認められません。

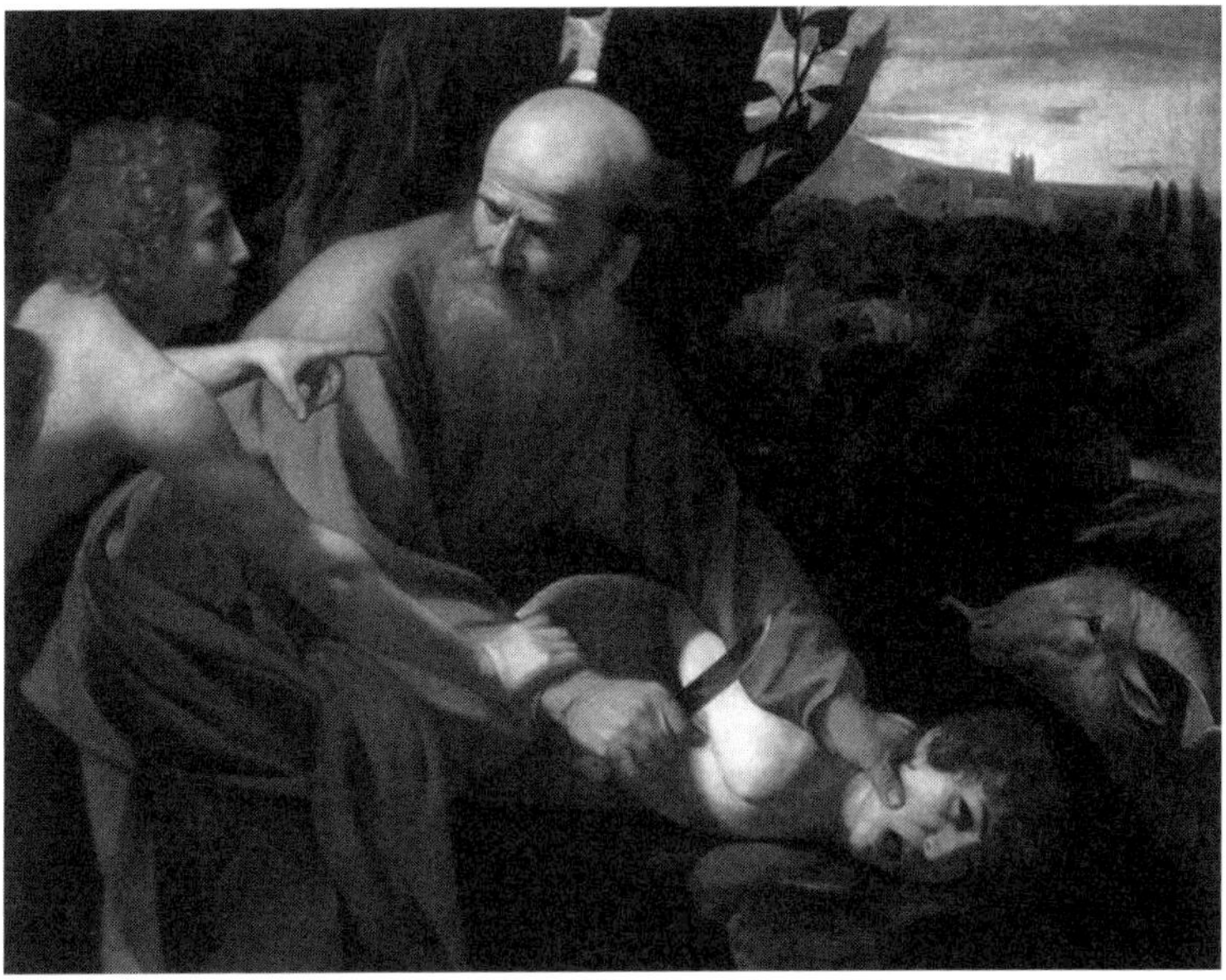

図11　イサクの奉献、カラヴァッジオ

図13　イサクの奉献、ヘブル語創世記写本の挿絵

図12　イサクの奉献、創世記写本の挿絵

## ヨセフスによる再話

ここでは脱線してヨセフスの再話を見てみましょう。彼は物語を驚くほど高い文学的レベルで再話してみせます。

ヨセフスはここでのイサクの年齢を二五歳と設定します（『ユダヤ古代誌』第一巻二二七節）。創世記第二二章の一二節はイサクを「少年」としていますので、わたしたちはここでイサクが七、八歳の少年であったと想像してみたくなります。しかし、ヨセフスはここでの「少年」を無視します。なぜなのでしょう。実は、この物語が終わった所で、サラは一二七年の生涯を閉じているのです（二三・一）。サラがイサクを産んだのが九〇歳のときですから、ここで七、八歳の少年イサクを想定しますと、この物語の後、実に三〇年近くの空白期間が生じてしまうのです。これでは「ヤバイよ」ということで、ヨセフスはイサクの年齢を二五歳、分別のある年齢の男子に仕立てているように見えます。あるいは逆に、分別のある男子とするために、イサクの年齢を二五歳としたとも言えるかもしれません。問題はどう分別ある男子に仕立てたかです。ヨセフスは次のように申します。

「わが子よ。わしはおまえの誕生を願って何度神に祈ったことか。そしてついにおまえが授かったが、おまえを育て躾《しつ》けるのにわしは何の苦労も感じなかった。そして、このように立派に成人したおまえを見ることほどわしにとっては大きな楽しみはなく、またわしの死後、わしの後継者としておまえを残しておけると考えることほど大きな喜びもなかった。

しかしながら、わしがおまえの父親となったのも神のご意思であったが、今またわしがおまえを諦めるのも神がそれを望まれるからだ。どうかこの捧げ物に、勇気をもって耐えてほしい。わしがおまえを引き渡すのは神にたいしてである。神がわしの支持者としてまた味方としてわしに与えて下さった数かずの恩恵へのお返しとして、今神はわしたちも神に忠誠の誓いを表白するように要求しておられる。ああ、おまえがこの世に生まれて来たのも実に尋常ならざる道をたどってであったが、今おまえは、異常な仕方で、その生を絶たねばならぬことになった。すなわちおまえは、犠牲の慣行にしたがって、他ならぬおまえ自身の父の手により、万物の父である神のもとへ送り出されることになったのだ。

わしは思う。おそらく神は、他の者の場合のように病気や戦争やその他の災禍によっておまえの生を絶つようなことはせず、祈りと供犠の最中にお前の生命を受け、それを傍ら近くにとめておこうとしておられるのだ。

おまえは老境にあるわしの保護者になって世話をしてくれるはずであったが——わしがおまえを育てた何よりの願いもそれだった——、これからは神がおまえに代わってそのような支えになってくださるだろう。」(第一巻二二八—二三一節)

非常に感動的ではありませんか。もう少し読んでみましょう。

「このような父をもった子に勇気の欠けているはずがなかった。イサクは喜んで父の言葉を受け入れ、そして言った。『もしわたしが、神と父上の決定されたことを斥け、おふた方の意思にわたし自身をすすんでゆだねないならば、わたしはこの世に生まれてくるに全く値しなかったことになります。またこの決定がたとえ父上お一人だけでなされたとしても、それにしたがわないのは不孝の罪を犯すことになります』と。こう言い終わると、彼は祭壇と死に向かって突進した。そして、もし神がそのとき彼の前にたちはだかることをされなかったならば、おそらくその行為は行われていただろう。」(第一巻二三二―二三三節)

ヨセフスは、創世記の重要な細部を変更しました。創世記第二二章の九―一一節によれば、アブラハムはイサクの手足を縛りあげて自由を奪い、その状態で彼を祭壇のたきぎの上に置き、彼を屠るために短剣を振りかざそうとしますが、ヨセフスの再話では、見てきたように、イサクの自由意思がどこまでも尊重されております。イサクは縛られたりはしておりません。彼は自分の意思で、自分の選択で、祭壇と死に向かって突進しようとするのです。まことに二五歳の男子たる者にふさわしい天晴《あっぱ》れな行動ではありませんか……と言いたいところですが、イサクには、もう少し「神の命令への服従と拒否」について考える能力があればよかったかと思われます。というのも、すでに述べたように、後世、アブラハムの取った行動がまるで信仰の原点に立つものであるかのように絶賛されるからです。

アブラハムの妻サラは、一二七歳で亡くなり、「二重の洞穴」に葬られます(二三・一九)。二重の洞穴とは奇妙な土地の名前です。ギリシア語訳の訳者はヘブル語創世記のマクペラに「重なった場所」の意味が込められているところから、こうした説明的な地名をつくりだしたのです。訳者は他の箇所でも、ヘブル語の地名の要素からそれに説明的な名を与えます。彼はヤハウェ・イェラを「主はご覧になった」（二二・一四）と、ベエル・シェバを「誓いの井戸」（二一・三二ほか）と、ベエル・ラハイ・ロイを「顕現の井戸」（二五・一一）と呼んでおります。地名のパラフレーズは、実は、七十人訳モーセ五書の一大特色でもあります。これは覚えておいていいことです。

## アブラハムの家僕、イサクの嫁探しの旅に出る

さて、サラは最愛の息子イサクの嫁を見ないで亡くなったことになります。アブラハムの家僕は彼の生まれ故郷へ出かけ、彼の兄弟ナホルの妻ミルカの子ベトエルの娘リベカを見い出して連れ帰ります。この家僕の嫁探しの旅は第二四章で語られております。

家僕はメソポタミアのナホルの町に到着しますと、町の外につくられた町民のための共同水汲み場で駱駝を休ませながら、そこにやって来る女たちを観察します。水汲み場は後の時代のアゴラ（広場）みたいなもので、旅人は町に入る前にここでひと休みすれば、これから入る町の情報を得ることができるのです。そのとき、家僕は祈ってこう口にしたそうです。

「わが主人アブラハムの神、主よ。どうか今日わたしの前に、わたしの旅路の目的をかなえてください。わが主人アブラハムに憐れみをかけてください。ご覧ください。わたしは今、水の湧き出る泉の傍らに立っております。この町に住んでいる者たちの娘たちは、水を汲み上げるために

出てまいります。わたしが若い娘に『わたしが飲めるよう、あなたの水がめをわたしのために傾けてください』と乞い、彼女が『お飲みください。あなたの驢馬にも飲み終えるまで水をやりましょう』とわたしに答えるならば、この者こそは、あなたがあなたのしもべイサクのために備えられたものです。そしてわたしはこれにより、あなたがわが主人アブラハムに憐れみをかけられたことを知るでしょう。」(二四・一二―一四)

家僕の祈りはすぐにかなえられます。出来すぎた光景がこれにつづきます。

「彼が胸中の思いを言い終えないうちに、見よ、水がめを両肩にのせたリベカが出てきた。彼女は、アブラハムの兄弟ナホルの妻ミルカの子ベトエルの娘だった。その若い娘(パルテノス)は見た目に非常に美しかった。彼女は処女で、男はまだ彼女を知らなかった。彼女は泉の所へ降りて来て水がめを一杯にするると、上がってきた。家僕は追いかけて行って彼女に挨拶し、そして『あなたの水がめから少しばかり水を飲ませてください』と言って水を乞うた。彼女は『旦那さま、お飲みください』と言うと、急いで水がめを降ろして自分の腕にかかえ、彼に飲み終えるまで飲ませた。彼女は『あなたの駱駝にもすべてを飲み終えるまで水をやりましょう』と言った。……」(二四・一五―一九)

引用した二つの文章に登場する「娘リベカ」に焦点を絞りましょう。彼女はどちらの文章におい

図14　アブラハムの家僕とリベカ、ブライ

ても、他の「娘たち」(テュガテレス)とは区別されて「若い娘」(パルテノス)と呼ばれており、処女の意味も含まれています。ヘブル語創世記では前者の文章ではたんに「娘」(ハナアル)であって、処女性は必ずしも前提とはされておりません。しかし、七十人訳は、前者の文章に、後者の文章に見られる「その若い娘は見た目に非常に美しかった。彼女は処女で、男は(まだ)彼女を知らなかった」を読み込んでいるのです。同じような願望的読み込みは三四・三にも見られますので、注意が必要です。この娘のことを「見た目には非常に美しかった」とありますが、それ以上の記述は見られません。女性についての聖書の記述は一般に失望以外のなにものでもありません。「美しさ」の細部に立ち入ることができず、その描写はステレオタイプだからです。

それはともかく、この場面を描いたものを紹介いたします。ブライ(一五九七—一六六四)のものです(図14)。家僕は娘リベカ(レベッカ)をイサクの嫁としてアブラハムのもとへ連れ帰ります。

七十人訳で物語を読んで行きますと、この翻訳がなされた紀元前三世紀のアレクサンドリアのファッションが見えてきます。ヘブル語創世記によれば、家僕はリベカに贈り物として「金の鼻輪」を贈りますが（二四・二二、三〇、四七）――かわいそうに、リベカは牛扱いです――、七十人訳はそこでの単数形の「鼻輪」を複数形の「耳輪」に改めております。牛の鼻輪ではあるまいしと訳者が考えたからではなくて、当時のアレクサンドリアの女性が身に付けていた「耳輪と首飾りと腕輪」の三点セットが訳者の頭にあったからなのです。第二四章の六五節に、リベカは出迎えのイサクを認めると、「薄手の服を取り出すと、それをまとった」とあります。ここでの「薄手の服」（テリステロン）は、今様に言えばスケスケルックのもので、ノー・ブラでこれを身に纏えば、非常に挑発的です。ギリシア語訳の訳者は、ティムナアへの道の傍らに立って娼婦のまねごとをし、舅のユダに自分を買わせたタマルにもこのテリステロンを着させて客引きさせているのです（三八・一四、一九）。ユダがクラクラとし、フラフラとしてしまったのも無理からぬことですが、わたしたちの想像をたくましくすれば、ギリシア語訳の訳者は港町アレクサンドリアの薄暗い路地裏が好きだったと申し立てることができるかもしれません。

## イサク、リベカを嫁に迎える

第二四章にはもうひとつ注目したい言葉があります。

ヘブル語創世記第二四章の六七節に、リベカを出迎えたイサクは、家僕からことの次第について

図15　イサク、リベカを出迎える、カスティリョーネ

説明を受けると、「彼女を天幕に導き入れた」とありますが、七十人訳は、ここでの天幕を「彼の母の家」に改めております。創世記以外の他の書においても、ギリシア語訳の訳者はしばしば「天幕」に「家」の訳語を与えますが、それは紀元前三世紀のアレクサンドリアのユダヤ人の中に天幕生活者がいなかったか、少なかったことと無関係ではないでしょう。もっとも、七十人訳は、ヘブル語創世記の「天幕」をすべて「家」に改めているわけではなく、ヘブル語創世記に忠実であり、そのため読む者を当惑させることもあります。第一三章の一二節によれば、アブラムと別れたロトはソドムで「天幕を張った」とありますす。ヘブル語創世記でも「ソドムまで天幕を移した」で、両者の間に大きな違いはありません。ここでは「天幕」という言葉自体が、牧畜民の移動の様子を伝えるものです。しか

し、すでに見たみ使いがソドムの町に入ってきたときに町の男が押し入ろうとしたロトの住処は「天幕」ではなくて「家」なのです。これはヘブル語創世記に忠実な訳語の選択ですが、天幕から家への変更は、突如、こちらが想像する「移動の世界」を「定住の世界」へ変えてしまうのです。

では最後に、イサクがリベカを出迎える場面も描かれているので、それをお見せいたします。カスティリョーネ(一六一六―七〇)のものです(図15)。嫁となるリベカが馬から降りてきます。嫁の顔をはじめて見るイサクは四〇歳でした。

## アブラハム、今一度結婚する

創世記の第二五章によれば、男やもめとなったアブラハムはもう一度結婚します。相手はケトラで、彼女との間に六人の子をもうけます。精力絶倫を絵にかいたような男だったのです。しかし、その彼も一七五歳で亡くなり、妻のサラが葬られている「二重の洞穴」に葬られます。古代世界の「偕老同穴」第一号ですが、ケトラは嫉妬しなかったのかと不安になります。

最後にヨセフスの『ユダヤ古代誌』にもとづいて描かれたエジプトでのアブラハムをご覧に入れます(図16)。作者はザンチ(一六三二―一七二二)です。この絵のタイトルは「エジプト人たちに天文学を教えるアブラハム」です。創世記をなめるようにして読んでみても、アブラハムがエジプトで天文学を教えたという記述はありません。そういうときにはヨセフスの『ユダヤ古代誌』をひもといてみてください。何と、その第一巻に次のように書かれているではありませんか。

図16　エジプト人たちに天文学を教えるアブラハム、ザンチ

「さて、アブラハムは、エジプト人が夢中になっている慣習が実に多種多様で、互いに他の者の掟をけなし合い、そのため怨恨さえもって憎み合っているのを見て、各派の人びとと話し合った。そして彼は彼らの派の特殊な見解の基礎になっている教義を検討し、それらがいずれも空しく、真理をまったく含んでいないことを暴露してみせた。

こうして彼はこのような集会で、最高の知識を備えているばかりでなく、教えようとした主題について聞き手をつねに納得させる力をもつ偉大な賢人という賞賛を博すると同時に、彼らに算術をすすんで教え、また天文学を伝えた。エジプト人は、アブラハムが来るまではこれらの学問を知らなかったのである。こうしてこれらの学問はカルデア人のもとからエジプトへ入り、そこからギリシア人に伝わったのである。」（第一巻一六六―一六八節）

ヨセフスは何を根拠に、算術や天文学が「カルデア人のもとからエジプトへ入り……」と言ったのでしょうか？　それを知るためには、今日の講義の冒頭に立ち戻ってください。創世記には、アブラハムの一行はカルデアのウルという町から出発したと書いてあります。ヨセフスはそこに目をつけ、算術や天文学をそこからエジプトに伝えたのはアブラハムであったと想像し、そう言ってのけたのです。わたしなどはアブラハムをとんでもないアホ・バカの無教養人だと決めつけておりますが、ヨセフスにとってはそうではなかったのです。

最後にもう一言贅言を加えておきます。

ここで引いたヨセフスの文章の末尾に、それらの知識は「……そこからギリシア人に伝わったのである」とあります。これは『ユダヤ古代誌』の研究者にとっては見逃せない語句です。ヨセフスはそう述べることで、すべての知識はユダヤ人たちのご先祖がもたらしたもので、ギリシア人たちはユダヤ人の優秀性に太刀打ちなどできないと申し立てているのですが、その申し立てこそは、彼が『ユダヤ古代誌』を著作した本来の目的のひとつだったのです。詳しいことはわたしが最近著した『乗っ取られた聖書』(京都大学学術選書)をご覧ください。

今日の講義はこれでもって終わります。次回もこんな調子で、ヨセフ物語を語りたいと願っております。

# 第4講

# 創世記4——ヨセフ物語

今日はみなさん方とご一緒に創世記第三七章からはじまるヨセフ物語を読んでみたいと思います。これは人間の運命の転変を語る非常に感動的な物語で、それだけに西欧のキリスト教世界では好んで読まれてきたものです。絵画の主題としてもしばしば取り上げられ、またトーマス・マンの例をあげるまでもなく文学の主題としても取り上げられてきたことは、みなさん方よくご承知のことかと思います。

前回の講義ではアブラハム物語を取り上げ、そのさい、「イサクとヤコブ」の物語に触れました。どうか、ここでそれを思い起こしてください。ヤコブの二人の妻レアとラケルの間では、ヤコブの愛を獲得するための壮絶な「女の戦い」がありましたが、ヨセフはヤコブと不妊の女とされたラケルの間に生まれた最初の子です。ヨセフはヤコブが年老いてできた子ですから、ヤコブはヨセフを溺愛してしまいます。彼はヨセフを、華やかな色柄模様の服をつくってやったりしてチヤホヤします。特定の子への溺愛は他の子の嫉妬を買うことになります。これは自明のことですが、創世記には両親のどちらか一方による子の溺愛や偏愛の、子育て失敗の話が他にも二、三あります。この場合、弟のベニヤミンは別として、ヨセフにとって兄たちはすべて異母兄弟となるばかりか、愛情の交通整理をすることができたかもしれない彼の母ラケルはすでに亡くなっておりますから、兄たちは、弟のヨセフにたいして、憎しみのスクラムを組もうとその機会を虎視眈々と狙っていたのです。彼らはヨセフが何気なく口にする言葉を見逃しません。

### ヨセフ、夢を見る

物語に登場するヨセフは一七歳です。セブンティーンです。まだまだ生意気盛りのガキです。あるとき、彼は夢を見て、その内容を兄たちに得意げに告げます。

「こんな夢を見ました。聞いてください。わたしどもは畑の真ん中で束をつかねておりました。するとわたしのつかねた束が起きて直立しました。すると、兄さんたちの束がわたしの束の周囲にやって来てひれ伏したのです。」(三七・六―七)

兄たちは「あ、そう。それで」と、鼻毛でも抜きながら気のない退屈そうな生返事をしたのではありません。彼らは「ひれ伏したのです」に敏感に反応したのです。

彼らは言いました。

「では、おまえは王となっておれたちを治めるつもりなのか、それとも主人となっておれたちに

主人づらでもするつもりなのか？」（三七・八）

凄い反応ではないですか。

ヨセフの兄たちは「彼の夢のために、また彼の言葉のために、彼をさらに憎んだ」（三七・八）そうです。ヨセフはここで兄たちの憎しみを感じ取るべきだったのですが、それができなかったのです。彼は兄たちの顔色がさっと変わるのを読み取ることができなかったのです。それが一七歳なのです。ヨセフはまた夢を見て、それを父や兄たちに語ります。今度も得意げにです。それがセブンティーンなのです。

「ほら、わたしはまた別の夢を見ました。太陽と月と一一の星辰がわたしにひれ伏したかのようでした。」（三七・九）

父や兄たちはこの言葉に驚きます。腰を抜かします。愕然とします。

彼らはヨセフの言葉を一瞬にして解釈してしまいます。太陽は父、月は母、星辰の数は兄弟たちの数に対応するからです。

ヨセフの父は次のように申します。

「おまえが見たこの夢は何なのだ？　わたしたちが、わたしやおまえの母さんやおまえの兄さん

図1　兄弟たちに夢の内容を告げるヨセフ、ロマーノ

たちが本当にやって来て、おまえにたいして地の上にひれ伏すとでもいうのか?」(三七・一〇)

ここでは「わたしたちが、わたしやおまえの母さんやおまえの兄さんたちが」と、主語が繰り返されております。主語の繰り返しは、父や兄たちの狼狽ぶりを浮き彫りにします。ヨセフの母ラケルはすでに亡くなっているからです(三五・一九)。死んだ母が秘かに復活したのでしょうか? そうではなくて、ここでの「ヨセフ物語」は、ここまでで語られてきた「ヤコブ物語」とは別に伝えられてきた伝承なのです。この異なる伝承をひとつにまとめた者が少しばかり注意深い者であって、ここでの「おまえの母さん」を削除していたらどうなったでしょうか? 後世の学者は、この時点で

の「ヨセフ物語」が先行する「ヤコブ物語」の伝承とは違うものであることを見抜くのに困難を覚えたと思われます。先行する「ヤコブ物語」の第三五章も、「イスラエル」と「ヤコブ」という呼称の混在から明らかなように、複雑な構成となっているのです。

では、夢を見るヨセフに関係する絵をお見せいたします。

これはロマーノ（一四九九—一五四六）が描いたものです（図1）。中央の樹の手前にヨセフがいて、右側に三人の兄たちが、そして左側に八人の兄たちが描かれております。兄たちは羊飼いでしたから、右側に描かれた羊がそれを暗示します。上空にかかる左の球体の中には太陽と月が描かれております。ヨセフの見た夢が示されているわけです。球体の中の人物がだれであるのかは分かりませんが、多分擬人化された神でしょう。右の球体の中ではヨセフと一一人の兄弟が描かれ、兄弟たちはヨセフにひれ伏しております。

さて、物語によれば、ヨセフの兄弟たちは彼を嫉妬しただけで終わりますが、彼の父ヤコブだけはヨセフの言葉に引っかかるものを感じます。

## ヨセフ、兄たちによって売り飛ばされる

ヨセフの兄たちは羊の群れの世話のためにシケムへ出かけております。シケムの場所ですか？ガリラヤの南にサマリアと呼ばれる土地がありますが、シケムはそこの町です。エバル山とゲリジム山の間に挟まれた格好になっております。

さて、しばらくすると、ヨセフも父親によりシケムへ送り出されます。そこに着くと、兄たちは

図2　ヨセフの血のついた着衣、ベラスケス

すでにドタン――この場所はシケムから歩いて四時間くらいの所です――に移動しております。そこでヨセフはそこまで追いかけていきます。彼がやって来たのを見ると、兄たちは彼を穴の中に投げ込み、ついでヨルダン川の東の地、ギレアドからやって来たエジプトへ下る途次のイシュマエルびとの商人に彼を売り飛ばします。随分と荒っぽいやり方です。ドイツの画家オーヴェルベック（一七八九―一八六九）もここでの場面を描いております。

ここで少し話が混乱しているように思われますが、ミディアンの隊商がやって来て、彼は穴から引き上げられます。彼は金二〇枚――ヘブル語聖書では「銀二〇シェケル」ですが――で売り渡されます。兄たちはヨセフを穴に投げ込んだときに、彼の衣服をはぎ取り、山羊の血をそれになすりつけます。彼らはそれを持ち帰り、父親に見せるのです。野獣がヨセフを襲ったことにしたわけです。悪知恵の持ち主たちです。ちんぴらの兄たちです。ベラスケス（一五九九―一六六〇）がこの場面を描いております（図2）。非常に劇的な場面ではありませんか。兄たちは山羊の血を塗りつけたヨセフの着衣を父に見せております。彼らは事前に相談して口裏を合わせたはずですから、その説明には大げさな手振り身振りがともなったと想像したいものです。ヤコブは簡単にだまされます。第三七章の三四節によれば、彼は「自分の衣服を引き裂き、粗布を腰にまとい、そしてわが子のために何日も嘆き悲しんだ」そうです。兄たちは互いに目配せでもして、首尾は上々とニンマリです。

ヨセフはイシュマエルびとの隊商によってエジプトに連れて行かれると、ファラオの宦官で料理長のポティファルに売り飛ばされます。

ここでの話の展開には伝承の問題が関わってきます。ヘブル語創世記によれば、この話に登場する隊商たちは、イシュマエルびと、ミディアンびと、そしてメダンびとです。兄たちが共謀してヨセフを売り飛ばそうとしていたときの光景はわたしたちを混乱させます。まず、エジプトへ下っていくイシュマエルびとの旅商人たちがやって来ます。ついでミディアンびとの旅商人たちが彼らの傍らを通り過ぎます。そのとき、ヨセフは穴から引き上げられて、イシュマエルびとの旅商人に売られます。このときのイシュマエルびとの旅商人は先に出てきた兄たちのもとへ近づいて来たイシュマエルびとたちなのか、それとも別のイシュマエルびとなのか不明です。別のイシュマエルびとですと、その場所が隊商たちの往来の激しい場所であったことを読者に印象付けます。

さて、ヘブル語創世記によれば、エジプトに連れて行かれたヨセフは、メダンびとによって、エジプト人のポティファルに売られます。つまりこれによれば、ヨセフは、エジプトに到着する前か、到着後に、イシュマエルびとの手によってメダンびとに転売され、そのメダンびとが彼をポティファルに売り飛ばしたことになります。考えられない光景ではありません。しかし、七十人訳はヨセフをポティファルに売った商人をミディアンびとにしております。これはギリシア語訳の訳者が、その使用したヘブル語テクストがそうなっていたから、そう訳したのかもしれませんが、訳者自身が「メダンびと」ではおかしいぞと考えて訂正したのかもしれません。もしそうだとしたら、ヨセフを最初に買った商人もミディアンびとに訂正しておけばよかったかと思われます。しかし、この訂正をそう簡単には受け入れることはできないのです。第三九章の一節には、ポティファルがヨセ

図3　ポティファルに売られるヨセフ、ポントルモ

フを「そこに連れて行ったイシュマエルびとの手から買い取った」とあるからです。いずれにしてもここでの話には、ヨセフをイシュマエルびとに売る伝承とミディアンびとに売る伝承が複雑に絡み合っており、さらにそれには、ヨセフをメダンびとに売る伝承も絡んでいる可能性もあるのです。

七十人訳によれば、ポティファルは「ファラオの宦官で、料理長」（三七・三六）ですが、ヘブル語創世記によれば、彼は「ファラオの高官で、侍従長」です。比較してみれば、ヘブル語創世記の方がポティファルの地位を非常に高いものにしております。ギリシア語訳の訳者は、当然のことながら、プトレマイオス王朝での官位を念頭に置いていたでしょうが、もし彼がヘブル語の「侍従長」に相当するギリシア語を当てはめていたら、周囲の口うるさいギリシア人たちからは「官位詐称」などと眉をひそめられたかもしれません。ギリシア語訳の訳者にはこうしたことにまで気配りをしなければならないこともあった、と想像したいものです。

ここでまた絵をお見せいたします。

マニエリスム創始者のひとり、ポントルモ（一四九四―一五五六）は、エジプトのヨセフを描いておりますが、これはロンドンのナショナル・ギャラリーが所蔵するものです（図3）。画面の右側に立っているいかにもリッチそうな男がポティファルで、その左側に買われたヨセフがおります。彼の下に描かれている男の子は、ポティファルに向かって、「おじさん、この若者をいくらで買ったの？」と生意気にも尋ねているかのようです。

第三七章までで語られていたこのヨセフ物語は第三九章に接続しますが、その間の第三八章には「ユダとタマルの物語」が挿入されております。これは本来の「ヨセフ物語」に割り込んできた別種の伝承です。ヨセフ物語の編者は、第三八章の冒頭に、曖昧模糊たる導入句「そのころのことである」を置いて、これを先行するヨセフ物語に接続させようとします。この物語は、それなりに面白いので、ここで横道に入って少しばかり遊んでみたいと思います。

### ユダとタマル物語――レビレート婚、オナニー、買春

ユダはヤコブとレアの間に産まれた四番目の子です（創世記二九・三五、三五・二三）。彼はシュアという名のカナンびとの娘と結婚し、エル、オナン、シェラの三人の息子をもうけますが、エルは主の前に邪悪であったため、主によって殺されます（三八・七）。どのようにして殺されたのかは不明ですが、ユダはオナンに「おまえは兄嫁の所に入り、（兄弟の義務として）彼女と関係し、おまえの死んだ兄のために子孫を興してやるのだ」（三八・八）と命じます。ここには申命記第二五章の五節以下で語られているレビレート（レビラート）婚の制度が前提としてあります。そこにはこうあります。

「もし兄弟たちが一緒に暮らしていて、彼らの一人が子孫を残さずに死んだならば、死んだ兄弟の妻は、親族の外の（すなわち自分に）近くない男と一緒になってはならない。彼女の亡き夫の兄弟が彼女の所に入り、彼女を自分の妻として娶り、彼女と一緒に暮らす。そして彼女の産む子が亡き夫の名を継ぎ、彼の名がイスラエルから抹消されないようにするのだ。」（二五・五―六）

レビレート婚についての申命記の規定を背景にして読むと、次にくる第三八章の一文の理解は容易となります。そこには「オナンは、子孫が自分のものにならないことを知っていたので、兄嫁の所へ入るときにはいつも、自分の兄のために種子を与えないよう、それを地上に放出した」（三八・九）とあります。この一節によれば、オナンは兄嫁とセックスするときには、いつも地上に射精していたようです。とすると、ここでのセックスは天幕の外での、しかも膣外《そとだし》射精だったことが分かります。ここではそうした光景を具体的に脳裏に描くことも楽しいのですが、それよりも、「オナニー」という言葉が、ここでのオナンに由来することを覚えておいてください。この言葉がいつ頃から英語で使用されるようになったのでしょうか？　いつか、オックスフォード英英辞典で調べてみようと思います。結構早い時期ではないでしょうか？

さて、ユダは後家となった嫁のタマルを実家に戻します。ユダの妻シュア——ヘブル語テクストでは「ユダの妻であったシュアの娘」です——も日数が満ちて亡くなります。

ある日のことです。ユダは羊の毛を刈るためにティムナの町に上って行きますが、道中で目をやるとタマルがスケスケ・ルックの服をまとい、化粧して客引きしているではありませんか。ユダは彼女が後家のタマルだとは気づきません。彼は相当の年齢でしたが、まだまだあちらの方は元気です。衰えは見られません。さっそく、言い寄るのです。露骨にです。娼婦になりすましたタマルも露骨に応じます。

「彼は道をはずれて彼女の所へ行き、彼女に言った。

『おまえとやらせてくれないか?』

彼女が自分の（息子の）嫁であることに気づかなかったのである。

彼女は言った。

『やらせてあげたら、何をくれるというの?』

彼は言った。

『おまえさんに群れの中から山羊の子を送ってやろう。』

彼女は言った。

『あたしの所に送り届けてくれるまで、保証のものをくれなきゃ。』

彼は言った。

『どんな保証をおまえにやろうか?』

すると彼女は言った。

『あんたの指輪と鎖とあんたの手にある杖を。』

（ユダは）彼女に（それらを）与え、そして彼女の所へ入った。彼女は彼のせいで身ごもった。彼女は立ち上がると（そこを）去り、薄手の服を脱いで自分の寡婦の服を着た。」（三八・一六―一九）


この先を読んで行きますと、タマルはユダに恥をかかせることで舅に復讐をはたそうとしているかのようですが、それはユダとシュアの間の子シェラが成人したのに、舅であるユダが自分をシェラに妻として与えてくれないことを恨んでいたからです。それにしても右に引いたユダとタマルのやりとりは、娼婦と客の間の露骨な駆け引きの面白さがもろに伝わってきます。わたしはここでのやりとりを断固低俗なレベルの言葉で翻訳しましたが、伝統的な翻訳は上品すぎてその場の光景を伝えるものではなく、腹立たしく思います。新共同訳は、次のような訳文を提供して、すました顔をしております。

「ユダは、路傍にいる彼女に近寄って『さあ、あなたの所に入らせてくれ』と言った。彼女が自分の嫁だとは気づかなかったからである。『わたしの所にお入りになるのなら、何をくださいますか』と彼女が言うと、……」

ヘブル語の動詞「入る」は「セックスをする」の意で使用されるものですが、人類史がはじまって以来、いったいどこの娼婦が丁寧語を使って「わたしとおヤリになるのなら」と言って、客の袖を引いたでしょうか？　知りたいものです。教えてほしいものです。

聖書の翻訳ではしばしば、教会での朗読に耐える翻訳を、という愚劣きわまりない注文がつきますが、ここでのバカ丁寧な「思いやり翻訳」は、この場の顧客と商売女との間の駆け引きの光景を台無しにしてしまうものです。わたしなどはこんな訳文に遭遇しますと、もうそこで創世記を投げ出したくなります。

七十人訳で注意したいのは、タマルがユダから保証として取ったものが、ヘブル語創世記の「印章とひもと杖」から「指輪と鎖と杖」に変えられていることです。ここでの杖はユダが使用するSM用の杖ではなくて、羊飼いの杖であることは誰にでも想像できますが、「印章とひも」は古代オリエント世界やイスラエルの慣習にでも精通していないとピンとこないかもしれません。ギリシア語訳の訳者は、アレクサンドリアの町の大通りから外れた薄暗い裏道や路地、あるいは港近くの通りに佇んで客引きをする、スケスケ・ルックの娼婦たちが身につける指輪や装飾用の鎖を想像して見せたのです。

それにしても「ユダとタマルの物語」は凄いものです。レビレート婚あり、オナニーあり、買春と売春ありと、人間の性に関する問題のテンコ盛りです。そのためでしょう。この場面が画家たち

図4　ユダとタマル、ヴェルネ

図5　道端のユダとタマル、作者不詳

の注意を引いたのは当然です。

その名前は特定できませんが、レンブラント派の画家によって描かれたものを見たことがあります。そこではユダがタマルが娼婦に化けたのも知らず、彼女の手を握って口説きの最中でした。ユダの手はすでにタマルの手の上に置かれていて、その仕草は商談成立か、その直前であることを教えてくれるものでした。アエルト（一六四五―一七二七）なるオランダのバロックの画家も、一七〇〇年ころ、この場面を描いております。そこでのタマルは寡婦のしるしであるベールをかぶっております。そこでは、ユダは積極的に口説いております。タマルは左足を心持ち持ち上げて、ユダの右手の動きを隠しております。タマルの右手は値段についての交渉が最終段階に入ったことを示しております。

こちらはヴェルネ（一七八九―一八六三）が描いたものです（図4）。この絵をみなさん方にお見せするのは、オリエンタリズムの影響を見て取ってほしいからです。一九世紀のフランスにおいては、ドラクロワやジェリコーらの絵から知られるように、オリエンタリズムが絵画の中にも浸潤してきます。この絵はまた、当時のヨーロッパの知識人やスケベ人間たちがオリエントの女性に何をもとめていたかを教えてくれるものです。こちらは余計な絵の紹介だとお叱りを受けるかもしれませんが、わたしがウェブ上で見つけた作者不詳氏のものです。「道端のタマルとユダ」と題するものです（図5）。現代的な光景ではなくて、紛《まご》う方なき現代の光景です。聖書の題材を使って現代をおちょくっているようでもあります。わたしがこの絵を画像ファイルに取り込んだのは、何年か前に、ローマのアッピア街道でテレビ撮影をしているとき、これとそっくりの光景に出くわしたからです。

わたしはそのとき、少しばかり困惑しているイタリアのテレビ・クルーの面々に向かって、「やつらはイタリア版タマルとユダだよ」と咄嗟に口にしたところ、彼らは即座にわたしの言葉を理解してくれました。

## エジプトにおけるヨセフ——不倫を迫るポティファルの妻

さて、第三九章で、話はエジプトのヨセフに戻ります。

ヨセフは自分の主人ポティファルの家に住み込み、一生懸命働き、主人の信頼を得ていきます。主人は「彼に自分の家を司らせ、自分の全財産をヨセフの手に委ねた」（三九・四）そうです。ヨセフは「容姿が美しく、見た目にも男盛りだった」（三九・六）ともあります。ここで使用されているギリシア語ホライオスは、「むんむんとする若い男の精気」を伝えるものです。もう少し積極的には「男盛りの真っ最中であった」とも訳せます。ですから、ポティファルの奥さんが毎日、ご主人が出かけた後、ヨセフを前にして、クラクラ、フラフラとしてしまうのも無理ありません。彼女は連日ヨセフに「おまえはあたしと寝るのよ」と積極的なモーションをかけますが、彼は頑として女主人の欲望と願望には応じません。

「そんなある日のこと、ヨセフは自分の仕事をしようとして家の中に入ったが、家の者たちはひとりも中にいなかった。彼女は『わたしと寝るのよ』と言って、やにわに彼の服を掴んだ。彼は自分の服を彼女の手に残したまま、その場から逃げ出し、外に出て行った。」（三・一一—一二）

「そんなある日のこと」と言われても「どんな日？」と聞き返したくなります。この物語を再話したヨセフスは、そんなある日を具体的に想像してみせながら、次のように語ります。語り部ヨセフスの面白さを堪能できる箇所です。彼の『ユダヤ古代誌』（拙訳、ちくま学芸文庫）を傍らにおいて聖書を読めば、教会の説教などで聞かされる牧師の舌足らずな説明など退屈きわまりないものとなります。

「しかし、女主人の情熱はこうしたヨセフの予期せざる抵抗に遭うとますます昂じてしまい、悪しき思いに取りつかれた彼女は、次のような罠を仕かけて、もう一度彼を誘ってみることにした。

さて、女たちも参加するのが習慣になっている祭の日が巡って来た。彼女は夫には病気だと偽り、人目につかない暇をつくってふたたびヨセフを誘惑しようとした。そして、その機会がやって来ると、彼女は前にもまして執拗に彼に迫った。

彼女は言った。

『はじめからおまえはもっと率直にわたしの要求に応ずべきでした。過剰な情熱のあまり、女主人が威厳を捨ててまで身を屈して懇願しているのです。おまえがいま慎重に振舞えば、このまえの馬鹿な態度は償えます。

わたしの言葉が信用できなかったために、最初の申し出を断り二度目の申し出を待っていたのでしたら、仮病を使って祭や集会にも出ないでさらに熱心におまえと会う機会をつくったことを、わたしの誠実さの証拠と考えてください。どうか、おまえが現在のさまざまな特権を捨てるような馬鹿なまねはしないように。おまえがわたしの愛に応じさえすれば、今よりもっと幸福になれるのです。しかし、今度もわたしの頼みをはねつけ、女主人を満足させるよりも、純潔という評判のほうが大切だなどと言えば、わたしから復讐を受けたり、恨みを買ったりすることになるのです。なぜなら、わたしは告発者になって、おまえに暴行されたと夫に訴え出、おまえの将来を台なしにすることもできるからです。ポティファルは、いかに立派な言い分がおまえにあっても、わたしの話に耳を貸してくれます。……』」(第二巻四六―四節)

これは女主人としての威厳を保ちながら、その地位を巧みに利用した見事なセクハラではありませんか！　こんな巧みな描写ができるヨセフスもローマで高官の奥さんからセクハラを受けていたのではないでしょうか？　時空を超えて心配になります。それはともかく、ここでの状況設定は見事です。ヨセフスは「女たちも参加することになっている祭」を設定します。ここでの「女たちも」の語句に注意してください。「女たちも」ですから、祭の日には、ポティファルの邸宅に仕えていた男や女たちの家僕全員が姿を消すことになり、邸宅には女主人とヨセフしか残されていない状況が生まれるのです。ことが首尾よく運んだ場合、女主人にとっては、自分のよがり声を聞かれる心配はなくなるのです。

さて、創世記の第三九章の一一節は、ヨセフが自分の仕事をしようとして家の中に入ると、「家の者たちはひとりも中にいなかった」状況を設定しておきながら、すぐその先の一三節では、ヨセフが逃げ出すとポティファルの妻は、「家の中にいた者たち」を呼び集め、彼らに訴え出るのです。ここには不自然さがあります。それは読者を戸惑わせますが、ヨセフスの再話は、この戸惑いを取り除いております。彼は、創世記第三九章の一四―一五節で描かれているポティファルの妻が家の中にいた者たちに訴え出た場面を完全に無視するのです。

ヨセフは自分がその場にいた証拠となる服を取られてしまいます。ユダがタマルのもとに「指輪と鎖と杖」を置いてきたのと同じです。

動かぬ証拠を残してきては、最悪の事態を招くばかりです。案の定、ポティファルの妻は、「くやしい―」「頭にくる―」とばかりに、家の男たちを呼び集めると、憤然として次のように言うのです。

「見なさい。主人はわたしを愚弄するためにわたしたちの所にヘブルびとの家僕を引き入れたのよ。彼は『わたしと寝ろ』と言ってわたしの所に入ってきたの。そこで大声をあげたのよ。彼はわたしが声をあげ、大声で叫ぶのを聞くと、自分の服をわたしの所に置き去りにして逃げ出し、外に出て行ったわ。」(三九・一四―一五)

ここで彼女の偽りの告発を聞かされた家の男たちの反応が書かれていないのは残念です。ポティファルの妻は、女主人の権限でヨセフを探し出して、引っ捕らえてくるよう命じてもおかしくないのですが、そうはしません。彼女は、ヨセフが残していった服を手元に置いたまま、チャイでも飲

図6　ヨセフとポティファルの妻、作者不詳

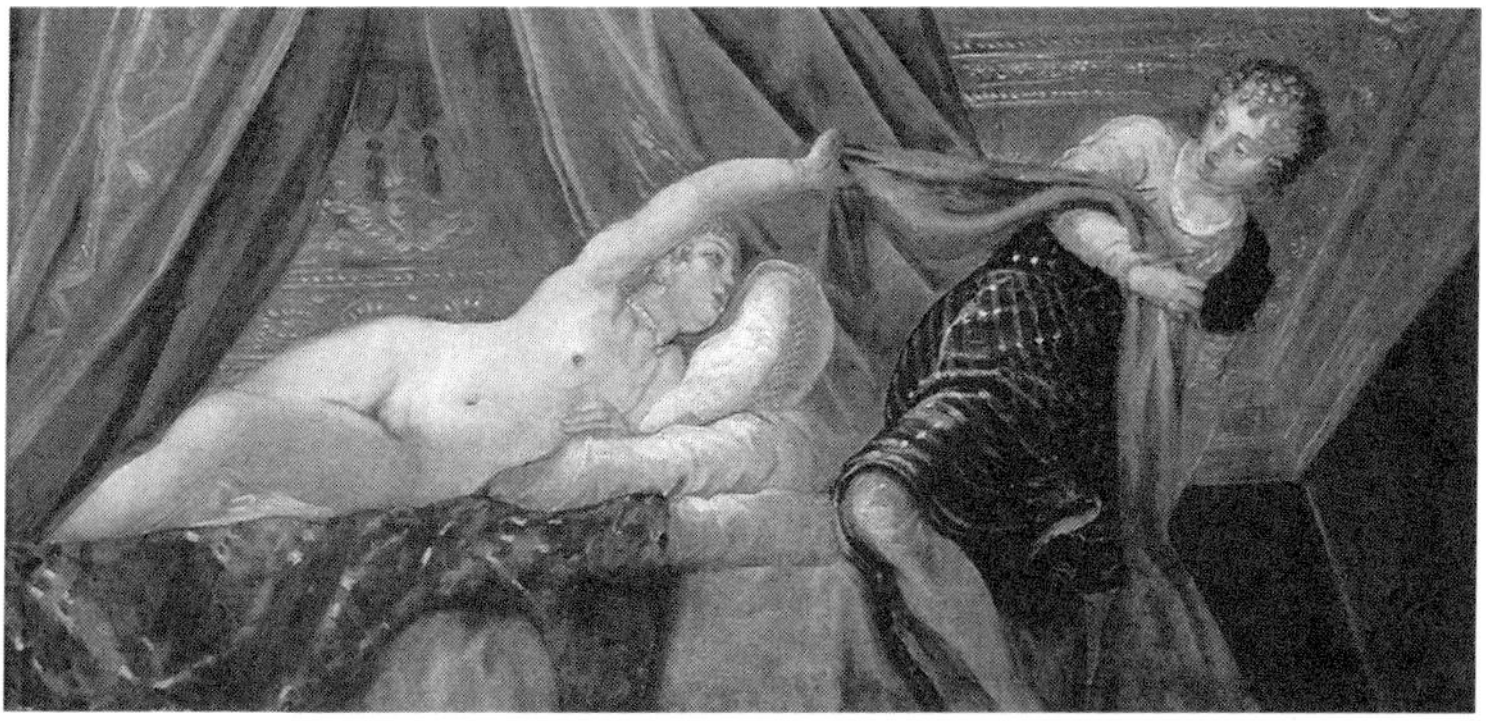

図7　ヨセフとポティファルの妻、ティントレット

みながら主人の帰宅を待ちます。夕方になります。邸宅の玄関口のチャイムが「ピンポーン」と鳴ります。ポティファルは一日の仕事が終わって、少しばかり疲れた様子で玄関に入ってきます。彼女はさっそく、ご主人に訴え出ます。

「あなたがわたしたちの所に引き入れたヘブルびとの家僕が、わたしの所へ入ってくると、わたしを愚弄して『おまえと寝てやろう』と言いました。彼はわたしが声をあげ、大声で叫ぶのを聞くと、服をわたしの手元に置いたまま逃げだし、外に出て行ったのです。」(三九・一七―一八)

女主人の手元に置かれた服が彼女とヨセフの運命を一瞬にして逆転させます。ヨセフは志操堅固な若者から暴行未遂犯に、ポティファルの妻は不倫熱烈願望の女からガードの堅い貞淑な女に変わるのです。過酷です。過酷すぎます。イヤハヤです。ここでの一連の場面は絵となります。そのいくつかをお見せいたします。

これは作者不詳ですが、一五〇〇年ころのものです(図6)。この一枚の絵には三つの場面が描かれております。前段ではポティファルの妻がスッポンポンのあられもない姿で、ヨセフに迫っております。中段の右側は普段着に着替えたポティファルの妻が帰宅した夫に跪いて訴えている光景です。彼女の右手は、ヨセフが残していった上着を指しております。ポティファルは「なんちゅうこった」と、天を仰いで慨嘆しております。さらにその奥には、獄に連れて行かれるヨセフが小さく描かれております。チゴーリ(一五五九―一六一三)は一六一〇年ころに、レーニ(一五七五―一六

図8　ポティファルの妻に訴えられるヨセフ、レンブラント

四二）も一六三一年に、それぞれこの場面を描いております。チゴーリの絵では、女主人はその右足をヨセフの足に絡ませたために、履き物が脱げております。ヨセフは女主人の履き物を持って逃げ出せばよかったのにと思います。しかし、そうはしなかったのです。そこがセブンティーンなのです。レーニの絵も、チゴーリの絵と同様、ポティファルの妻をうら若い女性として描いておりますが、いかがなものでしょうか？　不倫の大半は――調べたわけではありませんが――、退屈で平穏な日常生活でふと覚えるアンニュイから起こるものであり、もしそうなら、女性の腹も少しばかり肉がついて前に出はじめていなければなりません。女の側に肉体の変化に起因する焦りも見えてなければなりません。この機会を逃しては、という思い詰めたものがなければなりません。残念ながら、チゴーリやレーニの絵にはそれが認められないのです。

こちらはどうでしょうか？

これはティントレット（一五一八―九四）のよく知られた作品です（図7）。みなさん方もどこかでご覧になっていると思います。女主人はすでにベッドの上でスッポンポンです。このヤル気まんまんの大胆さはうら若い女性のものではありません。三段腹の女のものです。ヨセフの目線がどこに向かっているのか、ご注意ください。女主人のあそこではありませんか。目線といえば、ティツィアーノが描いた「アモールと音楽にくつろぐヴィーナス」の中のオルガン奏者の目線です。これは最近日本で開催されたプラド美術館展で展覧されたものです。これを鑑賞したわたしは、先日教えている大学の院生たちに向かって「裸像と目線」と題する論文を書いたら面白いのではないかと提案しておきました。レンブラント（一六〇六―六九）も、女主人が逃げ出そうとしているヨセフを

図9　ヨセフとポティファルの妻、ムリリョ

しっかりと押さえている場面を描いております。よく見ると、ここでのヨセフはレンブラント自身のようです。彼はまた、女主人がベッドの右端に腰を降ろしながら主人に訴えている場面を描いております（図8）。ところで、みなさん方の多くはレンブラントが謹厳実直な絵描きだとお思いでしょうが、さにあらず、彼は一連の性行為の場面を銅版画で残しております。愛人のヘンドリッケ・ストッフェルスとの愛の営みを描いたものも残されております。女主人の望みが首尾よく達成されていたら、彼はそのような場面を進んで描いていたと邪推したくなります。もっとも、閨房の絵はレンブラントよりもフラゴナールの方がうまいかもしれません。二人の間の関係が発展し、家僕や女家僕を引っぱり込んでの乱交パーティに及んだら、これはもうロマン派の巨匠ジェリコーの出番です。「ミノタ

ウロスの抱擁」から判断しますと、ピカソも面白いかもしれません。いろいろ想像してみたいものです。

ムリリョ（一六一七—八二）は、誘いのベッドから逃げ出すヨセフと逃すまいとして彼のマントを右手で必死に押さえている女主人を描いております。そこでの女主人は若すぎますが、彼女の目は、その必死の思いをよく表しております。ヨセフの両手の仕草は少しばかり芝居がかっております。ムリリョは二〇年後、同じ場面を描いておりますが（図9）、女主人には肉がついてきて、それだけにそこでの裸姿にはそれなりの説得力があります。ヨセフの両手の仕草はここでも芝居がかっております。ベッドの下に描かれた白い子犬は、何事が起こったのかと、キャンキャンと驚きの声をあげておりますが、犬が「主人への忠誠」を象徴するものであれば、ここでの子犬は、こんな場面を見せつけられて赤面して吠えているのではなくて、女主人へ貞節の大切さを訴えるために吠えていると、真面目くさった顔で講釈することも可能かもしれません。

さて、わたしたちはここで、二つの言い訳を読まされるわけですが、どちらにおいても強調されるのは、女主人の偽りの貞節です。そして彼女は自分の亭主に決定的な証拠を見せるのです。主人は当然のことながら激怒し、ヨセフを捕まえますと、王の囚人たちが監禁されている獄舎に放り込んでしまうのです。

今一度レンブラントに戻ります（図8）。この有名な光景は、帰宅した主人にポティファルの妻が訴えているところです。「現場検証」といった題名をつけても構わない絵です。さすがに光の画家です。ことが行なわれそうになった場所にスポットライトを当てております。画面の左手には、弁明の機会が与えられないヨセフが悲し気な表情をして立っております。顔面蒼白だったに違いありませんが、そこまで描き切れているかです。いずれにしても、この物語が人類に与えた教訓は何だったのでしょうか?

それは、

「据え膳は遠慮無くいただけ」
「現場に証拠となるものを残すな」
「証拠となるものを取られたら、取り返せ」

ではなかったでしょうか? もっとも、後の時代のユダヤ民話「生きている商人と死んだ商人」などは、据え膳をいただく前には慎重な判断が必要であることを教えてくれます。ユダヤ人を悪魔だと信じて育ったキリスト教徒の公爵夫人のもとに出入りして商いをしたハンサムなユダヤ人商人が、最初は胸元をあらわにした夫人の甘言にはのらなかったものの、最後には彼女の強欲と色欲の餌食となり、ことの終わった後、この商人はさんざん後悔いたします。そして、ある日のこと、彼は、この犯した罪が天の裁きの座で登録されているという夢を見て苦しめられ、ラビに訴え出るのです。すると、……この先は、興味のあるお方はピンハス・サデー著『ユダヤの民話』上（拙訳、青土社）をお読みください。ユダヤ人の間で旧約聖書の主題がどう理解されていたかを知るには、彼らの間で伝わる民話を無視してはなりません。

## ヨセフ、投獄される

ポティファルが妻の訴えを鵜呑みにするのは当然です。「動かぬ証拠」が目の前にあったからです。ヨセフががたがたと震えていて弁明しないからです。そのため彼は獄に放り込まれます。獄に連れて行かれようとしているヨセフを描いた画家もおります。ポントルモ（一四九四―一五五七）です。彼の絵では、獄の入り口でのヨセフが、また獄に向かう階段の所で抵抗しているヨセフが、そして最後に、獄の部屋に引き立てられて行こうとしているヨセフが描かれております。

ヨセフはかつて兄たちに自分の見た夢を語って、彼らの怒りを買いましたが、獄の中では二人の囚人が見た夢を解き明かします。メングス（一七二八―七九）はこの場面を描いております（図10）。ファラオの誕生日に、ヨセフの解き明かしどおりのことが起こり、ひとりの囚人は釈放され、もうひとりは木に架けられます。それから二年後のことです。今度はファラオが夢を見て、ヨセフが召し出されます。彼は、ファラオが見た夢から、エジプトの地に七年の大豊作が、そしてその後には七年の飢饉が起こると預言し、その具体的な対策をも助言します。グィグネ（一八一六―五四）がこの場面を描いております（図11）。この画家は一九世紀の人ですから、その世紀にはエジプトについての知識がヨーロッパにもたらされはじめております。もはやローマにあるオベリスクだけではないのです。

ファラオはヨセフの夢解釈に感動し、彼を釈放し、彼を自分に次ぐエジプト第二位の地位に立てます。ヨセフはエジプト名「ツァフェナト・パネア」を与えられたばかりか、オンの神官ポティ・フェラの娘アセナトを妻として与えられます（四一・四五）。このときのヨセフは若干三〇歳です。

さて、ヨセフの解き明かしどおり、エジプトの地は最初豊作に恵まれますが、次には飢饉に見舞われます。猛烈な飢饉です。しかし、このとき大量の穀物を備蓄していた穀倉が開放されます。民に穀物を売るヨセフを描いた画家もおります。オランダの画家ブレーンベルフ（一五五九―一六五七）です（図12）。一六五三年に制作しております。画面の左側に立っている赤いマントを着用している男がヨセフではないかと思われます。中央のオベリスクがこの絵にエジプトらしさを与えますが、

図10　獄中のヨセフ、メングス

図11　ファラオに夢を解釈するヨセフ、グィグネ

その向こうにはローマの聖堂が見えます。ヴァチカンかもしれません。時代は一九世紀ではなくて、一七世紀なのです。ポントルモもこの場面を描いておりますが、それは穀倉を開放している場面ではなく、人びとがヨセフに直訴している場面です。

飢饉はカナンの地にも見舞います。

そのため、ヤコブの一〇人の息子たち、すなわちヨセフの兄たちが、一番下のベニヤミンを残して穀物の買い付けのためにエジプトへやって来ます。ヨセフは自分の目の前に現れた兄弟たちをすぐに認めますが、彼らは目の前にいる人物がヨセフであることが分かりません。ヨセフはそこに自分の弟ベニヤミンがいないことに気づくと、彼らが斥候であると騒ぎ立て、そうでない証拠に弟をも連れて出直してこいと命じます。なかなかの知恵者ですが、よくよく考えてみると、筋の通らない要求です。彼らはカナンの地に戻ると、弟ベニヤミンを連れてもう一度ヨセフのもとへ戻って来ます。そしてヨセフは弟の存在を確認すると、彼らに自分の正体を明らかにするのです。ファラオは彼らの父ヤコブをエジプトへ招きます。そのため、カナンに戻った一行はヤコブを説得してエジプトへ下って来るわけです。そこには涙、涙の再会が待っておりました。ヨセフは兄弟たちに自分の正体を明らかにします。

「すべての者が彼の傍らに立っていたが、ヨセフは我慢できなくなって（彼らに）言った。

『さあ、おまえたち全員、ここから退出するのだ。』

そして、ヨセフが自分の兄弟たちにその正体を明かしたとき、もはやひとりの家僕も彼の傍ら

図12　穀物を民に売るヨセフ、ブレーンベルフ

には立っていなかった。

ヨセフは激しく泣きじゃくった。エジプト人たちはみなそれを聞いた。ファラオの宮廷の者にも聞こえるほどだった。

ヨセフは自分の兄弟たちに向かって言った。

『わたしはヨセフです。わが父上はまだ生きておられますか?』

兄弟たちは彼に答えることができなかった。彼らは動転してしまったのである。

ヨセフは自分の兄弟たちに向かって言った。

『さあ、わたしの方へ近寄ってください。』

彼らは近寄った。

すると彼は言った。

『わたしは、あなたがたがエジプトへ売ったあなたがたの弟ヨセフです。ここで今、あなたがたがわたしをこの地に売ったことに心を痛めたり、困惑したりしないでください。あなたがたの命を救うために、神はあなたがたより先にわたしをお遣わしになったからです。これは地の上での二年目の飢饉ですが、飢饉はまだ五年つづき、その間は耕作も刈り入れもできないでしょう。神があなたがたよりも先にわたしをお遣わしになったのは、あなたがたの残れる者がエジプトの地に残されるためであり、あなたがたの大勢の子孫たちを養うためです。ですから、わたしをこの地に遣わしたのはあなたがたではなくて、神だったのです。神はわたしを、ファラオの父のようなもの、彼の宮廷全体の主人、エジプトの全地の統治者とされました。

さあ、あなたがたは急いでわが父上のもとへ上って行き、彼にこう言ってください。『あなたの子ヨセフがこう申しております。神はわたしをエジプトの全地の主とされました。さあ、わたしのもとへ下ってきてください。……

さあ、わが父上に、エジプトにおけるわが栄光のすべてと、あなたがたが見たすべてを伝えてください。急いでわが父上をここに連れてきてください。』

ヨセフは、自分の弟ベニヤミンの首にすがって泣き伏した。ベニヤミンも彼の首にすがって泣いた。ヨセフは自分の兄弟たち全員に口づけをし、彼らの上に泣き伏した。そしてこれらの後、彼の兄弟たちは彼に語りかけた。」（四五・一―一五）

### ヤコブの息子たちの帰国と報告

さて、ヨセフの兄弟たちは、山のような贈り物を携えてカナンの地にいる父のもとへ戻って行きます。


「彼らはヤコブに告げて言った。

『あなたの息子ヨセフはまだ生きております。彼はエジプトの全地を支配しております。』

ヤコブは仰天した。彼らの言うことが信じられなかったからである。」（四五・二六）

ヘブル語創世記では「あなたの息子」の語句が見あたりません。この語句があるとないとでは大違いです。この語句があることで、ヤコブとヨセフの関係が今一度明白になります。「ヤコブは仰天した」とあります。ヘブル語創世記では「父は無感動であった」です。これは父がすっかり老いてしまい、耳も遠くなり、親子のコミュニケーションが難しい状態にあることを示しております。しかし、七十人訳の「ヤコブは仰天した」は、ヤコブの目が点となってしまった状態をあらわしております。ギリシア語訳の訳者の使用したヘブル語テクストにそうあったのかどうか、その判断は非常に難しいものです。

## エジプトへ下って行ったヤコブの一族

ヤコブとその一族がエジプトへ下って行きます。

創世記第四六章の八節以下には、エジプトに入ったヤコブの子ら、すなわち、ヨセフをも含むヤコブの子孫の名前のリストが見られます。そのリストをヘブル語創世記のそれと比較してみると、七十人訳には見られない長い一文があります。すなわち、ヨセフとアセナトの間に生まれたマナセとエフライムにに言及して、「マナセに息子たちが生まれた。スリヤの侍女が彼に産んだマキルが。マキルはギレアドをもうけた。マナセの兄弟のエフライムの子ら。シュテラとタハン。シュテラの子ら。エデム」と述べている箇所です。この一文は民数記第二六章の三三節以下にもとづいているように見えますが、それをどのように説明したらよいのでしょうか？

七十人訳創世記は、「エジプトの地でヨセフに生まれた彼の息子たちは九人。エジプトへ入って行ったヤコブの家の者たちは、全部で七五人」（四六・二七）としております。ヘブル語創世記はヨセフの子を二人とし、またエジプトへ下って行ったヤコブの家の者たちを「七〇人」としております。ヨセフの子を二人とするのは、マナセとエフライムしかカウントしていないからですが、七十人訳は、この二人から生まれた孫たちをもカウントしているようです。孫たちをも指して「子」という「息子」ということがあるからです。もしそうだとしたら、ここでの孫たちの数の中には、先ほど取り上げた一文に見出される名前、マキル、ギレアド、シュテラ、タハン、エデムらが入り込むことになるのでしょうが、それでもマナセとエフライムを入れて九人とするには二人足りません。ヘブル語創世記の「七〇人」は一五節の「三三人」、一八節の「一六人」、二二節の「一四人」と二五節の「七人」を合わせた数ですが、七十人訳創世記第四六章の二二節は「一四人」ではなくて「一八人」と読んでおりますから、単純に加算していきますと、「七四人」となります。ここでの「七五」という数の説明は困難です。お手上げです。

ところで新約聖書の使徒言行録には「そこで、ヨセフは人を遣わして、父ヤコブと七五人の親族一同を呼び寄せた」(七・一四)とあります。この文書の著者がヘブル語創世記ではなくて、七十人訳を使用していたことが明白になります。

## ヨセフと父ヤコブの再会

さて、ヨセフと父ヤコブとの再会です。

父は究極のセリフを口にします。

「これでもういつ死んでもよい。おまえの顔を見たのだから。おまえは（こうして）まだ生きているのだから。」（四六・三〇）

七十人訳の「これでもういつ死んでもよい」とヘブル語創世記の「これでもう死んでもよい」を比較しますと、七十人訳の方がヘブル語創世記よりも尋常でない興奮の中で喜びを大爆発させている雰囲気を伝えます。耐え抜いた時間の長さを物語るものとなっております。これ以上に簡潔で、しかしこれ以上に無限の広がりをもち、天空に吸い上げられるような言葉は他にありません。横田めぐみさんのご両親にも、「これでもういつ死んでもよい。おまえの顔を見たのだから」を、一日も早く、いや一刻も早く、口にできるようにしてあげたいものです。ブライ（一六二六―九七）はこの場面を描いております（図13）。中央に描かれた父ヤコブは、ヨセフに手を差し伸べて、すがろうとしております。この画家は、左片隅の上に駱駝を描くことで、この絵にエジプトらしさを与えております。

兄弟たちとヨセフはファラオに拝謁します。

エジプトでは飢饉が相変わらず猛威をふるっております。ヨセフは民に穀物を秤り売りし、彼らが手にしていた金や銀、家畜、土地などをことごとく手中に入れます（四七・一三―二六）。ヨセフは苛斂誅求の悪徳代官になりさがっております。いずれにしてもエジプトの大地はすべてファラオのものになったそうです。

図13　父ヤコブや兄弟たちと再会するエジプトのヨセフ、ブライ

## 死期が近づくヤコブ

エジプトにやって来たヤコブはナイルのデルタ地帯東のゴシェンの地に住みます。その後、彼は一七年生き、一四七歳になります。死期が近づいてきます。

ヤコブはヨセフに自分の遺体を父祖たちの墓に埋葬するよう誓わせます。七十人訳によりますと、ヨセフが誓うと、「イスラエル（＝ヤコブ）は自分の杖の先に寄りかかりながら頭を下げた」（四七・三一）そうです。他方、ヘブル語創世記によれば、「イスラエルは寝台の頭の上に拝した」、すなわち「イスラエルは寝台の枕元にひれ伏した」そうです。ここでの違いは説明を要します。ヘブル語テクストには三つの文字の子音から成る名詞が見られますが、それをミッターと読めば「寝台」の意になり、マッターと読めば「杖」の意になります。ヘブル語テクストの名詞をミッターと読んだ場合、全体の一文「イスラエルは寝台の頭の上にひれ伏した」となりますが、その意味は取りにくいものです。ここからヤコブの所作のイメージなど引き出すことはできません。それならば、ということでギリシア語訳の訳者がここでの名詞を「杖」の意に解したのは当然だったのです。新約聖書のヘブライびとへの手紙に「ヤコブは死に臨んで、ヨセフの息子たちの一人ひとりに祝福を祈り、杖の先に寄りかかって神を礼拝した」（一一・二一）とありますが、この手紙の書き手は、ヘブル語創世記ではなくて七十人訳を使用していることが分かります。

## ヤコブの祝福

ヤコブはヨセフの二人の息子を、そして自分の一二人の息子を呼び寄せるとお説教をし、そして

図14　ヨセフの子らを祝福するヤコブ、レンブラント

祝福します。これはレンブラントが描いた、だれでも一度は目にしているヨセフの二人の息子を祝福するヤコブです（図14）。創世記によれば、この場面にはヨセフの連れ合いは立ち会っておりませんが、レンブラントは彼女をここに描いております。彼女は黒の服を着て、義父の死の間近であることを覚悟しております。美しい控えめな女性です。彼女は義父によく仕えたにちがいありません。

七十人訳とヘブル語創世記を比較してみてください。わたしの翻訳ではその相違を太明《ふとみん》の活字で視覚的に示し、註でその違いを具体的に示しておきましたが（河出書房新社刊『七十人訳ギリシア語聖書』）、みなさん方はここに至ってはじめて、ギリシア語訳の訳者が使用したテクストはマソラ本文（一〇世紀）に連なるヘブル語テクストとは随分と異なるものであるという印象をおもちになったのではないでしょうか？　そのような印象をもっていただけたとしたら、わたしは自分の翻訳が成功したと思いたいのです。そしてもしギリシア語訳の背後にあるヘブル語テクストの方が、マソラ本文に連なるヘブル語テクストよりも古くて権威のあるものでしたら、それは現代のヘブル語テクストの読みの改善を提案するものになると同時に、ヘブル語聖書の転写ではほとんど誤りはなかったなどとする無邪気な想定がまったく無責任なものであることを教えてくれるものとなります。

## ヤコブの死とヨセフの死

ヤコブはヨセフの子らを祝福すると亡くなります（四九・三三）。

ヨセフは父の死体に防腐処理を施します。四〇日かかったそうです（五〇・三）。エジプト学の本を何冊か読んで確認しますと、一般に内臓や脳を取り出して防腐処理を施して香油をかけ、布でぐるぐる巻きにして「一丁出来上がり」とするには最低でも七〇日を要するそうで、四〇日で仕上げたとは、その作業工程で随分と手抜きがあったのではないかと心配になります。

エジプトはヤコブの死で七〇日も喪に服したそうです（五〇・三）。そしてその後、ヤコブの遺体はカナンに運ばれて、二重の洞穴、すなわちマクペラの畑の洞穴に葬られたそうです。

一方、ヨセフは兄弟たちとともにエジプトに戻り、そこに住み、そこで亡くなります。

「ヨセフはイスラエルの息子たちに、『神があなたがたを顧みられるときには、わたしの骨をここからあなたがたと一緒に携えて上ってほしい』と言って、携えることを誓わせた。

ヨセフは一一〇歳で死んだ。彼らは彼を埋葬し、そしてエジプトで柩の中に納めた。」（五〇・二五―二六）

ヨセフの生涯の幕切れは驚くほどあっけなく、簡潔なものです。彼が誇った権勢の大きさからすれば、その死はファラオも出席して当然の国葬級のものですが、そうではなかったのです。ヤコブの場合とは異なり、その遺体には防腐措置は施されなかったようです。砂漠の中に埋めておけば、何年かすると完全な白骨状態になります。シナイ山の麓にある聖カタリナ修道院に行きますと、その一室に亡くなった修道士たちの頭蓋骨がそれこそ山のように無造作に積み上げられております。亡くなれば砂漠に埋める、そして何年か経って骨だけになれば、頭蓋骨だけを回収する。ヨセフの遺体の場合も、灼熱の砂漠の中でのこの単調な埋葬作業を想像すればよいのかもしれません。出エジプト記第一三章の一九節によれば、出エジプトのモーセがその遺骨を携えます。

ところで、モーセはどうやってヨセフの埋葬場所を知ったのでしょうか？　このような質問は愚問かと思われます。ここまでで語られてきたヨセフ物語は、実は、フィクションだからです。フィクションだからこそ、ヨセフはファラオの宰相になれたのです。

# 第5講　出エジプト記——モーセ物語

今日は出エジプト記です。モーセです。

みなさん方の大半は出エジプトの話をお読みになっておられると思いますが、どのような感想をお持ちでしょうか？

わたしは最近出版した『あまのじゃく聖書学講義』（青土社、二〇〇六年）の中で、出エジプトの物語を壮大であるが、出来の悪いフィクションである、とさんざんくさしておきました。

壮大であるというのは、だれもがもつ感想で、わたしも同感です。何しろファラオのもとで扱《こ》き使われていた六〇万以上の壮健なイスラエルの男子、それに女や子供たち、親兄弟たちを加えれば一〇〇万以上、いやもしかしたら二〇〇万というとんでもない数になるかもしれない大群が、エジプト脱出後、シナイの灼熱の荒れ野の中を四〇年にわたって彷徨するからです。壮大な話ではありませんか。眉につばをつけるいとまなどありません。思わず目眩《めまい》を覚えてしまう、壮大すぎる話ではありませんか。

彼ら一行を率いるのは八〇歳のモーセです。八〇歳ですよ。しかも、彼は気息奄々《きそくえんえん》たる老人ではありません。生気みなぎる八〇歳なのです。この八〇歳は出エジプトの前にすでにひとりのエジプト人を殺しているばかりか、カナン侵入の直前には、民に向かって、これから侵入するカナンの地の住民を「全員ぶっ殺せ」と煽りに煽る元気な老人なのです。人を殺《あや》めることにたいして何の反省もみせない呆れたご老体ですが、それだけに途方もなく壮大ではありませんか？

では、なぜわたしはこの出エジプトの物語を出来の悪いフィクションであるとくさすのでしょうか？

それはこの物語のどこからも、彼が率いた一〇〇万以上の民の生活臭が感じとれないからです。一〇〇万以上の集団であれば、毎日のように新しい生命が誕生し、またそれと同じかそれ以上の数の者が荒れ野の中で倒れていなければならないのですが、誕生に伴う喜びの光景や死に伴う悲しみの光景がどこにも描かれてはいないのです。これだけの途方もない数の彷徨であれば、小は窃盗事件から大は殺人事件に至るまで、こうした事件は日常茶飯事的に起こったと想像しなければなりませんが、その描写はどこにも見あたらないのです。これだけの数であれば、荒れ野の中の岩陰で春を売る女たちも多数出現しなければおかしいのですが、彼女たちの存在はどこにも見えないのです。創世記に出てきて、わたしたちをさんざん楽しませてくれた売春や買春の話はどうなったのでしょうか？

みなさん方の中に、出エジプトを新しい小説として書き直される方はおられないでしょうか？

わたしはよく宗教学の授業の期末試験で、学生たちに創世記のアダムとエバの物語を読ませ、エデンの園の中で二人は何をしていたのか、エデンの園の外に追放されたとき、二人は何をしていたのか、二人の間の日常的な会話はどんなものだったのか、二人の間のセックスはどんなものであったのか、二人は何歳ぐらいで死んだことにすれば自然なのか、などなどを想像して創世記で語られている物語をリライトするようにもとめますが、出エジプト記の方は、学生に読ませるには負担が大きすぎるので、それはさせておりません。モーセ五書に通暁されておられるみなさん方でしたら、おできになるはずです。どうか試みてください。

さて、今日の講義では、モーセの誕生、紅海徒渉、十戒の授与、そしてモーセの死についてお話し、それらに関係する図像をお見せしようと思います。

まず最初はモーセの誕生です。

## モーセの誕生

ギリシア語訳出エジプト記の第一章によりますと、イスラエル（ヤコブ）と一緒にエジプトの地に入って行った彼の子らの数は、たったの七五人だったそうです。ヘブル語テクストでは、その数はさらに少なくて七〇人です。この違いについてはいろいろ議論できるのですが、ここではいたしません。いずれにしても、このわずかの数から、イスラエルの子らは増えに増えつづけるのです。

創世記では太祖や父祖たちは、「産めよ増やせよ」と、神に尻をたたかれて毎日、昼も夜も、寝ても覚めても、所かまわずセックスに励んだわけですが、エジプトに入ったイスラエルの子らは、神に尻をたたかれなくても進んでことに励んだようです。ギリシア語訳によれば、「イスラエルの子らはその数が増えて溢れんばかりとなり、このうえなく優勢となった」（一・七）とあります。「溢れんばかりとなった」というギリシア語は、テクストを読む者にナイル川の氾濫をイメージさせるものです。ナイルの下流のデルタ地帯は、川の氾濫により栄養分が満遍なく行き渡り、地味豊かなものとなり、豊饒が約束されるのです。訳語「溢れる」の選択は適切なものであると同時に、ギリシア語訳の訳者がアレクサンドリアの町の出身者かナイルのデルタ地帯につくられたユダヤ人共同体の出身者で、ナイル川の定期的な氾濫をよく承知していた者であることを示唆するものとなります。テクスト研究の面白さは、実は、こうした小さな発見にもあるのです。

第一章の八節に「そのころ別の王がエジプトに興った。彼はヨセフを知らなかった」とあります。ヘブル語テクストでは「別の王」は「新しい王」ですが、この王はだれなのでしょうか？　出エジプトの一部の記述が史実にもとづくものだとして、もしそれが紀元前一三世紀の出来事だとすると、そのときのファラオは、紀元前一二九一年から一二七九年まで統治したセティ一世となります。エジプト史の上では「新王国時代」となります。

物語によれば、この王は、イスラエルの子らが増えつづけるのを見て、脅威を覚えます。これは何となく現代的な光景に似てなくもありません。フランスやイギリスはアラブ系を含む他民族に門戸を開放し、自分たちの国がいかに他民族の者にたいして寛大であるかを誇示してきましたが、その者たちの数が増え、雇用問題を含むさまざまな社会問題が生じますと、頭を抱え込むことになります。エジプトの王は、労役につかせたイスラエルの民の上に監督官を立てます。そればかりか、王は二人の助産婦を呼び寄せると、ヘブルびとの女たちが産み落とす子が男子であれば、それを殺し、女子であれば生かしておくように命じます。なぜ女子だけは生かされるのでしょうか？　よくのみ込めない命令です。そして、増えに増えたイスラエルの民の対策のためにわずか二人の助産婦です。これもよく分かりません。なぜファラオは国中の助産婦に命令を下さなかったのでしょうか？　不思議です。

二人の助産婦は神を畏れる者でした。そのため、彼女たちは王の命令を実行いたしません。そこで王は、自分の民に、ヘブルびとに男子が生まれれば、ひとり残らず「川」に投げ捨てるよう命じます（一・二二）。ここでもナイル川とは言わずに川と言っていることに注意してください。「川」と言っただけでナイル川が想像される状況は、ギリシア語訳の訳者がエジプト出身もしくは在住の者であることを示すものとなっております。出エジプト記のギリシア語訳は、多分、エジプトのアレクサンドリアのユダヤ人共同体に属する知識人によってなされたのです。これはほぼ間違いありません。

第二章の冒頭に目をやってください。


「レビ族出身の者がいた。彼はレビの娘たちのひとりを娶った。彼女は身ごもると、男子を産んだ。その子が愛くるしいのを見ると、彼らはその子を三か月の間、隠しておいた。しかし、その子を隠しきれなくなった。彼の母はパピルスで編んだ籠を手にすると、それにアスファルト・ピッチを塗りたくり、嬰児をその中に入れ、それを河畔の沼地に置いた。彼の姉は嬰児の身を案じて、遠方から様子を窺っていた。

そこへファラオの娘が、水浴びをするために川辺に降りてきた。ファラオの女奴隷たちは川岸に沿って歩いていた。ファラオの娘は沼地の中にパピルスで編んだ籠を見つけると、女奴隷を取りにやらせ、沼地からそれを取り上げさせた。開けてみると、彼女は嬰児が籠の中で泣いているのを見た。ファラオの娘は憐れみ、『これはきっとヘブルびとたちの赤ちゃんのひとりよ』と言った。

（そのとき）彼の姉が、ファラオの娘に申し出た。『あなたさまのために、ヘブルびとたちの中から乳母を呼んでまいりましょうか？　あなたさまのために、彼女に乳をやらせましょうか？』

ファラオの娘は彼女に、『行って、連れてきてちょうだい』と言った。その若い娘は行くと、嬰児の母親を連れて来た。

ファラオの娘は彼女に向かって言った。『わたしに代わってこの赤ちゃんを大切に守り、わたしに代わってこれに乳を飲ませてやりなさい。あなたには手当をはずみましょう。』

女は嬰児を引き取ると、それに乳をやった。嬰児が成長すると、女はその子をファラオの娘のもとに連れて行った。その子は彼女の養子となった。彼女は『わたしは彼を水の中から引き上げたのだから』と言って、彼をモーセと名付けた。」（二・一―一〇）

これがよく知られているモーセ誕生の光景です。

しかし、実は、モーセの誕生の経緯などはナーンも分かってはいないのです。というのも、ここで読み上げた誕生物語は、明らかに、アッカド王朝（紀元前二三五〇―二二五〇年）の創始者、サルゴンの誕生物語を下敷きにしているからであり、そのことをこの誕生物語から差っ引きますと、何も残らなくなってしまうからです。

サルゴン王の誕生物語は次のようなものです。

「予は力ある王、アガデ（アッカド）の王サルゴンである。予の母は女神官だった。予は予の父を知らなかった。予の父の兄弟たちは丘陵を愛した。予の町はアズピラヌであり、それはエウフラテース川の岸にある。女神官である予の母は予を身ごもり、ひそかに予を産んだ。彼女はイグサで編んだ籠の中に予を入れると、瀝青で予の蓋を封印した。彼女は予の身の丈に達しない川に予を投げ入れた。川は予を支えて、予を水汲み人アッキの所へ運んだ。水汲み人アッキは、彼の水差しを近づけて、予を取り出した。水汲み人アッキは、彼の子として予を養育した。」（ジェームス・E・プリチャード編『古代中近東関連テクスト』［プリンストン大学出版局］）

どうです。

これがモーセの誕生物語の種本であることは明らかです。水汲み人アッキがファラオの娘に代わっただけです。

さて、図像ではこの場面はどう描かれているのでしょうか？

これはドゥラ・エウロポスからのものです（図1）。みなさん方の多くは、多分、この場所をご存じではないと思われますので、少々説明を加えておきます。地図をご覧ください（図2）。ドゥ

図1　ファラオの娘と嬰児モーセ、ドゥラ・エウロポスの壁画より

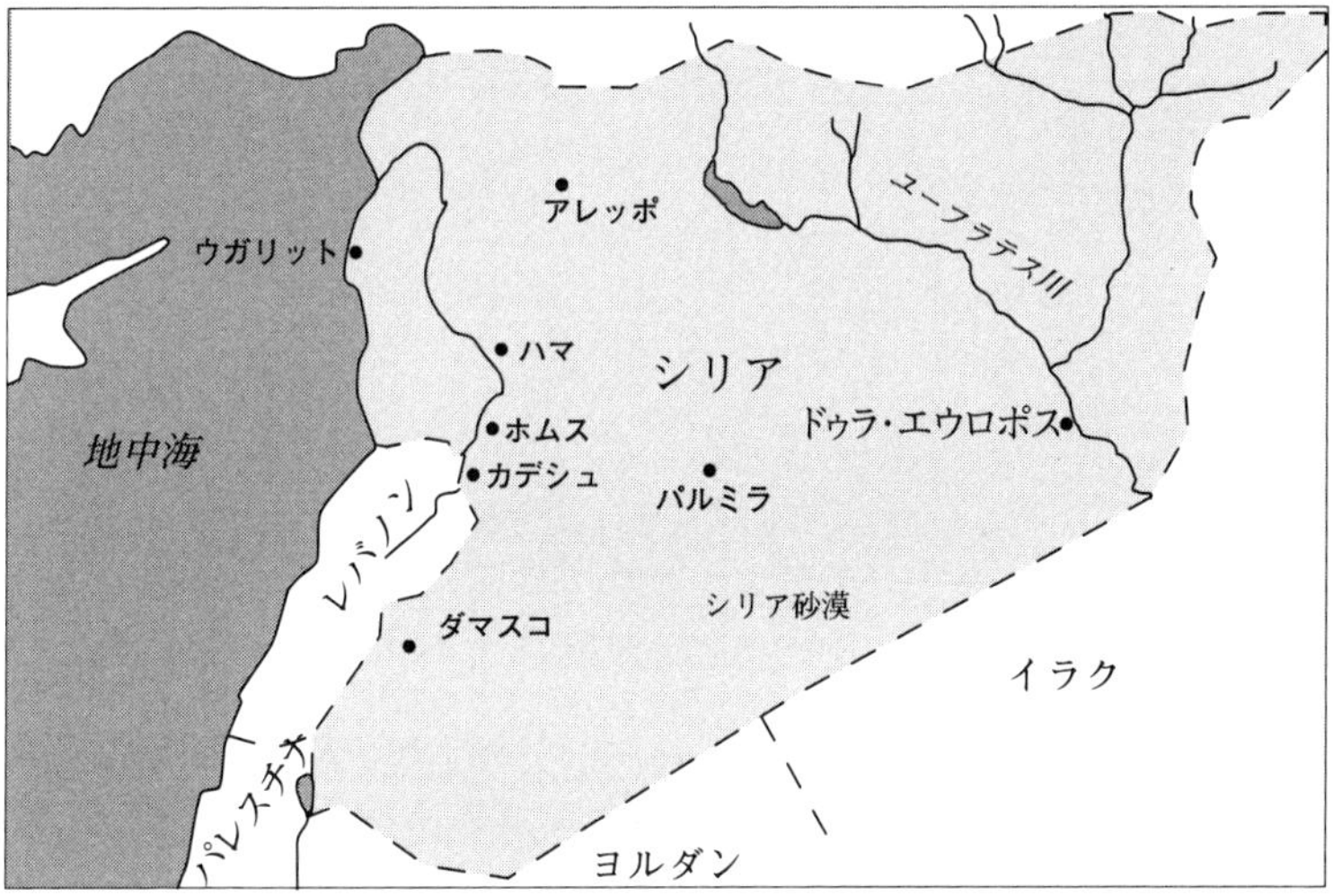


図2　ドゥラ・エウロポスとシリア周辺地図

ラ・エウロポスはシリア砂漠のはずれの町でチグリス川とユーフラテス川が合流した本流のすぐ近くにあります。ダマスコからパルミラまで七、八時間かかりますが、そこへ到達するにはさらにそこから同じ時間がかかります。道は舗装されております。この町は砂漠の中に埋もれておりましたが、一九二一年にイギリスの陸軍部隊によって偶然に発見されました。彼らは砂漠の中で塹壕を掘っていたのです。後になってその場所は、クラーク・ホプキンスの率いるフランスとアメリカの考古学者たちによって本格的に調査されたのですが、そこからは紀元後二三二年と同定されるキリスト教の建造物ばかりか、二四四年ないしは二四五年と同定されるシナゴーグ跡が発見されたのです。教会の洗礼堂には旧約や新約の主題の場面が描かれ、またシナゴーグにも聖書を主題とした壁画が多数描かれていたのです。もちろん、これは世紀の大発見のひとつとして騒がれ、このシナゴーグに描かれた壁画をめぐって、それはキリスト教美術のユダヤ教起源説の決定的な証拠になるのか、といった専門的な議論が沸き起こりました。ここの壁画はすべてダマスコの博物館に移設されました（図3）。そのコピーの一部はイスラエルのテルアビブ大学につくられた「ディアスポラ博物館」やイェール大学のユニバーシティ・ミュージアムで見ることができます。

もう一度先ほどお見せした画像（図1）に戻ります。

この壁画の右手には、生まれてくる男の子の殺害を命じられている二人の助産婦シフラとプアが描かれております。素朴ですが、それだけに印象に残るものとなります。

一〇〇〇年以上飛びます。

ブライ（一六二二―九七）は「ファラオの娘と嬰児モーセ」と題するものを描いております。その

図3　ダマスコ博物館の壁画

図4　ファラオの娘と嬰児モーセ、ブレーンベルフ

絵には、川の中に入って嬰児モーセを川岸に連れてきたファラオの娘の女奴隷が描かれております。彼女が裸であることが、今しがた川辺に上がってきたことを示しております。ブレーンベルフ（一五九八―一六五七）も一六三九年にこの場面を描いております（図4）。背景の中央左手にオベリスクが描かれているため、彼の絵を見る者は、川がナイル川だと想像をたくましくしますが、このオベリスクはローマかどこかに持ち込まれたものをこの画家が見て記憶の中で描いたものだと思われます。イギリスの画家たちがエジプトやパレスチナの土地に足を踏み入れるのは一九世紀の後半になってからのことなので、一七世紀や一八世紀の聖地やエジプトはすべて想像の中で描かれたのです。エジプトに肌の色の違う人たちがいることなど、あまり想像できなかったのです。

一九世紀の中頃、聖書の古代の写本の蒐集家として有名なドイツの学者でティッシェンドルフと呼ばれる人物がおります。彼はカイロからシナイ山の麓の聖カタリナ修道院に向かい、そこで後になってシナイ写本と呼ばれる旧約聖書と新約聖書の巻物の束を発見したことで知られておりますが、その彼はカイロから自分の妻と子供たち宛に葉書を送っております。その葉書は貴重です。彼はそこで次のように書いているのです。

「いい子にするんだ。お母さんがおまえたちについて書いて寄こすとき、それが一番嬉しい便りだ。……エジプトのカイロ、人びとの肌の色は褐色あり、茶褐色あり、そして真っ黒もいる。多くの子どもたちは冬でも夏でも裸だ。」（J・ベントレイ『シナイ山の秘話』）

図5　身代わりの山羊、ハント

　ティッシェンドルフはエジプトの人たちの肌の色の違いに大きな関心を示しているのです。ヨーロッパの人にとって、それは驚きだったのです。一九世紀のイギリスの有名な画家で聖地に出かけた人物をひとりあげます。美術史の上でラファエロ前派として知られるウィリアム・ハント（一八二七―一九一〇）です。彼は一八五四年にパレスチナへ赴くと、その地の魅力にすっかり取り憑かれ、エルサレムで二年間過ごします。後になって三度ばかり戻っております。彼はそのいずれかの機会に「エジプト考古学の父」と呼ばれるフリンダーズ・ペトリに会っていることを、わたしは最近ロンドンのペトリ博物館に収蔵されている一枚の写真で偶然に知りました。

　ハントは第一回の聖地旅行のさい「身代わりの山羊」と題する絵を描いております（図5）。身代わりの山羊の意味はご存じだと思います。一年に一度イスラエルの民に成り代わって彼らの罪を担うことが、身代わりの意味です。贖罪の日だったと思いますが、大祭司は山羊の上に手を置いて、過去一年に民が犯した罪を山羊に移します。山羊は民の罪を一身に帯びて汚れた身となりますから、エルサレムの城壁の外にあるキデロンと呼ばれる谷へ突き落とされて遺棄されます。余計なことを申し上げますが、後になって、キリスト教徒はイエスの十字架上の死を人類の罪の贖いの死と解釈しましたが、その解釈の一端はこの「身代わりの山羊」の思想に由来するのではないでしょうか？またキリスト教の典礼のひとつである按手礼も、大祭司が身代わりの子山羊の背に手を置くことに由来するのではないでしょうか？

さて、ここでのハントの絵の背景は死海の西岸から望んだ東岸の光景だと思われます。東岸は現在のヨルダン領です。彼が描く背景は、身代わりの山羊の背景としては必ずしも適切なものではありませんが、ラファエロ前派らしく、聖書からの正しい知識はなくとも、目にした背景は正しく描いております。

脱線したので、元に戻ります。

オラツィオ・ジェンティレスキ（一五六三—一六三九）は、ファラオの娘や彼女と行動をともにしている女奴隷たちを画面いっぱいに描いているのですが、彼女たちすべてがエジプト人ではなくイギリス人です。仕方ありません。この時代のものはすべてそうなのです。オランダの画家グレッベル（一六〇五—五三）もそうです。シャルル・ド・ラ・フォッセ（一六三六—一七一六）もそうです。どちらも変わり映えしないものです。フランスの画家ブルドン（一六一六—七一）は、嬰児のモーセが入れられていた葦の籠を取りに川に入って行った人物を男奴隷としております。出エジプト記に

図6　ファラオの娘と嬰児モーセ、アルマ＝タデマ

図7　モーセの試練と召命、ボッティチェリ

よれば、それは女奴隷の一人ですから、ブルドンも絵の依頼主もともに出エジプト記など読んでいなかったことが暴露されます。

サー・ローレンス・アルマ゠タデマ（一八三六―一九一二）が一九〇四年に制作した絵（図6）はそれまでのものとは違います。王女を輦台《れんだい》に乗せて担いでいる者たちは、現代のハレ・クリシュナ教徒を思い起こさせるものです。この踊り狂う信者たちはとっくの昔に消え失せているのかと思っておりましたら、最近ロンドンの目抜き通りを占拠して鐘を打ち鳴らしながら、法悦状態で踊っておりました。踊るのは勝手ですが、通行の妨げになる行為だけは慎んでほしいものです。わたしは「サー」の爵位をもつこの画家のことをまったく知りません。どなたかご存じでしょうか？

## モーセ、殺人を犯し、逃亡する

モーセは成人しますと、自分がイスラエルの民のひとりであることを自覚するようになります。ある日のことです。彼は自分の同胞たちのもとへ出かけます。そのとき彼はイスラエルの子らのひとりを打擲《ちょうちゃく》しているエジプト人の監督官を目にするのです。モーセは激高し、監督官を撃ち殺すのです。撃ち殺したばかりか、その死体を砂の中に隠します。殺人と死体遺棄です。彼は発覚を恐れてミディアンの地に逃げ込みますが、村に入る前に、村民が使用する井戸の近くで休みます。するとそこに、ミディアンの祭司レウエルの七人の娘が水汲みにやって来ますが、羊飼いたちもやって来て彼女たちを追い立てようとします。村の前の井戸は共同体のミーティング・スポット、インフォメーション・センターですが、そこにはとんでもないヤクザ者たちも闖入してくるのです。

ボッティチェリ（一四四五頃―一五一〇）は、一枚の絵の中にモーセが召命を受けるまでの重要な場面を描き込んでおります（図7）。前段の中央には、七人の娘たちのために滑車を利用して水を汲み上げているモーセが見えます。優しいモーセです。すでに人を殺している逃亡犯とは見えません。その左は、水汲み場に闖入してきたよそ者たちを追い払おうとしているモーセです。優しいモーセから強いモーセへの場面転換です。大きな剣を手にしたモーセは今にもそれを振り落とそうとしております。この勢いではもうひとり殺しそうです。中段の上には羊飼いのモーセが、その左上にはエジプトのファラオの所に行き、イスラエルの子らを自分の地から送り出すようにとモーセに命じる主と、その命令に尻込みするモーセが描かれております。

## ホレブ山でのモーセと、ファラオとの出国交渉

ある日のことです。

羊の群れを世話をしていたモーセはホレブ山に分け入ります。ホレブ山はシナイ山とも呼ばれる山です。モーセが後になって十戒の石板を神から授かる山です。モーセは、山の中に入って行きますと、ばちばちと燃えているが燃え尽きない摩訶不思議な茨を目にいたします。彼は好奇心と不安からそれを凝視いたします。すると彼は、茨の中から「モーセよ、モーセよ」と呼びかける声を聞きます。人語を発する主体は、どのようにしてモーセの名を知ったのでしょうか？　少しばかり気になります。

人語はさらにこう言います。

「ここに近づいてはならぬ。おまえの足の下ばきを脱ぐのだ。おまえの立っている場所は神聖な地だから。」（三・五）

「神聖な地だから……。」これは聖地指定の厳かな瞬間です。もっとも世界一小さな聖地ですが。この場面も絵になります。

ドゥラ・エウロポスからのものをお見せいたします（図8）。左側に燃える茨か何かが描かれております。その下にはモーセが脱いだ下ばきが見えます。

フェティ（一五八九―一六二三）もモーセと燃える茨を描いております。彼の絵を見るときには、モーセの右手の指に注意したいものです。それは彼の左足をもんでおります（図9）。岩山の麓を歩き続けた彼の身体的疲労が見る者に伝わってきます。彼の足もみに目をやっておりますと、モーセは足もみ専門家であったように見えてくるから不思議です。時給二〇〇〇円は稼げます。

フロマン（一四三〇―八五）が一四七六年に制作した作品（図10）はどうでしょうか？　右下で茨に目をやってのけぞっているのがモーセです。このときの彼はまだ若かったはずですが、なぜか老人の姿で登場です。フロマンは出エジプト記など読まないでこの絵を描いたようです。絵の依頼主もそれでよしとしているのですから、彼もまた聖書など読んではいないのです。画面の上半分の燃える茨は円環状ですが、その中央にはキリストを抱いたマドンナ（マリア）が描かれております。本来ならキリストの右手には手鏡が置かれ、よく見ますと、二人がそこに映し出されております。

図10　燃える茨、フロマン

図８　燃える茨とモーセ、ドゥラ・エウロポスの壁画より

図９　燃える茨の前のモーセ、フェティ

ば、この場所には「モーセよ、モーセよ」と呼びかける神が描かれねばおかしいのですが、マドンナなのです。この絵からは、中世のマリア信仰の強さを垣間見ることができるのです。マリアについては少しばかり勉強しましたので、『描かれなかった十字架』（青土社）所収の拙論「処女懐胎の摩訶不思議」をお読みください。

さて、主に召し出されてエジプトに戻ったモーセは、三歳年上の兄アロンと一緒になってファラオのもとへ出向き、イスラエルの民の出国交渉を行ないます。出国交渉の物語では、モーセとファラオの呪術師の間で魔術の競演が行なわれます。ある写本はその場面を描いております（図11）。左側の立派な服を着ているのがファラオの魔術師たちで、中央の二人の人物がモーセとアロンです。ファラオは右側に描かれております。出エジプト記によれば、アロンの杖は彼らの杖を呑み込んだとあります。杖が杖を呑み込む、これは分かりにくい光景ですが、ここでは蛇が蛇を呑み込む場面に変えられております。画家もおかしいと感じたのでしょう。

神はファラオの心が頑ななため、十の災禍を与えます。

第一の災禍は川の水が血に変わるものでした。第二はカエルの災禍です。第三はケジラミの災禍です。第四は犬蠅、第五は疫病の災禍、第六は腫れ物の災禍、第七は雹《ひょう》の災禍、第八はいなごの災禍、第九は闇の災禍と、神は次つぎに災禍をくだしますが、ファラオの心は頑なです。そして、神は第一〇の災禍を下そうとします。それは神がエジプトの地を経巡り、人から家畜にいたるまで、すべての初子を撃つというのです。しかし、主は、イスラエルの民には小羊か山羊を屠らせ、その血を家の二本の脇柱と横柱に塗るように命じます。主はそれを目印として、イスラエルの民の家は

図11　モーセとファラオの呪術師、『タルグム偽ヨナタン』

図12　五つの神秘的な食事、ブーツ

過ぎ越して、撃つことはないというのです。随分と差別をしたものです。イスラエルの民はその日、種なしのパンを食べるよう命じられます。

さて、出エジプト記によりますと、主は、真夜中に行動を開始いたします。主は、エジプトの地のすべての初子を撃ったそうです。玉座に座るファラオの初子から穴蔵の中にいる女の捕虜の初子に至るまでが撃たれたそうです。現代の戦争に見る無差別の一斉射撃です。エジプトの全土から悲鳴があがります。さすがのファラオもギブ・アップです。彼はモーセとアロンを呼び寄せると、出国許可を与えます。エジプト人はイスラエルの民に一刻も早く立ち去るようにもとめます。彼らはパン種を入れる前の粉を大急ぎで衣服に包むとそれを肩にかつぎます。ここから過越の祭のときに、ユダヤ人たちはパン種の入っていない、マツァー（複数形ではマツォート）を食べるのです。

この過越の祭は、ユダヤ民族にとって一番大切な祭です。なぜならば、彼らはこの祭を執り行なうことによって、自分たちの先祖の苦難と神の救いを想起する機会とするからです。神の救いの想起は、それが過去の歴史において起こった以上、これからの歴史の中でも起こることをユダヤ人たちに確信させるものとなるのですが、わたしに言わせれば、まさにここにおいて、彼らの歴史解釈をユニークなものにしてしまうと同時に悲劇的なものにしてしまうのです。なぜならば、彼らは物語として語られている出来事を、歴史上の出来事として語られていると受け止めてしまうからです。自分たちユダヤ民族のために歴史への神の介入が過去においてあった、もしそうならば、将来もその介入が繰り返されるであろう、と。過去と将来が悲劇的に連動してしまうのです。少なくとも一年に一回、過越の祭のときに。

さて、わたしたちはファラオの前での奇跡の競演の画像を見ました。そこで、十の災禍や、出国時の模様を描いた絵画もあるのかと調べてみましたが、ありませんでした。災禍の場面はどれも目を覆いたくなるものばかりですから、画家たちの食指は動かなかったのではないでしょうか？　とはいえ、みなさん方の誰にも描け、絵心のないわたしにも描ける災禍の場面があります。それはどれでしょうか？　お分かりになる方がおられるでしょうか？　そうです。第九の「闇の災禍」です。わたしたちは墨汁をカンバスの上に満遍なく流せばそれで完成ですが、これでは創意工夫の仕様がありません。そこで出エジプト記をよくよく注意して読むと、「しかし、イスラエルの子らすべてには、彼らの住んでいる所がどこであれ、光があった」とあるではありませんか。墨汁を流したカンバスのどこに光を入れるかです。これが勝負の分かれ目となるのではないでしょうか？

過越の場面を描いたものを探し出しました。ブーツ（一四一五頃―七五）がルーベンの聖ペトロ教会の祭壇のために板絵の上に描いたものです。キリスト教の予表について考えさせる画像なので、取り上げます。これがそれです（図12）。この祭壇画は画家の自由意志で描かれたものではなく、ルーベン大学の二人の神学者の指示にしたがって描かれたものです。中央は何の場面でしょうか？福音書によれば、最後の晩餐の場面では、イエスが自分を裏切ることになる人物についてほのめかしたため、その場面が伝統的に描かれてきました。しかし、この画家は最後の場面を裏切りの場面として描くのではなくて、聖餐式の場面として描いております。白いテーブルクロスの掛けられた食卓にはパンと葡萄酒が置かれていることから、それが分かります。イエスを裏切ったとされるユダが聖餐式に与っているのは、新鮮です。二人の神学者は、自分たちの斬新な福音書解釈をこの絵の中で披露してみたかったのではないでしょうか? もっとも、この場面を「最後の晩餐」と呼んでいいのか迷います。「和解のための最後の晩餐」とでも名付けたいものです。食卓の背後で、左右に立っている二人の人物、そしてさらに背後の左の小さな窓から聖餐式の進行具合を見守っている二人の人物は、この画家に知恵をつけた二人の神学者だと思われます。

左右のパネルには、旧約の場面が描かれております。左下が過越の祭の場面ですが、これは明らかに最後の晩餐、転じて聖餐式の予表なのです。つまり、ここでは過越の祭の儀式が、後の時代の聖餐式を予め指し示すものだったと神学的解釈が施されているのです。ついでに他のパネルの絵も説明しておきます。左上はアブラハムがメルキゼデクに会う場面です。右上は出エジプトしたイスラエルの民が天から降ってきたマナを集めている場面です。右下は荒れ野の中のエリヤとみ使いです。

**出エジプト、紅海での奇跡、荒れ野での彷徨**

いよいよ出国です。

出エジプト記の第一二章によれば、イスラエルの子らはラメセスという町から出発いたします。そのときの「徒歩の男子は約六〇万、ただし、女と子供たちは除く」(一二・三七)とあります。それにつづいて「大ぜいの種々雑多な人びとも彼らとともに上った」とあります。

途方もない数字です。噴飯ものの数字です。数の誇張は聖書の伝統芸ですが、そのはじまりはこの辺りではないでしょうか? わたしはラメセスの町を訪ねたことがあります。ピトムもあります。

どちらも小さな町で、数千の人間を収容できるスペースなどどこにもありません。

エジプトを出発したモーセの率いる一行を導くのは火の柱と雲の柱です。

彼らの出国を知ったファラオは後悔し、六〇〇台の戦車と騎兵をもって一行を追尾いたします。一行は食うや食わずのふらふら状態で荒れ野の中を進んで行くのですから、すぐに追いつかれてしまいます。彼らは大あわてでエリュトラ海（紅海）を徒渉いたします。紅海を徒渉できたのはここで奇跡が起こったからです。モーセが杖を高くあげ、海の方に差し伸べると、海は二つに割れ、その中に乾いた所が現れたからです。一行はその乾いた所を進みます。エジプト人たちもそこを追いかけますが、二つの陣営の間には闇が生じて両者を分かったままの状態にいたします。一行が渡り切ると、モーセは再び海の上に手を差し伸べます。すると、二つに割れていた海は元のとおりになり、追尾していたファラオやエジプトの兵士たちは溺死してしまいます。この場面は早い時期にドゥラ・エウロポスのシナゴーグの壁画として描かれました（図13）。右側に立っているのがモーセで、彼は杖で海の面《おもて》をたたいております。その隣りの人物もモーセだと思います。左に描かれているのはイスラエルの軍勢です。上段に目をやってください。両手が見えます。神の手です。ユダヤ教では非常に早い時期から、神を、あるいは神の働きを「手」で表現していたのです。両手のときもあれば、片手のときもあります。ユダヤ教においては神を手で表現するのはぎりぎりのところだったと思いますが、キリスト教はいともあっさりとその「ぎりぎり」を乗り越えてしまい、神を人間として表現してきました。

ロッセリ（一四三九―一五〇七）は気の毒にも、フィレンツェの画家の中で「もっとも才能の乏しい画家」と罵倒されますが、ヴァチカンのシスティーナ礼拝堂の壁面にモーセの生涯の諸場面を描いております（図14）。中段の右端の小さな枠の中に目をやってください。ファラオと出国交渉をしているモーセとアロンが描かれております。出国したイスラエルの民の一行を導く雲の柱も描かれております。右下は紅海で溺死するエジプトの軍勢です。今度は左に目をやってください。杖を手にしているのがモーセですが、その左隣りにいて楽器を手にしている女性はだれでしょうか？モーセの姉の預言者ミリアムです。海の奇跡で救われたイスラエルの民が「主に向かって、わたしたちはうたおう。主はその栄光をあらわされたから。主は馬と旗手を海の中に投げ込まれた。……」（一五・一以下）とうたっておりますと、ミリアムがどこからか姿を現し、歌い踊り狂う者たちの音頭を取るのです。七十人訳によれば、そのとき彼女が手にしていた楽器はテュムパノン（＝ティンパニー）ですが、ヘブル語テクストでは小太鼓です。この絵に見られるものは何でしょうか？　竪琴のようにも見えますが、いまひとつ分かりかねます。

紅海徒渉の奇跡物語は、異教徒たちにはなかなか理解してもらえないものですが、紀元後一世紀のヨセフスもこの奇跡をどう語ろうかと腐心しました。彼は『ユダヤ古代誌』の第二巻で紅海徒渉の奇跡物語を再話した後、次のように言うのです。

「ところで、わたしがここで述べた仔細のすべては、聖なる文書に語られているままに再現したにすぎない。しかし、その驚嘆すべき内容のため、それを率直に受け取りがたいとしたり、あるいはまた、悪徳に染まっていない遠い昔の人が、神の意志からであれ偶然であれ、海そのものか

図13　紅海徒渉、ドゥラ・エウロポスの壁画

図14　紅海徒渉とモーセ、ロッセリ

ら救いの道を与えられたなどという話に疑問を抱かれる方たちは、次の事実を見て、その疑念を取り下げていただきたい。すなわち、マケドニアの王アレクサンドロスとその兵士たち——彼らはそれほど昔の人ではない——が、他に道が見あたらず困惑していたとき、目前のパムフュリア海が急に開けて道になったことがある。もちろんそれは、神がペルシア帝国の崩壊を望まれたときの出来事であったが、アレクサンドロスの功業を書き記した歴史家たちがすべて一致して触れている奇跡である。ともあれ、この種のことは、各人それぞれの意見に委ねてかまわないものであろう。」(第二巻三四七—八節)

急いでエジプトを出てきたため、彼らイスラエルびとには水の蓄えもありません。エビアンはどこにも売ってはおりません。十分な食料もありません。引き連れてきた羊や牛を今から屠っていては先が思いやられます。団体行動の結束が崩れるのは、一行が喉の渇きを覚えたときであり、腹がぐうぐう鳴りはじめたときです。彼らは指導者に楯突き、泣き言を並べ立てます。「われわれはエジプトの地で主に撃たれて死んでいればよかったのだ。肉鍋のそばに座り、パンを飽きるほど食べていたあのときに」(一六・三)。

肉鍋をつっつき、パンを飽きるほど食べていたのなら、出国の必要はなかったのかもしれません。モーセは北朝鮮の冷酷な指導者とは違っておりました。

後者は民を餓死させて平然としておりますが、モーセは一行の不平・不満や泣き事に耳を傾けます。彼は主に祈ります。すると、空からマナが大量に降ってくるのです。神が空輸して与えた緊急

図15　岩を撃つモーセ、バッサーノ

援助物資みたいなものです。ここも絵になる場面です。ティントレット（一五一八―九四）は天から降ってくるマナをキャッチする大きな布製の網を描いております。アイディアは明らかにハンモックからでしょう。先ほど紹介したブーツの絵（図12）の右上のパネルもマナの場面を描いております。いずれにしても、イスラエルの民は、夢中でマナを集め、空腹を満たします。

さて、次は水です。

民はまたもやモーセに向かって悪態をつきます。「いったい何のために、あなたはわれわれをエジプトから上らせたのですか？　われわれやわれわれの子供たち、それに家畜を渇きで殺すのですか？」（一七・三）。

民はモーセに石を投げつけようとします。脳天を直撃されれば脳震盪を起こします。もしかしてあの世行きになるかもしれません。そこで彼はあわてて主の言葉にしたがい、岩の上に立ち、杖でそれを撃ちます。すると、そこから水がほとばしり出るのです。

この場面も絵になります。ティントレットや、ヴェネツィアの有名な画家一族のレアンドロ・バッサーノ（一五五七―一六二二）らが描いております（図15）。岩を撃つモーセが白馬にまたがっているのはご愛敬です。

## シナイ山での十戒授与

モーセの一行は「エジプトの地を出国して第三の月」（一九・一）にシナイ山の麓に到着いたします。

図16　シナイ山付近の光景

この春久しぶりに、アラビア語でジェベル・ムーサ（「モーセの山」の意）と呼ばれる標高二二八五メートルの山に登ってまいりました。一枚の写真をお見せいたします（図16）。シナイ山の麓に到着する直前のものです。荒涼とした場所であることがお分かりになると思いますが、そのことよりも街灯のようにも見える一本の電信柱が映っていることに注目してください。これは山の麓に建設されたホテルなどに電力を供給するものです。快適な道路と電信柱、この二つはわたしたちをいとも簡単にシナイ山へ近づけるものとしました。実際、カイロから南に向かう舗装された道を突っ走れば、八時間でシナイ山の麓に到着です。ベンツか何かでぶっ飛ばし、途中いっさいの寄り道をしなければ、六時間足らずで到着いたします。

エル・グレコ（一五四一―一六一四）が十戒授与の場面を描いております（図17）。これは一九三六年にモデナで発見された表と裏のある三連祭壇画の裏部分の中央パネルです。画面中央の山の頂に注目してください。山の頂に十戒の石板を授かるモーセが見えます。下には聖カタリナ修道院が見えます。そこには神からの光でしょうか、そんなものが左手上方から射し込んでおります。グレコは、少なくとも、もう一枚シナイ山を描いているのですが、一五四一年にクレタ島生まれ、二〇代でヴェネツィアやローマで学び、一五七七年にスペインに渡りトレドに定住したグレコが、いったいいつシナイ山へ登ったのでしょうか？　登らなくても、いったいいつ興味をもったのでしょうか？　グレコのシナイ山は画家の想像力だけで生み出せるものではないだけに疑問がわくのです。

そこで久しぶりに『プラド美術館　I』（日本放送出版協会）を開いたり、ヴェロニカ・デ・ブリューン＝デ・オーサ著『エル・グレコの生涯――神秘の印』（鈴木久仁子ほか訳）を隅から隅まで読んでみました。それからわたしの好きな中丸明さんの『絵画で読むグレコのスペイン』（新潮社）をも調べて見ました。中丸さんはグレコのことなら何でも知っておられるからです。しかし、どこにもこれといった情報はなかったのです。ところが、あったのです。書庫で埃をかぶっていた一冊の古本、川又一英さんがお書きになった『ビザンティン歴史美術紀行』（音楽之友社）がそうです。川又さんによれば、クレタ島には、シナイ山の聖カタリナ修道院に属していたイコン画塾が、この町の聖カタリナ聖堂で開かれていたというのです。どうやらエル・グレコは、この画塾でダマスキノスと呼ばれる人物が描いたシナイ山のイコンを見たようです。

脱線ついでに申し上げますが、モネがその晩年に日本の富士山と重ね合わせてオスロ近郷のコル

図17　シナイ山、エル・グレコ

図18　モーセ、シナイ山で十戒を授かる、クラーナハ

サース山を描き、「雪中の家とコルサース山」と題して発表しましたが、だれかこのことをご存じだったでしょうか？　わたしは偶然ある新聞の元旦号で、この絵が下田の上原美術館に収められることを知りました。春になったら是非見に行こうと計画しているのですが、新聞記事によれば、モネは北斎の浮世絵コレクションを媒介にして富士山の特質を理解し、それをコルサース山に読み込んだらしいのです。まあ、これと同じで、エル・グレコにもシナイ山や聖カタリナ修道院の特質を伝えるイコンを見て、それが彼の絵心を刺激したのかもしれません。

十戒がモーセに授けられる絵をもう一枚見ましょう。クラーナハ（一四七二―一五五三）が描いたものです（図18）。この絵はいくつかの点でなかなか面白いものです。神はモーセに石板を与えておりますが、その石板に描かれている文字は「ヘブル文字もどき」のものであって、クラーナハが見よう見まねで適当にヘブル文字と想像したものを書き込んでおります。したがって、そこに描かれているのは「十戒もどき」のものであって、十戒ではないことになります。石板を受け取るモーセの頭に二本の角がはえていることにも注目したいものです。みなさん方はすでにご承知の事態ではないかと思われますが、出エジプト記第三四章の二九節は、十戒の石板を受けたときのモーセを描写して、「モーセは……自分の顔の肌が光を放っているのを知らなかった」と記し、また三五節で「……イスラエルの人びとがすべてモーセを見ると、モーセの顔の肌は光を放っていた」と記しておりますが、ラテン語訳をつくりだしたヒエロニュムスは、ヘブル語聖書で使われている「光」と「角」の両義性のあるカーランの意味を「光」とするのではなくて「角」と理解し、「光をはなつ顔」を「角のある顔」にしてしまったのです。そのため、画家たちは以後角のあるモーセを描くようになりました。ラテン語訳聖書を使用する者たちはだれでも、モーセの頭から角がはえる光景をおかしいと思わなかったのですね。いや、シャガールの絵などを見ますと、ラテン語訳聖書に無縁のユダヤ人画家でも角を描くのです。「集団的な思い込み」は、場合によっては、キリスト教やユダヤ教に横断的に何世紀にもわたってつづく。これはまあ、宗教の世界の特徴のひとつなのかもしれません。恐ろしいものです。集団的な思い込みからはつねに覚醒し、距離を置きたいものです。

さて、この絵(図18)の右半分に目をやってください。ここには本来、黄金の子牛が描かれていなければなりませんが、彼はそれをローマの神々のひとつに変え、それを列柱の上にのせてしまっております。その下では、それが神だと「思い込んでいる者」が二人描かれております。

この絵にはとんでもない皮肉が認められます。

みなさん方、それが何であるかお気づきになりますか？　十戒の一項は神の似姿を描くことを禁じておりますが、その禁令が書き記されている十字架の石板を手渡す神が、こともあろうにここに堂々と描かれているのです。キリスト教は、ビザンチン時代に神の子を描くことに慣れきってしまいました。その慣れがここでも現れているのです。しかし、自己矛盾の絵は滑稽です。十戒の石板に初っぱなからケチがついたようなものです。

これは一五世紀につくられた『アルバ聖書』に見られる挿絵です（図19）。ここに認められるヘブル語は確かなものです。ヘブル語もどきではありません。山の上にいるモーセと、彼に同行した

図19　十戒を授かるモーセ、『アルバ聖書』の挿絵

図20　十戒を授かるモーセ、『パルマ祈祷書』の挿絵

ヨシュア、その他のイスラエルの民もみな、この時代にユダヤ人たちがかぶったユダヤ帽を着用しております。ユダヤ民族の歴史を語るときには、彼らの服飾史に注目することは大切です。なかでもユダヤ帽はそうです。次もやはり一五世紀につくられた『パルマ祈祷書』の挿絵です（図20）。わたしはこの祈祷書については何の知識もありませんが、これをみなさん方にお見せするのは、ここでは神の顔ではなくて、神の手しか描かれていないからです。

十戒の石板を手にしたモーセがシナイ山から下山してきます。山の麓ではモーセが行方不明になったと勝手に思い込んでいたイスラエルの民は、身につけていた金目のものを供出して黄金の雄牛をつくります（三二・一―四）。これから先の荒れ野の道案内役にするためです。モーセの兄アロンが積極的にこの偶像づくりに関与しております。彼は神の導きなどはまるで信じていなかったのですね。面白いと言いましょうか、あきれたと言いましょうか、わたしは言葉を失います。

民は黄金の雄牛が完成すると、これからの道案内役が出来て一安心。飲めやうたえのドンチャン騒ぎです。芸者がいなかったのが残念ですが、六〇万の、いや一〇〇万の、いや二〇〇万の民のドンチャン騒ぎです。大地を揺るがす夜を徹しての騒ぎだったに違いありません。こんな光景を描ける画家などいるのでしょうか？　しかし、小さなスケールでしたら、いたのです。プーサン（一五九四―一六六五）です（図21）。黄金の牛の前でみなの者が楽しそうに踊っております。この光景は、ギリシアのバッカスの祭の光景だとも指摘されます。中央のやや右にいる白装束の人物はモーセの兄のアロンです。左奥に二人の人物が描かれております。ひとりは下山してきてこの光景に接し、

図21　黄金の牛崇拝、プーサン

図22　黄金の牛と十戒の石板を叩きつけようとするモーセ、ロッセリ

激昂し、十戒の石板を地に向かって投げつけようとしているモーセです。もうひとりはヨシュアです。

次はロッセリ（一四三九―一五〇七）のものです(図22)。中央の山の上には十戒の石板を授ける神とそれを受けるモーセが、中央正面には黄金の雄牛の像が、その左には憤激のあまり、折角の石板を地にたたきつけようとしているモーセが、さらにその左には、神に哀訴嘆願して再発行してもらった石板を民に見せようとしているモーセが描かれております。右側の中段の光景は何かと思いましたが、これは多分、モーセが岩を撃ったために流れ出した水を民が跪いて飲んでいる光景ではないでしょうか？

怒りを爆発させ、十戒の石板を地にたたきつけようとしているモーセは、他の画家たちによっても描かれてきました。もし機会がありましたら、ベッカフミ（一四八五―一五五一）や、レーニ（一五七五―一六四二）、レンブラント（一六〇六―六九）らの作品をご覧ください。

ところで怒りを爆発させた後のモーセですが、彼はとんでもないことをレビの子らに命じてこう言うのです。

「イスラエルの神・主はこう言われる。『各自自分の剣を腰に帯び、宿営の中の入り口から入り口を経巡って、各自自分の兄弟を、各自自分の隣人を、そして各自自分の近親の者を殺せ』と。」

(三二・二七)

この結果はどうだったのでしょうか？

「その日、民の中で倒れた者は、約三〇〇〇の男子だった」（三二・二八）そうです。三千の男子がモーセの命令ひとつで殺されたのです。むちゃくちゃではありませんか。自分の兄のアロンを見せしめのために血祭りにあげ、石打ちか何かで処刑しておけばそれで十分だったのですがそうはせず、一神教の何たるかをまったく理解していなかったアロンは生かされ、約三千の男子が無差別に殺されたのです。理不尽を絵に描いたようなものです。それから忘れてはならないのは、モーセが率いた一行がカナンの土地に入るにあたり、彼は繰り返し彼らに向かって「カナンの土地の先住民はぶっ殺せ」「彼らが信じている神々の像やそれが祭られている杜などもぶっ壊せ」と檄を飛ばしていることです。いやはやです。もしこれらが現代の出来事であれば、「人道にたいする犯罪」として裁かれてしかるべきものでしょう。クルド人にたいするフセイン、チベット人にたいする毛沢東、ユダヤ人にたいするヒットラー……。人道にたいする犯罪の事例は歴史の上では枚挙にいとまのないものですが、シナイ山麓のモーセはその早い時期の一例となるものです。

## シナイ山を後にしてから

シナイ山出発後のモーセの一行を描くのは出エジプト記ではなくて、民数記です。物語によれば、荒れ野の中を彷徨するイスラエルの民は不平・不満をモーセにぶつけます。腹が減り、喉の渇きがひどいからです。すると主は民の中に猛毒の蛇を送り込みます。イスラエルの子らの中の多くの者がそれに咬まれて死にます。民は怯えて蛇の除去をモーセに訴えます。こういう危険な生き物の除去は保健所に頼めば一番だと思いますが、荒れ野に保健所などありません。モーセは民のために、主に向かって祈るのです。モーセ頼みから神頼みへと移行します。

主はモーセに向かってこう言うのです。

「……『おまえ自身のために蛇をつくり、それを旗竿の上に置くのだ。蛇が人を咬んでも、咬まれた者はみな、それを見れば助かる。』

そこでモーセは青銅で蛇をつくり、それを旗竿の上に置いた。蛇が人を咬んでも、咬まれた者は青銅製の蛇を仰ぐと、助かった。」（二一・八―九）

青銅製の蛇を見上げれば、蛇に咬まれた者は助かる。わけのわからぬ講釈ですが、この場面は絵になります。プラド美術館ではダイク（一五九九―一六四一）の絵が見れます。ブルドン（一六一六―七一）も描いております。それにしても創世記と出エジプト記を読む限り、蛇は大活躍です。蛇はエデンの園の木の果実をアダムとエバに、言葉巧みに食べさせました。ファラオの前での奇跡の競演にも出演しております。そして今また登場です。

## モーセの死

荒れ野の中での四〇年にわたる彷徨。

モーセはすでに一二〇歳です。モーセは後継者にヌンの子ヨシュアを選びます。民族の指導者の

図23　モーセの十戒授与と死、シニョレリ

後継者選びくらい難しいものはありません。全体主義国家の為政者は最初から自分の一族で固めますから、その後継者は一族の者です。腐敗・堕落が起こるのはこのネポティズム（同族登用）からです。モーセの後継者を彼の子のひとりから選んでいたら大変な結果を引き起こしていたと思われますが、ヨシュアはモーセの一族の者ではありません。ひと安心です。もっとも、ヨシュアがすぐれた後継者となったかどうか、その評価は別の次元のものです。

ネボ山でのモーセの死は申命記の第三四章で語られております。

「主のしもべモーセは、主の命令によってモアブの地で死んだ。主は、モーセをベト・ペオルの近くのモアブの地にある谷に葬られたが、今日に至るまで、だれも彼が葬られた場所を知らない。モーセは死んだとき一二〇歳であったが、目はかすまず、活力も失せてはいなかった。イスラエルの人びとは、モアブの平野で三〇日の間、モーセを悼んで泣き、モーセのために喪に服して、その期間は終わった。」（三四・七―八）

だれもモーセが埋葬された場所を知らないそうです。

物語のエンディングとしてはうまく逃げたなという思いを禁じえませんが、多分、この一節から、ユダヤ人たちは伝統的に墓にこだわりを見せなくなり、かりに墓をつくったとしても、それはささやかなもので、キリスト教徒の墓とはだいぶ違います。第二次世界大戦後のイスラエルが生んだ傑出した女政治家ゴルド・メイアなどは、出身のキブツに葬られております。土から生まれた彼女はそこで土に帰ったのです。ユダヤ思想の一端の完結性を見る思いです。わたしも復活など期待せずに、土くれに戻りたいものです。

今日の講義の最後の一点です。

シニョレリ（一四五〇―一五二三）の作品です（図23）。バチカンのシスティーナ礼拝堂に行けば見られますので、みなさん方の中にもご覧になった方が多いのではないかと思われます。これはモーセの生涯と死を扱ったものですが、他の画家、たとえばジョルジオ・ヴァザーリ（一五一一―七四）の手も入っているそうです。右中央に、左手に杖を、右手に書物をもつモーセが描かれております。書物はモーセ五書かもしれません。契約の箱の所にはマナを入れたジャーを中に挟んで、十戒の二つの石板が見られます。画面の左にはモーセがヨシュアを後継者に任命している場面が描かれております。彼は杖をヨシュアに渡しております。画面中央の後方には、み使いによってネボ山に導かれるモーセが描かれております。彼はそこから約束の地を遠くに見るわけです。その左下には、「おまえさんはカナンの地には入れない」と主によって冷たく宣告されているだけに悄然として下山するモーセが描かれております。み使いが背後霊のようにして彼に付き従っております。左手上方には、モーセの死の場面が描かれております。

最後の最後に大切なことを申し上げます。みなさん方はすでにご承知のように、聖書の最初の五つの書、すなわち創世記、出エジプト記、レビ記、民数記、申命記を指して「モーセ五書」と申しますが、それはこれらの書物がモーセによって書かれたと長い間信じられていたからです。創世記もモーセによって書かれたとされるのです。面白いものです。思わず吹き出してしまいます。モーセ著者説という「集団的思い込み」にたいして「異議あり」と手を挙げたのはイギリスの哲学者トーマス・ホッブス（一五八八―一六七九）です。彼は一六五一年に出版した『リヴァイサン』（中央公論社、世界の名著二八）の中で、そりゃないよと言ってのけたのです。最初に異議申し立ての手を挙げる行為はつねに勇気を必要といたします。ユダヤ人哲学者のスピノザ（一六三二―七七）や、リシャール・シモン（一六三八―一七一二）らが彼につづきますが、こうした先達たちの勇気に敬意を払うためにも、わたしたちは時代錯誤の呼称「モーセ五書」はもう捨てるべきかもしれないのです。以上です。

# 第6講　サムエル記上・下――ダビデ物語

しばらくぶりの講義ですが、みなさん方におかれましては、この間、ご機嫌うるわしくお過ごしであったと拝察いたします。

わたしのこの一週間は淡々たるもので、格別取り立てて申し上げることなどなかったのですが、ある高名な美術史家が、ご高齢のため蔵書を処分することになり、どういうわけかわたしをその受取人のひとりに指名してくださり、そのため聖書関係の書物とユダヤ教関係の書物をいただきに先生のご自宅に伺いました。

第一線を退いた学者の頭を悩ますのは、自分の蔵書をどう処分するかです。わたしの蔵書の大半はつまらぬものばかりですが、わたしが専門とするヨセフス関係のものは、世界各地にいる二〇人のコレクターたちと競い合って集めてきたお宝だけに、それらはまとめてどこかの大学に寄贈したいと考えております。わたしは母校を考えたのですが、そこからはヨセフス研究者など出る気配はまったくありませんので、母校は寄贈先のリストからはずしました。次の候補としては、オックスフォードの大学図書館を考えております。オックスフォードはヨセフスの諸版を三〇〇点以上揃えておりますが、そればかりではなく、毎年ヨセフス関係の講座をもうけているからです。そこには超一流のヨセフス学者が集まるのです。のっけから自慢めいた話で恐縮ですが、わたしの所有するものでオックスフォードのボドレアン図書館にないものもかなりあります。わたしはオックスフォード大学にヨセフスの英訳のあらゆる版が、ソルボンヌ大学に仏訳のあらゆる版が、そしてテュービンゲン大学に独訳のすべての版が収蔵されることを願っております。一六世紀にはじまる仏訳や、一七世紀にはじまる英訳の受容史は徹底的に研究されねばならず、そのためには、すべてのものを集めたセンターの設立が必要なのです。研究者がそこに行けば、簡単にアクセスできるようにされていなければなりません。

さて、美術史家から頂いた書物はどれもこれもわたしを興奮させるもので、勉強をしていてもついついそちらに手が動いてしまいますので、当分は落ち着かない日々を送りそうですが、もちろん今日の講義では、この先生から頂いた書物から取り込んだ画像をさっそく使いたいと思います。使うことこそが、先生へのささやかな返礼になろうかと思うからです。

## ヨシュア、モーセの後継者になる

モーセの死後、ヌンの子ヨシュアが後継者となります。

イスラエルの民の一行は、このヨシュアに率いられて、カナンの地に侵入します。カナンの地にはさまざまな先住民族がおります。彼らは、聖書的に言えば、神の創造した人類の系譜に連なるのですが、「征服」という視点から物語は語られ、その系譜が顧みられることはありません。

イスラエルの民による征服。

その視点からすれば、これから入って行くカナンの地の先住諸民族は神に敵対する民族とされます。彼らが信じていた神ないしは神々は「多神教」の範疇に組み込まれ、それは一神教の神の前では排除されてしかるべき絶対悪とされます。モーセはカナンに入る一行にたいして、「カナンの住民は全員ぶっ殺せ」「きゃつらの神の像はたたき壊せ」「きゃつらの聖所は徹底的にぶっ壊せ」と絶叫し、煽りに煽ったわけです。解放者モーセは血も涙もない冷酷な殺戮指導者・殺戮扇動者になります。神が彼の後ろ盾です。その神も途方もなく冷酷です。神は多面の顔をもっているのでしょうが、わたしなどはここで「だから一神教の神は怖い」と身震いしてしまいます。しかし、不思議なことに、こうした神の側面を真っ正面から議論する聖職者や聖書学者は少ないのです。彼らは身震いなどしないのでしょうか？　聖戦だからあたりまえだと思っているのでしょうか？　聖書に書かれていることにたいして、無闇矢鱈と批判的になってはいけないとでも思っているのでしょうか？　モーセの絶叫には深い神的摂理があったとでも想像するのでしょうか？

ヨシュアは、モーセが死んだからといって方向転換したわけではありません。彼にとってはカナンの地の征服こそは神の意志であったのです。

では、カナンの地に入り、そこに定着したイスラエルの民は、一神教徒として胸をはって多神教徒と対峙したのでしょうか？

とんでもない、そうはしなかったのです。

彼らはいとも簡単に多神教の魅力に惹かれてしまったのです。彼らはその地に住む異教徒たちの杜や聖所に足繁く通いはじめたのです。面白いものです。そういえば、モーセは自分の率いる民にたいして、一神教とは何かとか、一神教と多神教の違いは何かとか、一神教は倫理的に多神教にまさるのかとか、なぜ多神教ではだめなのか……といったことに関しては、ただの一度もレクチャーをしておりません。彼は「法」を介して一神教を教えたつもりなのかもしれませんが、もしそうなら、彼は法学部の教授にはなりえても、その前の基礎や教養を教える教養学部の教授にはなれません。彼はそのレベルで、一神教の神についてやさしくレクチャーをしたことはないのです。モーセは神を直接自分の目で見るという他のだれにも与えられることのなかった特権を何度も与えられたにもかかわらず、自分が目にし、脳裏に焼き付けたであろう神を語ることは一度としてありません。これでは、イスラエルの民に一神教の神理解が徹底するはずがありません。

イスラエルの民は一神教の神に背きます。一神教の何たるかが分からねば、それに背くのは当たり前です。背信の徒になるのは当たり前です。彼らを正しい信仰へと導くために「士師」と呼ばれる者たちが興ります。士師は一神教の神について教える人ではありません。民の行動や振る舞いが一神教の道にはずれているかどうか、その判定をくだす「裁きびと」です。その判定も士師次第です。彼らの時代にも一神教の神について教える人は現れません。これでは、正しい道に連れ戻されても、またすぐに元のもくあみに戻ります。この繰り返しです。

旧約聖書の中に「士師記」と呼ばれる文書があります。五書の次にくるのがヨシュア記ですが、その次にくる文書です。士師記が語る士師の時代を歴史的に正しく復元することは不可能です。それがいつはじまり、いつ終わったのか、その正確なところは分かりません。わたしたちはアバウトな仕方でそれを想像いたします。士師の時代が終わると、イスラエルの王国時代がはじまります。

士師の時代の終わりが不明ですから、王国時代のはじまりもアバウトな想像ですが、わたしたちは大体、それを紀元前一〇〇〇年ころとします。あたらずとも遠からずでしょうか？

## サムエル、エッサイ（イェッサイ）のもとへ遣わされる

さて、今日の講義はダビデ物語を中心とするものです。テクストはサムエル記上の第一六章からはじまります。

第一六章に先行する箇所では、イスラエルを治める王の位から主がサウロを退けた経緯が語られておりますが、第一六章の冒頭の記事によれば、サムエル（サムーエール）は、主によって、ベツレヘム（ベートレエム）のエッサイ（イェッサイ）のもとへ遣わされます。サムエルがエッサイのもとへ到着しますと、ダビデはそのとき羊番をしていて家を留守にしておりますが、父親のエッサイは彼を連れて来させます。家に連れ戻されたダビデの「色はよく、目は美しく、そして主にとって、容姿も端麗であった」（一六―一二）とあります。先行する七節に、神は人を見るとき、容姿や身の丈では判断せず、内面を問題にするとあります。さすがに神は人間とは違うと感心しておりますと、この一二節を読んで必ずしもそうではないことが分かり、がっかりです。

みなさん方、お気づきになっておられるでしょうか？

聖書に登場する英雄はみな容姿端麗です。論より証拠、ダビデの前のサウロはどうでしょうか？サウロ物語はサムエル記上の第九章からはじまりますが、その冒頭は、サウロが「美しい若者で、彼の美しさに及ぶ者はイスラエルにはだれもいなかった。民のだれよりも肩から上の分だけ背が高

かった」（九・二）と書かれているではありませんか。創世記のヨセフはどうでしょうか？　ポティファルのもとへ売られたときのヨセフは、「容姿が美しく、見た目にも男盛りだった」（三九・六）とあるではありませんか。聖書の中でその容姿が言及されていなければ、伝承の過程で、容姿端麗の者に変わっていきます。そのよい例がモーセです。毎度お馴染みのヨセフスは、『ユダヤ古代誌』の中でモーセの美しさを次のように語り直しております。

「三歳になると、神の意志により、彼の身体的発育はめざましいものを見た。モーセを一目見た者はみな彼の器量のよさに打たれ、その美しさを話題にした。そして、公道を歩いている彼に出会った人が、その可愛らしい容貌にしばらく見惚れて、大事な仕事を忘れてしまうことがしばしばあった。まことに、この子の完璧ともいうべき純粋な魅力は、それを見る者たちにとって蠱惑的だった。」（第二巻二三〇―二三一節）

このヨセフスは、ダビデについては「彼は健康そうな血色と鋭い眼をもち、その容姿もあらゆる点で立派であった」（六・一六四）と述べております。

## ダビデ、油を注がれる

さて、このとき、サムエルに主から命令がくだります。「立って、ダウィドに油を注ぐのだ。これは立派な若者だから」（一六・一二）。ヘブル語テクストでは「立って彼に油を注ぐのだ。これがその人だ」です。ギリシア語訳はヘブル語テクストの「これがその人だ」を「これは立派な若者だから」へ改めて、油を注ぐ理由付けとしております。サムエルはオリーブ油の入った角を手に取りますと、ダビデの兄弟たちの居並ぶ中で、彼に油を注ぎます。主の霊は、その日以来、彼の上に降るようになったそうです。イエスがヨハネから洗礼を受けたときも、聖霊が鳩のように彼の上に降ってきたとありますが、霊はどうやら垂直落下してくるようです。

ダビデが油を注がれる場面は絵になります。ニューヨークのピアポント・モーガン図書館所蔵の一三世紀の挿絵入り旧約聖書にもこの場面が認められます。この挿絵（図1）は、中央で二つに分かれております。右半分には油を塗られるダビデが描かれております。彼の右にいるのはエッサイとなります。ダビデの手にはホルンのようなものが握らされております。彼の周囲にいるのは彼の兄たちですが、その数がはっきりと分かるのは左半分の絵です。ダビデの上には、下の様子を覗き込んでいる神の顔が描かれております。「覗き屋の神」といったところです。すでに見てきたように、ユダヤ教では神を描くとしても「手」が限界ですから、この写本は、神の顔を描いているというただそれだけの理由からも、キリスト教側のものと指摘できます。左半分に目をやってください。ダビデは七人兄弟の末っ子ですから、ここではダビデを除く六人が描かれておりますが、中央に立っている背の高いもうひとりは、右半分の図のサムエルの着衣から判断すると、同じ人物かと思われますが、エッサイかもしれません。

図１　油を注がれるダビデ、挿絵入り旧約聖書

## ダビデ、音楽療法をサウロにほどこす

王位を奪われたサウロ（サウール）は鬱病になります。

当時は、もちろん、鬱などという病名はまだなかったので、鬱病の人間は「悪霊（ダイモーン）に取り憑かれている」と診断されました。ヘブル語テクストではこの悪しき霊は主から来ると明記されておりますが、ギリシア語訳の訳者はそれに当惑を覚えております。そのためたんに悪霊としております。

王は自分の部屋にこもりきりになります。家臣のひとりはここで竪琴の名手を呼んでくることを提案いたします。現代はやりの「音楽療法」を思いついたわけですが、わたしの勤務先の大学の精神科医でしたら、絵を描かせる「芸術療法」、もう少し分かりやすい言葉で言えば「お絵かき療法」となるのでしょうが、それを提案するでしょう。これが案外効果があるのですね。

この家臣はサムエルと一緒にエッサイのもとを訪ねていたので、ダビデのことが念頭にあったのでしょうが、もしそうだとしたら、彼らがエッサイのもとを訪ねたとき、羊の世話から呼び戻されたダビデが彼ら客人たちの前で竪琴を奏でたと新たな想像をしなければなりません。このような想像は楽しいものです。

さて、王宮にやって来たダビデは、王の武具持ちとして取り立てられ、王が鬱状態になるたびに王の前で竪琴を奏でます。楽士ダビデのデビューです。オックスフォード大学のオール・ソールズ・コレッジが所蔵するラテン語訳詩篇の挿絵をご覧下さい（図2）。ダビデは奇妙な楽器を打ち鳴らしております。これは牛の首につける鈴ですが、それを並べているのです。さながらNHKの日曜のど自慢大会で鐘を鳴らす人です。こちらはアンジェリコ（一三八七—一四五五）が描いたものです（図3）。壁には「預言者ダビデ」と書かれてあります。彼は何を預言したのでしょうか？戸惑います。モーセも「預言者」と呼ばれることがあります。実際、彼の死を描いた申命記第三四章の一〇節には「イスラエルに、主が顔をつき合わせて知ったモーセのような預言者は、二度と興らなかった」とありますが、こちらも何を預言したのでしょうか？　思い当たる、これといったものはありません。わたしはこの疑問を率直に旧約学者の山我哲雄さんと新約学者の佐藤研さんにぶつけてみました。それぞれが納得いく説明をしてくれましたが、酒の席でしたので、わたしは何も覚えてはおりません。

次はレンブラント（一六〇六—六九）のものです（図4）。この絵は見て楽しいものではありませんが、鬱状態のサウロの様子が見事に描かれております。貧相な羊飼いであったに違いないダビデ、

図3　竪琴を奏でるダビデ、アンジェリコ

図2　楽士ダビデ、ラテン語訳詩篇の挿絵。

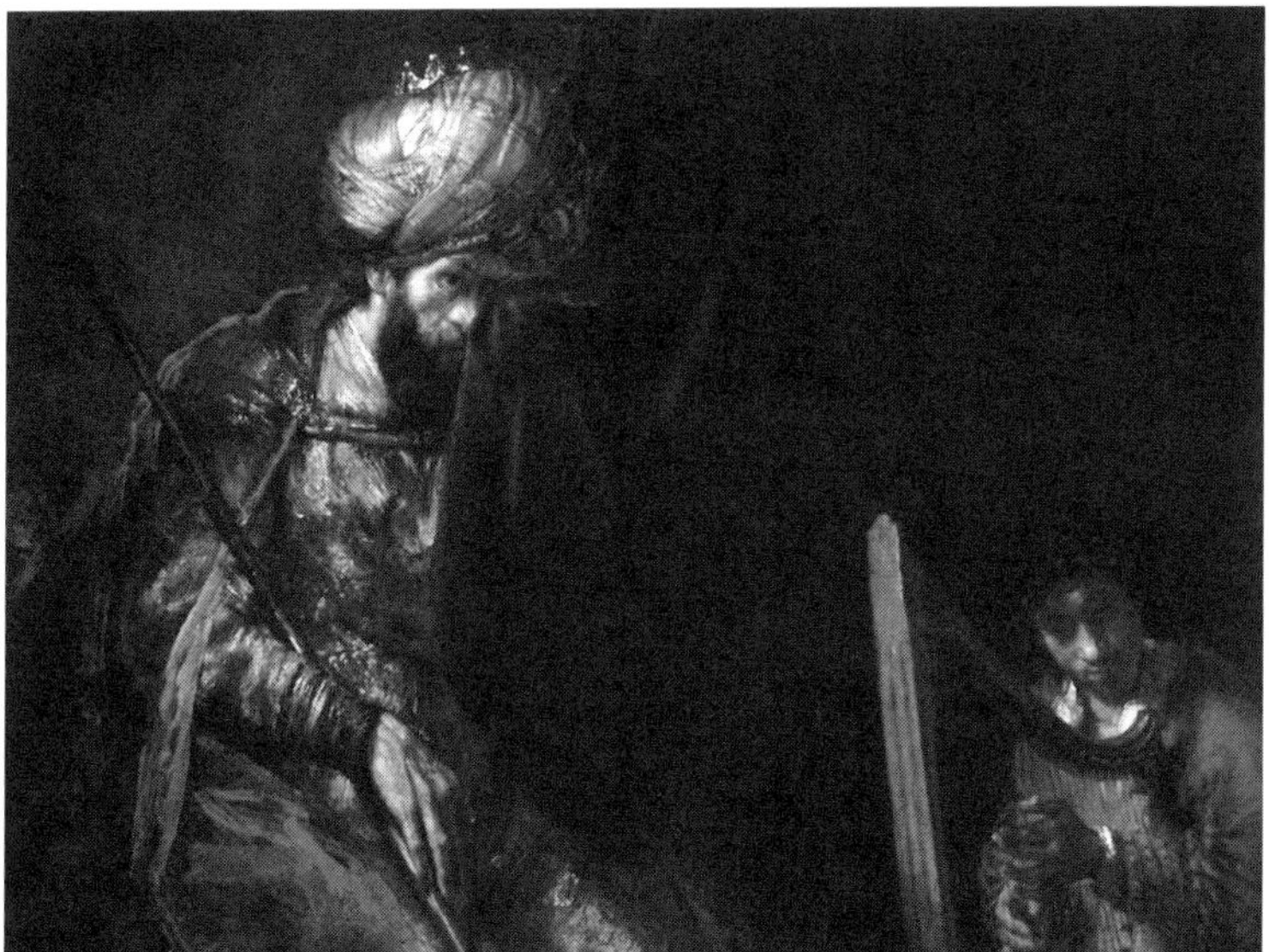

図4　サウロとダビデ、レンブラント

召し出されたとはいえ王をまだ直視できないでいるダビデ、それがよく描かれております。王の左手の仕草の意味はわたしには分かりません。

## ダビデ、ゴリアテと一騎打ちをする

第一七章は、ダビデとペリシテびとの軍勢のひとり巨人ゴリアテ（ゴリアト）の一騎打ちの物語です。

ゴリアテはイスラエルの隊列に向かって、けしかけます。

「なぜおまえたちはわれわれにたいして戦闘隊形を整えて出てくるのだ？　おれさまは他部族の者で、おまえたちヘブルびとはサウール（サウロ）の（家来）ではないのか。おまえたち自身のためにひとりの男を選び、そいつをおれさまのところに下りて来させるのだ。もしそいつがおれさまを相手に戦うことができ、もしおれさまを打ち負かすならば、おれたちはおまえたちの奴隷となる。しかし、もしおれさまが勝ってそいつを打ち負かしたら、おまえたちがおれたちのために奴隷となり、おれたちに仕えるのだ。」（一七・八―九、七十人訳に改める）

ゴリアテは四〇日間にわたってイスラエルの戦列にけしかけたそうです。ここでの「四〇日間」は「四〇日四〇夜」のヴァリエーションですが、「四〇日四〇夜にわたった」と記述する方が、凄みがあったかもしれません。こういう挑発は大声でなされるものですから、昼も夜も聞かされるのではたまったものではありません。わたしの家の近くにある大企業のお偉いさんが住んでおりますが、あるとき、右翼の街宣車がやってきては挑発的なことをご近所に聞こえるような大音量でがなり立てておりました。一週間もつづいたと記憶しております。街宣車が来なくなったときに、あ、裏で解決が図られたなと想像したものですが、この物語でも裏で手打ちをしようとしたフィクサーはいたと思われますが、その人物は登場いたしません。

ギリシア語訳サムエル記を読むときにすぐに気づかされることが二つあります。それはそこでは、「ペリシテびと」をあらわすのに、ペリシティームという単語ではなく「他部族の者たち」（アロフロイ）を意味する単語が一貫して使用されていることです。士師記でも同じです。これはわたしには大きな謎です。もうひとつ注意してほしいのは、そこでは一二節から三一節までが大きく欠落していることです。ギリシア語訳の訳者が使用したヘブル語テクストに大きな欠落があったのか、それとも本来その箇所はなかったのか想像してみたいものです。これとの関連で申し上げますが、ヘレニズム・ローマ時代には、さまざまなヘブル語テクストやそのギリシア語訳が出回っておりました。みなさん方どうか、聖書は神の言葉だから、それは間違いなく転写されてきた、などとはお考えにならないようにしてください。中世の画家やルネサンスの画家たちが使用した聖書はラテン語訳聖書だったでしょうが、その背後にあるギリシア語訳聖書やヘブル語聖書がどのようなものであったのか、それはほとんど解明されていないのです。これらのことについてはいつか詳しく論じたいと思っておりますが、さしあたりは拙著『乗っ取られた聖書』（京都大学学術出版会）をお読みください。

さて、イスラエルの軍団の一員となった少年ダビデは、自ら志願して、ゴリアテと一騎打ちすることになります。

ゴリアテは、ジャイアント馬場以上の巨人です。そればかりか完全武装しております、サウロは自分の武具をダビデに着用させますが、大人用ですから重くていけません。彼はそれを脱ぎ捨てると、川岸から拾ってきたたった五つのすべすべした石を袋に入れて――この戦場となる場所にワジ（枯れ川）などあったか、と疑ったりしてはいけません――、ゴリアテに立ち向かうのです。ダビデが石投げ紐を使って石を飛ばすと、それは見事ゴリアテのこめかみに命中し、彼は倒れます。ダビデは駆け寄るとゴリアテの剣でとどめを刺し、その首を切り落とします。「他部族の者たち」は、仲間の勇士が倒れたことを知ると、パニック状態に陥り、敗走いたします。サウロの軍隊は鬨《とき》の声をあげて、彼らを追尾いたします。ダビデはゴリアテの首をエルサレムに持ち帰り、その武具は自分の天幕の中に置いたそうです。

ゴリアテ成敗の模様はアーチストの想像力と創作欲を刺激します。

そのため、その場面は彫刻作品にもなりました。イタリア・ルネサンスの最大の彫刻家と言われるドナテッロ（一三八六頃―一四六六）の大理石の作品はフィレンツェにあります。彼はブロンズでも制作しました。これは後になってその所在が転々としますが、本来はメジチ家のために制作されたものです。このダビデはファッションの先端を行くすてきな帽子をかぶっております。ベルニーニ（一五九八―一六八〇）の弱冠二五歳のときの作品はローマのボルゲーゼ美術館で見ることができます（図5）。高さ一七〇センチの大理石製。ダビデの両足の間には脱ぎ捨てた甲冑が見られます。

図５　ダビデ、ベルニーニ

図６　ダビデとゴリアテ、ミケランジェロ

ドナテッロにはじまり、ヴェロッキオ、ミケランジェロに引き継がれたルネサンスの彫刻は動きを感じさせない非常に静的なダビデをつくりだしてきましたが、このベルニーニのものは違います。個体の中での運動性を感じ取ることができます。この彫像にはもうひとつの特色があります。それはベルニーニがサムエル記上をよく読んでいることです。第一七章の四〇節は、ダビデが「羊飼いの石袋」を身につけていたことや、石投げ紐《ひも》を手にしていたと記述しておりますが、それがそのまま表現されております。このダビデの目に注目してください。しっかりとゴリアテを見据えております。胴体を右側にひねったために生じた左腕の筋肉の隆起が見事に捉えられております。最近の研究によりますと、このダビデの顔はベルニーニ自身の顔をモデルにしたそうで、制作中の彼のアトリエをたびたび訪れた枢機卿のマッフェオ・バルベリーニがベルニーニのために手鏡をもってあげたそうです。その場面を想像するだけで思わず笑みが浮かびます。
では次に、絵画をお見せいたします。

## 小人ダビデ、巨人ゴリアテの首を取る

ミケランジェロ（一四七五―一五六四）はダビデがゴリアテの首をとろうとしている瞬間を描いております（図6）。レーニ（一五七五―一六四二）が、オラツィオ・ジェンティレスキ（一五六三―一六三九）が、ストロッツィ（一五八一―一六四四）が、フェティ（一五八九―一六二三）が、それぞれ特色のある作品をつくりだしております。レーニのダビデだけは、他とは違い、新宿のホストクラブにでもいそうな美形の優男《やさおとこ》です。

カラヴァッジオ（一五七三―一六一〇）の作品はお馴染みではないかと思います。彼の描いた何点かの作品のうち一点だけをお見せいたします（図7）。ゴリアテは大男ですから、その顔も馬鹿でかく描かれております。カラヴァッジオは斬首の場面を好んで描きました。そのため彼は他の画家に大きな影響を与えましたが、それについては先に進んでからお話いたします

先ほど取り上げた挿絵入り旧約聖書でもダビデが描かれました。その一点がこれです（図8）。サムエル記上の第一七章の五四節以下によれば、ダビデはゴリアテの首を取りますと、それをエルサレムに持ち帰り、サウロの前に差し出したそうです。この挿絵の下段の左部分の絵はその場面を描いております。

さて、ゴリアテの斬首された場面をいくつか見てておりますと、ボッティチェリ（一四四五頃―一五

一〇）の描くホロフェルネスの首を討ち取ったユディト（第8講・図13〔三三二頁〕参照）や、洗礼者ヨハネの首をとったサロメの姿、ドルチ（一六一六―八六）の描く洗礼者ヨハネの首を大皿の上に載せてたたずむサロメの姿、ヨハネの生首が空中に浮かぶモロー（一八二六―九八）の『出現』――モローは川に投げ込まれたオルフェウスの首も描いております――、などの絵が次つぎに思い起こされ、西洋美術には、斬首の場面を好んで描く系譜のようなものが存在し、それは聖書だけにとどまらず、後の世俗的な絵画にも影響を与えているのではないかと想像したりするのですが、みなさん方はいかがお考えでしょうか？

図7　ダビデ、カラヴァッジオ

図8　ゴリアテの首を討ち取るダビデ、挿絵入り旧約聖書

わたしがこのようなことを考えてみるのは、ロンドンのナショナル・ギャラリーで展示されているイタリアの画家ジョルダーノ（一六三二―一七〇五）が描いた蛇髪のメドゥーサの首を手にする若者ペルセウスや、フランスの画家ドラロシュ（一七九七―一八五九）が描いたレイディ・ジェイン・グレイの処刑の場面（図9）があるからです。この二つは、そしてとくに後者はこの美術館でもっとも有名な絵画のひとつですから、みなさん方も一度はご覧になったことがあると思われます。わたしがこの絵をはじめて目にしたときには、正直言って、あまりいい趣味ではないなと思いました。この絵に登場するすべての人物に異様な緊張感が走っており、その共有が見ているわたしにも要求されるように感じたからです。斬首されることになるヘンリー七世の曾孫にあたるジェイン・グレイは、絹か何かの高級感ただようドレスを身にまとって美しいのですが、その瞬間が近づいていることを知って卒倒しそうです。きっと失禁か脱糞をしていたのではないでしょうか？　自律神経が一時的に麻痺していたはずです。彼女の体は右側に傾いております。左側の女性も卒倒寸前で、彼女の体は左側に傾いております。左右に分かれた空間に描かれた女性も、壁に手をつけてこちらに背を向けております。斬首の瞬間など目にしたくないという風情です。斬首するために大斧を手にしている人物は大男です。彼にとってはこのロンドン塔の中で、大斧を振り落とすのが仕事なのでしょうが、その目線はジェイン・グレイには向けられてはおりません。

この絵はその後何度も目にすることになりますが、あるとき目にした光景は忘れがたいものとなりました。何とこの絵の前に小学生たちのグループが陣取り、ギャラリー・トークに耳を傾けていたのです。ヨーロッパのキリスト教世界はこのような絵を子供たちに見せて、幼いうちから斬首の

図９　レイディ・ジェイン・グレイの処刑、ドラロシュ

場面に慣れさせておくのだなと痛く感心したわけですが、その後、この絵についていろいろ考えているうちに、この斬首の場面やギロチンの場面などは、ダビデにはじまる「斬首の系譜」の上に置いて見るべきではないかと考えはじめたところ、最近、ブルガリア出身の女性で長くフランスで活躍しているジュリア・クリステヴァが著した『斬首の光景』（邦訳、みすず書房）と題する書物が出版されていることを知りました。ある紹介文によりますと、彼女は「デッサンという行為に、自らの母親の記憶から人類の黎明期につながる人間の普遍的な営みを見いだす。それは、あらゆる宗教現象の起源となり、切断された頭部のイメージに結晶する」とありました。小難しい紹介文です。何度読んでも頭には入りません。そのため、わたしはまだこの書物を読んでおりませんが、みなさん方の中にお読みになった方がおられましたら、その読後感をお聞かせください。

なお、もうひとつ余計なことを申し上げておきますが、イギリスに留学した夏目漱石はその『倫敦塔』の中で、ジェイン・グレイの最期を描いております。彼はロンドンでこの絵を見ているのですね。

脱線したので元に戻ります。

ユダヤ側の図像もお見せいたします。これは現在大英図書館で見ることのできる偽フィロンの『聖書古代誌』の写本の挿絵です（図10）。ダビデの足下の羊たちは、彼が羊飼いであったことを示します。ゴリアテの足下に描かれている子犬は彼に向かってキャンキャンと吠えております。犬はしばしばキャンバスの小道具のひとつとして絵の中に書き込まれますが――同僚の美術史家、諸川春樹さんによれば、小道具としての犬が描かれるようになったのは、一六世紀のヴェネツィアの非宗教画に淵源するそうで、それが世俗の世界とそうでない世界をつなぐものとして宗教画にも好んで取り入れられるようになったそうです――、こちらはそうではなくて、最初杖をもって向かってくるダビデに向かってゴリアテが吐いた言葉「おれさまは犬公なのか？　おまえは杖や石をもっておれさまの所へやって来るではないか？」に由来するものだと思われます。ここでヘブル語テクストとギリシア語訳の間の小さな違いを指摘しておきます。ギリシア語訳では、このゴリアテの言葉につづいて、「ダウィドは言った。『とんでもない。犬公以下だ』」がきます。この一文は文脈の中では、読む者に何の違和感も感じさせるものではありません。この一文は本来のヘブル語のテクストにあったものかもしれません。ギリシア語訳の訳者が自分の想像からつくりだしたとは考えにくい

図10　ゴリアテを成敗するダビデ、偽フィロンの『聖書古代誌』の写本の挿絵

ものだからです。

## 右肩上がりのダビデの人気

さて、物語によれば、以後のダビデは出陣のたびに派遣され、勝利を収め、そのため、彼はサウロ軍の指揮官に任命されます。ダビデの人気は鰻登りです。レビ記によれば、ユダヤ人は鰻を口にすることができませんから、このような表現は適切でないかもしれませんが、とにかく彼の人気は右肩上がりで、ぐんぐんと上がっていきます。町の女たちはすっかりミーハーし、ダビデを目にするときゃーきゃーと騒ぎ立て、「サウロは何千を撃った」と言われれば、「ダビデは何万を撃った」と囃し立てる始末です。サウロは「くそ面白くねえ」とぼやいたり、つぶやいたりしますが、やがてそのぼやきとつぶやきは嫉妬に変わり、彼を殺そうとさえするのです。グェルチーノ（一五九一―一六六六）がファルコニエリ枢機卿のためにこの場面を描いております（図11）。本来、この場面は、サムソンがデリラに自分の怪力が宿っている頭髪を見せている場面と対になっていましたが、一八世紀の終わりに、その本当の理由は分かりませんが、二つに分けられたそうです。サウロとダビデの方は現在ローマの美術館に置かれておりますが、もう一方はロサンジェルスにあるそうです。ローマとロサンジェルス、随分とかけ離れてしまったものです。

ここでまたヘブル語テクストにもとづく新共同訳とギリシア語訳を比較していただきたいのですが、ヘブル語テクストに見られる第一八章の一〇節と一一節、そして一二節の前半部分は、ギリシア語訳には欠落しているのです。実は、この欠落部分の内容は、第一九章の九節と一〇節の内容と

図11　ダビデを殺そうとするサウロ、グェルチーノ

同じなのです。このあたりから、現行のヘブル語テクストには明白な混乱があるように思われます。ギリシア語訳の訳者の使用したヘブル語テクストの方がより混乱の少ないテクストであったように思われます。
　さて、繰り返しますが、サウロはダビデの成功や評判を嫉妬いたします。しかしここで、サウロの息子ヨナタンがダビデのよき理解者として登場いたします。

**サウロ、ギルボア山で自害する**

　さて、以後の物語の展開はめまぐるしいのですが、それはギルボア山での戦いに発展していきます。サムエル記上の第三一章によれば、この山での「他部族の者たち」、すなわちペリシテびとたちとの戦いで、サウロの息子ヨナタン、アビナダブ、マルキ・シュアが次つぎに討たれます。サウロ自身も深手を負います。彼は自分の剣を取ると、その上に倒れ伏します。このギルボア山での戦いは、少なくともサウロの自害は絵になる場面を提供するのではないかと思われますが、わたしの知る限り、旧約聖書のラテン語訳などの写本の挿絵は別として、あまり描かれてはおりません。ウィーンの美術史美術館にサウロの自害の場面を描いたブリューゲル（一五二五―六九）の作品があります。画面の左隅の小高い岩場に自決したサウロが見られます。

ダビデは、サウロの死に大きな衝撃を受けます。彼は哀悼の歌をうたいます。ここでは絵画と直接の関係はありませんが、ギリシア語訳の訳者がヘブル語テクストをどう訳したかを見てみましょう。

「イスラエールよ、
おまえの高き山々の上で傷つき倒れ、亡くなった者たちのために、
記念柱を立てよ。
ああ、勇者らは倒れた。
このことをゲトで語るな、
アスカローンの巷で吉報として告げるな。
他部族の者たちの娘どもが歓喜しないために、
無割礼の者たちの娘どもが小躍りしないために。
ゲルブーエの山々よ、

おまえたちの上に、
露は降りるな、雨も降るな。
初穂の野の上にも。
そこでは勇者らの長楯が粗末に取り扱われているからだ。
サウールの長楯はオリーブ油で油塗られることもなかった。
傷ついて倒れた者たちの血にも、勇者らの脂にも、
ヨーナタンの弓がひるんで後方に空を切ることがなく、
サウールの剣が空しく鞘におさまることはなかった。
サウールとヨーナタンよ、人びとに愛された美しき盛りの者たちよ、
二人が分かたれることがなかった、
生きているときは見目麗しく、
死ぬときも離されることはなかった。
鷲にまさって軽やかで、
獅子にまさって強かった。
イスラエールの娘たちよ、サウールのために泣くがよい。
彼はおまえたちに、おまえたちの飾り物とともに、深紅の着物をまとわせ、
おまえたちの衣の上に、金の飾りをつけてくれた。
ああ、勇者らは戦いの最中に倒れた。

ヨーナタンよ、おまえの高き山々の上で傷ついて倒れた者よ、
わが兄弟ヨーナタンよ、
わたしはおまえのために悲しむ。
おまえはわたしにとってかくも美しかった。
おまえの情愛はわたしにとって素晴らしかった。
女たちの情愛に優って。
ああ、勇者らは倒れた。
戦いの器は滅んだ。」

## ダビデ、統一王国の王となる

ダビデは、ヘブロンの町に移り住みます。ある日のこと、ユダの人びとが彼のもとへやって来て彼に油を注ぎ、「ユダの家の王とした」(サムエル記下二・三)そうです。彼はユダの王としてヘブロンの町に七年六か月(二・一一)とどまります。この間、ダビデの一族は繁栄し、他方サウロの一族は衰退していきます。ダビデは三〇歳のときに、イスラエルの長老たちによって油を注がれ、ユダとイスラエルの王になります。つまり彼は、二つの王国の連合体の長となるのです。時代的には紀元前九九五年ころとされます。彼は王国の首都をエルサレムに定め、「他部族の者たち」、すなわちペリシテびとをも二回の決戦で撃破し、彼らの脅威を取り除きます。彼の在位期間は全部で四〇年におよびます。

## 女好きのダビデと人妻バト・シェバ

ダビデはその生涯においてさまざまな罪を犯します。もっとも絵になる場面は、将軍ウリヤの妻バト・シェバとの姦通です。このお手つき物語はサムエル記下の第一一章からはじまります。これからお見せする絵を理解するためにも、ここでその箇所を読んでおきましょう。七十人訳です。

「年が改まり、王たちの出撃の時期が巡ってきたとき、ダビデは、ヨアブと自分と、自分と一緒の自分の家来たちと、イスラエルの全軍を送り出した。彼らはアンモンの子らを滅ぼし、ラバを包囲した。しかし、ダビデはエルサレムにとどまった。

ある日の夕暮れ時のことだった。ダビデは自分の寝床から起き上がり、王宮の屋上を逍遥していた。するとそのとき彼は、屋上から、水浴びする女を目にした。女は肢体が非常に美しかった。

ダビデは人を遣った。

彼は女のことを調べ、そして言った。

『この女はエリアムの娘バト・シェバで、ヘトびとウリヤの妻ではないですか?』

ダビデは使いの者たちを遣わし、彼女を召し入れた。彼女は彼のもとへ入ってきた。彼は彼女と同衾した。彼女は自分の汚れを清めると、自分の家へ戻った。

女は身ごもった。」(一一・一―五)

女性が水浴びいたします。水浴びの音は艶めかしいものです。男はしょうのないもので、その気配を察しただけで立ちどまり、立ちどまれば最後ただちにおかしくなります。旧約の外典文書のひとつ「スザンナ物語」は第8講で取り上げますが、わたしたちはそこでの長老たちの覗きを思い起こしてしまいます。

最初のものは写本の挿絵ですが、全場面を描いていてなかなか楽しいものです（図12）。二階建ての家です。ダビデが二階の窓から身を乗り出してお隣りの家の水浴びするバト・シェバを覗いております。お隣りの家の窓はガラス窓だったのでしょうか。メイドがたらいに入れるお湯を運んできております。中央の少年は、ダビデにバト・シェバのいる場所を教えているようです。王のお付きの若者でしょう。下段の絵の左部分は、ダビデとバト・シェバのお楽しみの場面を描いたものです。ダビデは王冠をかぶっておりますが、それはもちろん、彼が王であることを示すためのものです。それにしても、女たらしのダビデです。すぐにことにおよぶようです。バト・シェバもお誘いにはすぐ応じる尻軽女であったようです。右の部分は戦闘から帰還したバト・シェバの夫ウリヤを描いております。この人物については後でもう一度触れます。シュトゥツガルト国立美術館はメムリング（一四四〇―九四）が一四八五年に描いたものを所蔵しております（図13）。この絵を見るときにはよくよく目を凝らしてください。左上に点のように小さく描かれたテラスにダビデがおります。このダビデなしでは、これは「水浴びをする女とメイド」と題するものとなっていたでしょう。なかなか美しい女性です。メイドも美しい女性です。こちらをも裸にしてみたくなります。

図12　ダビデとバト・シェバ、挿絵入り旧約聖書

クラーナハ（一四七二―一五五三）が描いた絵は、なかなかユーモラスなものです。二階建ての建物の上からダビデを含む四人の男が下を見下ろしております。ダビデはバト・シェバの気を惹こうとしてか、竪琴を奏でております。もっともクラーナハは、この人物がダビデであることを示そうとして竪琴を持たせているだけなのかもしれません。いずれにしても、四人の男に見下ろされては、バト・シェバは裸になれません。先に進んでもう一度申し上げますが、クラーナハは聖書に登場する人物を描くときには、彼の時代のドレスを登場人物に着用させます。

こちらはレンブラント（一六〇六―六九）が描いたもので、ルーブル美術館で見られます（図14）。みなさん方の多くはご覧になられたのではないでしょうか？　バト・シェバの三段腹とは言わないまでも、腹のたるみが気になります。ここでのメイドは老女です。この老女はバト・シェバの身に何が起こったのかをうすうすと気づいているようです。その証拠に彼女の表情はうつむき加減です。三段腹と老女では色気や色香は漂いませんが、それにしてもなぜ寝室なのでしょうか？　寝室が暗示するものは何なのでしょうか？　彼女の物思いの姿は何を暗示するのでしょうか？　彼女の右手にあるのはダビデからの恋文かもしれません。その手紙を手にして、彼女はダビデのもとに出かけるのではなかったと、己の軽率さを悔やんでいるのかもしれません。

あるいは、状況はすべて逆で、少しばかり迷った末にこれからダビデのもとを訪ねようとしているのかもしれません。もしかして、バト・シェバが手にしているのは夫の死を知らせる戦場からの手紙かもしれません。バト・シェバは自責の念にかられているのかもしれません。ここでメイドは彼女に向かって、「奥さま、だからダビデさまのもとへ行くのはおやめ下さいと申し上げたではありませんか」と、ぶつくさと言っているようにも見えますが、「奥さま、戦死されたご主人さまのことは忘れて、ダビデさまのせっかくのお誘いですから……」と口にしているのかもしれません。

いずれにしても、この一枚の絵はレンブラントの、他の絵と同じように、多様な解釈やシチュエーションを見る者に想像させるものとなっております。それにしてもここでのメイドはなぜバト・シェバの足の指先を洗っているのでしょうか？　クラーナハの絵でもメイドは彼女の足を洗っておりました。ここもまた多様な解釈が期待されます。

オランダの画家コルネリス（一五六二—一六三八）が一五九四年に描いたものは、アムステルダム

図13　バト・シェバ、メムリング

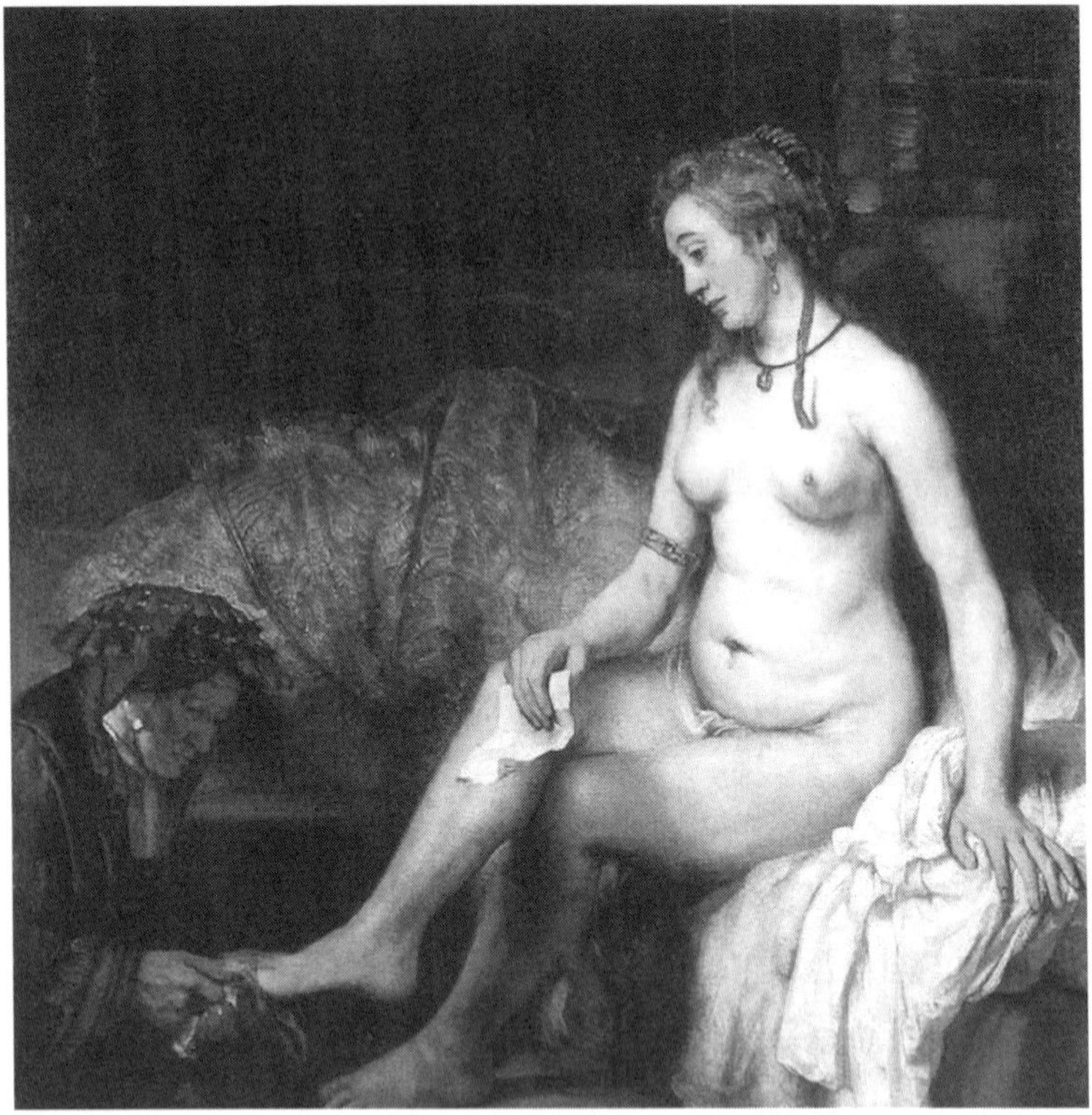

図14　バト・シェバ、レンブラント

図15　バト・シェバ、ルーベンス

の国立美術館で見ることができます。その場面にはダビデが描かれていませんので、少しばかり当惑いたします。バト・シェバの水浴びに奉仕するのは二人の召使いで、ひとりは黒人女です。ここで三人の女が描かれているのは、ローマの「三美神」の伝統を引きずっているからかもしれません。ルーベンス（一五七七―一六四〇）が描くバト・シェバでは、黒人少年がダビデからの恋文を彼女に手渡そうとしております（図15）。背景は、今風にいえば、スターバックスの喫茶店か何かで、バト・シェバは左ひじをカウンターの上にかけております。おっぱいはモロ出しで、両足の覆いもまくし上げられており、はなはだ挑発的です。

セバスティアーノ・リッチ（一六五九―一七三四）は、わたしの知る限り、少なくともダビデとバト・シェバの絵を二点描いております。一枚の絵（図16）では、バト・シェバは四人のメイドにかしづかれる良家の子女といった風情ですが、よくよく目を懲らして見れば、遠方の手すりにダビデがぽつんと描かれております。メムリングの絵と同じです。もう一枚の絵ではメイドの数は一人増えております。ダビデも描かれております。彼はもう我慢できないといった落ち着きのなさで、画面の前景にまで飛び出してきております。彼の目線の行き先を追えば、彼の興奮ぶりが分かろうというものです。

これはロシアの画家ブルロフ（一七九九―一八五二）が一八三二年に描いたものです（図17）。素朴な味わいのある絵で、わたしが気に入っているものです。ところでここまでお見せした沐浴するバト・シェバの絵には黒人のメイドや少年が描かれておりました。黒人がこうした形で貴族社会で使用されていたことが分かります。

図16　バト・シェバ、リッチ

図18　ダビデとウリヤ、レンブラント

図17　バト・シェバ、ブルロフ

先ほど読み上げたサムエル記の一文の最後に「女は身ごもった」とありました。ダビデは、これはヤバイとあわてます。そして小細工を弄するのです。彼は戦場にいたバト・シェバの夫ウリヤを呼び戻して自宅に帰し、彼女と同衾させようといたします。しかし、ウリヤはダビデに忠実な兵士で、仲間の者たちがまだ戦場で戦っているのに、自分だけ楽しい思いをしてはならないと、帰宅のことなどまったく念頭にありません。彼は王宮の入り口で一晩過ごすことになるのです。天晴《あっぱ》れな忠臣ですが、ダビデは頭を抱えてしまいます。

次はレンブラントが描いたダビデとウリヤです（図18）。前面に見えるのがウリヤで、右側の後方に立っているのがダビデです。これはダビデがウリヤを最初に呼び出したときの場面なのか、それとも朝になってダビデがウリヤになぜ家に戻らなかったのかと詰問している場面なのか、それは判然といたしません。どちらをも想像させるもので、それが名画の名画たるゆえんかもしれません。レンブラントのレンブラントたるゆえんかもしれません。

妻と床をともにしないウリヤに怒ったダビデは、戦場の指揮官に、戦いの最前線にウリヤを送り出し、彼を残して全員退却せよと命じます。随分と単純で荒っぽいやり方です。彼はダビデの筋書きどおり戦死いたします。ダビデはその報告を受けて一安心です。バト・シェバを王宮に引き取ります。あるいは王宮に引きずり込みます。それからはだれに遠慮することもなく、です。やがて彼女との間に男子が生まれます。しかし、男子は生後すぐに重い病にかかり亡くなりますが——これは主がダビデに加えた罰なのだそうです——、やがて第二子のソロモンが誕生いたします。ソロモンは次回の講義で取り上げる予定です。

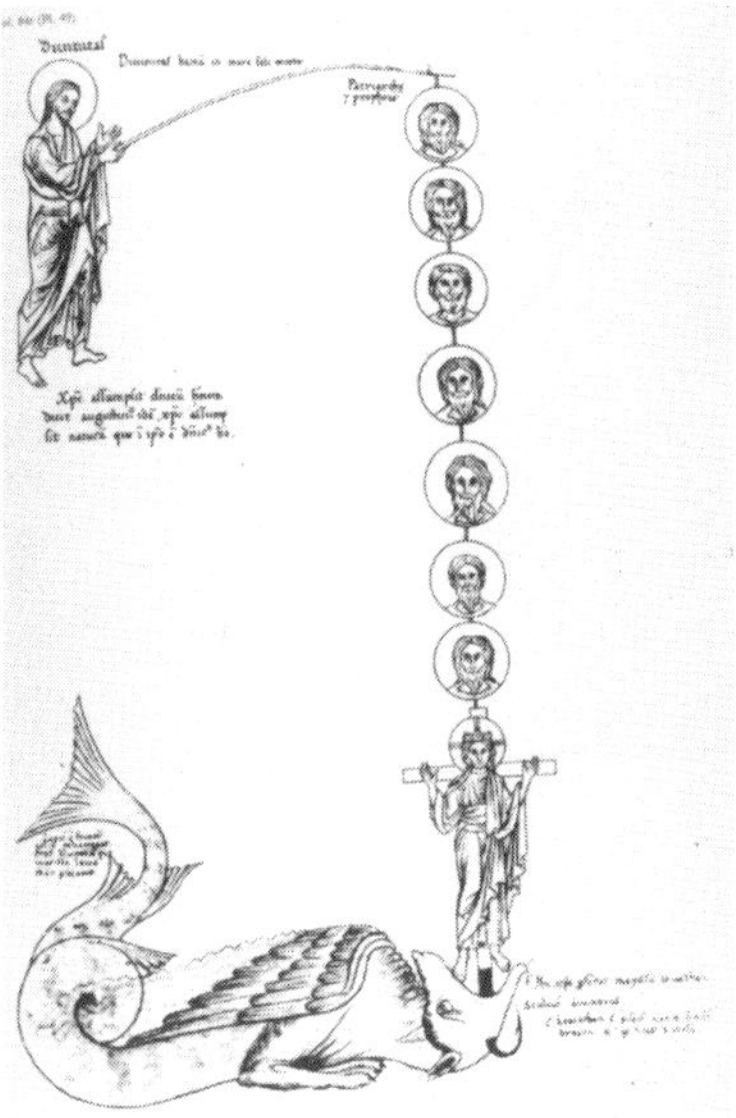

図19　エッサイの木、『喜びの園』から

図20　エッサイの木、『インゲボルク詩篇』

## エッサイ（イェッサイ）の木

最後に「エッサイの木」に触れて今日の講義を終えたいと思います。

「エッサイの木」とはどんな木なんでしょうか？　これは多分、植木屋も知らない木ではないでしょうか？　ロンドン郊外のキュー・ガーデンのような大きな植物園に出かけても見ることはできません。ここでのエッサイ（ギリシア語ではイェッサイ）とはダビデの父の名前なのです。イザヤ書の第一一章の一節と二節に「エッサイの株からひとつの芽が萌えいで、その根からひとつの若枝が育ち、その上に主の霊がとどまる」（新共同訳）とあります。七十人訳ギリシア語では「イェッサイの根から王笏（＝ラブドス＝芽）が出て、その根からひとつの若芽（＝アントス）が伸びる。そしてその上に神の霊が憩う」です。さらにこの同じイザヤ書の第一章の一〇節に「エッサイの根はすべての民の旗印として立てられ、国々はそれをもとめて集う」とあります。このような箇所が後のメシア到来の預言とされるわけですが、その預言はさておき、ここでのエッサイの系譜はオベド、ボアズに遡り、さらに彼から七代ばかり遡りますと創世記のペレツに行き着きます。覚えておられるでしょうか？　ユダが、息子の嫁で後家となったタマルを、彼女が道端で娼婦になりすまして客引きをしていたために、買ってしまって孕ませ、ペレツを産んだ物語を（三八・二九）。今度はエッサイから逆方向に進みます。するとそれはイエスにたどり着くというのです。そこから分かる事実は、人類の救い主の先祖が、実は、ペレツに遡ることです。もちろん、このペレツはアブラハムにまで遡りますから、イエスの先祖はアブラハムに遡ると言えるのですが、みなさん方は、人類の救い主の先祖の系譜の中にユダが道端で引っかけた嫁のタマルが産み落とした子がいることを承知しておられたでしょうか？　身元調査ならぬ先祖調査をすれば、「こりゃまずいよ」ということになります。なるほど、それでだったのですね。イエスの誕生をマリアの「聖霊による身ごもり」という、破格の格上げに改めたのは。世の中、何事にもからくりがあるのです。わたしはからくりを非難しているのではありません。からくりはからくりと認め、その上で……ということなのです。

さて、エッサイ→ダビデ→ソロモン……イエスとくれば、エッサイの子の系統樹をつくりたくなるのは人情です。そのこんがらがった木の絵を、もちろん風景画としてではなくて宗教画として、描きたくなるのは画家の本能です。ロマネスク期の画家たちが競うようにしてそれを描きました。

ここでお見せするのは、釣り竿でイエスの系譜に連なる者たちを釣り上げたものです（図19）。

図21　エッサイの木、フランスでつくられた聖書挿絵

構図としては秀逸です。こちらは一三世紀の初頭につくられた『インゲボルク詩篇』に挿入されたものです（図20）。最後の図像はフランスでつくられた聖書に挿入されたものです（図21）。

今日の講義はこれで終わりにいたしますが、最後にみなさん方にひとつの重要な問いを投げかけておきます。マタイ福音書の系譜は、イエスの先祖がこのダビデに遡ることが重要なことだとしておりますが、ダビデは傑出した女たらしであっても、傑出した王でもなく、またカリスマ的な支配者でもありません。それならば、なぜ、イエスの登場でダビデが引き合いに出されるのでしょうか？　これはわたしにはよく分からないことです。

# 第7講　列王記上——ソロモン物語

梅雨の季節に入りました。毎日鬱陶しい日がつづいておりますが、みなさま方はご機嫌麗しく日々お過ごしのこととお喜び申し上げます。

それでは今日の講義に入りたいと思いますが、口にするのも何ですが、今回の準備はそれは大変でした。今回の主題はソロモンなので、みなさん方にお見せする図像など簡単に集めることができるであろうと高をくくっていたのですが、それがそうではなかったのです。

わたしの手の内を明かしますと、まず最初に主題に関係する図像を片っ端から集めます。一〇〇枚近く集まりますと、それを整理しながら、講義を展開させるための構想を練ります。もっとも楽しい時であり、幸せなひとときです。もちろんそれは、図像が十分に集まったときの話です。ところが、今回は三〇枚近くの図像を集めることができましたが、それがやっとのことだったのです。助手の協力を仰ぎましたがダメでした。四苦八苦の成果だったのです。先週の土曜日、ルネサンス美術をやっている同僚教師に、ソロモン関係の図像はもともと少ないと指摘されて、愕然といたしました。専門家の意見を謙虚に聞いてから、聖書の主題を何にすべきかを決定する大切さを痛感いたしました。同僚によれば、三〇枚集めただけでも上出来だそうです。ダビデ関係の図像などは、二〇〇枚近くは簡単に収集することができました。まだまだ集めることができるのではないかと思っております。しかし、ソロモンは、あと二、三〇枚集めることができれば、これが限度であるとしなければなりません。

## ソロモンの誕生

前回の講義ではソロモンの誕生について触れました。

ダビデは王宮の屋上からバト・シェバの水浴び姿を見ると、春先の犬のように発情し、彼女を召し入れます。そこまではよかったのですが——本当はよくないでしょうが——、彼女は身ごもってしまいます。ダビデは予期せぬ事態に大あわてです。そこで彼は一計を案じ、彼女の夫であるウリヤを戦場から呼び戻してバト・シェバと床をともにさせ、あわよくば、ウリヤが彼女を身ごもらせたことにしようとしたのです。パニックに陥った男の考えそうな浅知恵ですが、それでも最低な筋書きと言わざるを得ません。

ウリヤはダビデの忠臣でした。ダビデはそこを読み誤ったのです。ウリヤは、仲間の者たちが戦場で戦っているときに、自分だけが戦場から戻されて、自分の妻と久しぶりに楽しい夜を過ごすわけにはいかないと帰宅を拒否し、王宮で一晩過ごすのです。ことは筋書きどおりに進行しませんから、ダビデはすっかり頭を抱え込んでしまいます。そこで彼はウリヤを戦場へ送り返し、指揮官に彼を戦闘の一番激しい場所に送り出させ、そこで戦死させます。汚い手を使ったものです。

ウリヤ戦死の報告が届きます。ダビデはしてやったりと、にんまりです。しかし、当然のことながら、バト・シェバは嘆くことになるのですが、喪が明けると、彼女は王宮に引き取られ、そこで男子を出産することになります。ダビデのしたことは主のみ心にかなわなかったために、その子は生まれてすぐに亡くなってしまいます。しばらくすると、ダビデは悲嘆のバト・シェバを慰めるために床をともにいたします。その結果、生まれてきたのがソロモンです。ギリシア語訳サムエル記下第一二章によれば、「彼（ダビデ）は預言者ナタンの手に（ソロモンを）託し、そして主のために、彼の名をイデディと呼んだ」（一二・二五）とあります。ここでのイデディは、ヘブル語聖書では「主に愛された者」を意味するエディドヤに相当するものです。物語では、ソロモン誕生後も、ダビデの活躍がまだまだつづきます。彼の活躍についてはサムエル記下をお読み下さい。

## 老いゆくダビデ

ダビデ王は次第に年老いていきます。

サムエル記下に接続する列王記上の冒頭は「ダビデ王は多くの日を重ねて老人となり、衣を何枚着せられても暖まらなかった」ではじまります。ギリシア語訳では、「王ダウィドは年老いて日を重ねて行った。彼らは彼を何枚もの衣でもって覆ったが、暖まることはなかった」です。日中と夜間の寒暖の差の激しさは砂漠の町エルサレムでも例外ではありません。ダビデはただ、がたがた・ぶるぶると震えるだけです。そこに登場するのが王の知恵者たちです。彼らは王のために若い処女を捜して王と同衾させれば、王の寒さによる震えも止まると考えて、アビシャグという飛びっきり美しい娘を探し出して王にあてがうのです。しかし、その効果はありません。この場面は絵になりそうですが、作例はありません。無いのは当然でした。若い娘が王の寝床にもぐり込んでも何の回春効果もなかったのであれば、絵の一場面にすることなどできないからです。

ダビデ王の晩年には王位継承の争いが起こります。

何しろダビデはあまりにも多くの子を儲けましたから、争いが起こって当然です。ハギトの子アドニヤが王になることを宣言します。わが子ソロモンを王にする約束をダビデから取り付けていたバト・シェバは大あわてです。呆然です。彼女はダビデに訴え出ます。ダビデは約束を守ります。ソロモンはエルサレムの中のギホンと呼ばれる場所に連れて行かれ、その地で祭司ツァドクに聖別され、王と宣言されます。アドニヤは新しい事態の展開に衝撃を受けます。彼はソロモンを恐れていたからです。彼は王位継承の争いから降ります。

列王記上の第二章はダビデ王の最期を記しております。

王はソロモンを呼び寄せますと、「……モーセの律法に記されているとおり、主の掟と戒めと法と定めを守れ。そうすれば、おまえは何を行なっても、どこに向かっても、よい成果をあげることができる……」（二・三）と約束いたします。自分の後継者をこれから亡くなろうとする者がその枕元に呼び、後継者としてのあり方について口にする、これは聖書にしばしば見られる文学的なトポス（類型）ですので、特別なコメントは必要ないかと思われます。

さてこう語った後、ヘブロンで七年、エルサレムで三三年間王位にあったダビデは亡くなります。そして彼は自分のつくった「ダビデの町」に葬られます。しかし、その埋葬場所がどこであるのかは記述されておりません。モーセの場合もそうでした。彼はネボ山で亡くなりましたが、ネボ山のどこに埋葬されたかは記されておりません。土くれから生まれた人間は土くれに戻る（創世記二・七）。まあ、これにもとづいてユダヤ人の死生観は出来上がっていくのですが、わたしは彼らの死生観を好意的に受け止めます。遺骨収集に躍起になるわたしたち日本人の死生観はそれとは別種のものです。

### ソロモン、ダビデの後継者となる

列王記上第三章の一節によれば、ソロモンはファラオの娘を王妃として迎えます。まあ、これは物語なのでしょうが、もしこの結婚が歴史的に事実であって、ソロモン以降の系譜に誤りがなければ、はるか後の時代のイエスにもエジプトの血が流れていたことになります。結構なことだと思われますが、イエスを神の子としてデビューさせようとする福音書記者にとっては、これは頭を抱える事実となります。そのためにも聖霊という小道具が必要だったのかもしれません。聖霊によって生まれた子であれば、エジプトの血とは何の関係もなくなるからです。

さて、この時点ではまだ、ダビデによってはじめられた神殿建設が続行しております。民はまだ聖なる高台で偶像に犠牲を献げております。列王記上の第三章によれば、「ソロモンは主を愛し、父ダビデの授けた掟にしたがって歩んだが、彼も聖なる高台でいけにえを献げ、香をたいていた」（三・三）とあります。これでは民も偶像崇拝をつづけるはずです。

こちらはトーラの写しを読んでいるソロモンを描いた彩飾写本の挿絵です（図1）。北フランスからのもので、制作年代は一二七八年とされております。

聖書によれば、イスラエルの王制はサウロにはじまりますが——サウロが王に即位したのは紀元前一〇二〇年ころとされます——、聖書は、王を必ず間違いを犯す人間として描いているように見えます。この挿絵に見られるように、ソロモンが実際トーラの巻物を読んでいたのか、その辺りのことは分かりませんが、統治する者にトーラの巻物を読ませる絵は、それを見る者に、王でさえ導きを必要としていることを教えるものになるかもしれません。とまあ、こう勝手な想像をいたしますと、カトリックの教皇はどうなのかと考えてしまいます。トーラや新約文書の巻物を読んでいる教皇の姿がこれまで描かれることがあったでしょうか？　突飛な想像ですが、多分突飛すぎるものだと思われるでしょうが、教皇は神の代理人ですから、トーラの巻物など読まなくてもかまわない

図1　トーラの写しを読むソロモン、北フランスでつくられた彩飾写本（旧約聖書）

とされているのではないでしょうか？　「あんたが絶対的な権力だよ」というわけです。トーラや、旧約聖書、あるいは新約聖書を読む教皇図がありましたら、この不勉強なわたしにお教えください。

## ソロモンの大岡裁き

列王記上第三章はソロモンが知恵ある人物であることを強調し、その証拠としてひとつの事例を持ち出します。それはみなさん方のだれもが聞いたことのある、王の大岡裁きです。

その書き出しは「そのころ、遊女が二人王のもとに来て、その前に立った」ではじまります。遊女の身分で王のもとに訴えに行くことができるか、とあまのじゃくのわたしは冒頭から首をかしげてしまいます。なぜ彼女たちは最初、自分たちが身を寄せている置屋《おきや》のヤリ手婆《ばばあ》に相談し、決着をつけてもらわなかったのでしょうか？　なぜ彼女たちは町の長老たちのもとに出かけて訴えなかったのでしょうか？　裁判がまだ制度として確立されていなかったときの長老たちの存在は、まさにこうした民の訴えを聞いてやることであったはずですから、彼女たちは町の城門の入り口かどこかに立って顧客（クライアント）待ちしている長老たちのもとへ行くべきだったのではないでしょうか？　まあ、これはお話ですから、これ以上目くじらを立てるのはやめましょう。

物語によれば、二人の遊女が、ほぼ同じ時期に出産いたします。

ある晩のことです。二人のうちの一人が誤って生まれたばかりの子を死なせてしまいます。つまり、朝起きて乳を飲ませようとわが子に手をかけようとすると、死んで冷たくなっている子が自分の胸にあったというのです。二人の間の言い争いは王の前でも再現されます。どちらもが「いいえ、死んだのはこちらさんの子で、生きているのがわが子です」と大声をあげて言い張ります。きゃんきゃんと吠えたてます。うるさくてしょうがありません。王は側近の者に剣をもってこさせ、生きている子を半分に裂き、半分を一方の女に、他の半分をもう一方の女にやるようにと命じます。峻厳ですが、見事な平等主義です。これぞ王にもとめられる資質であろうかと思われますが、ここで生みの母親の情がこの平等主義と峻厳主義に膝を屈してしまうのです。生きている子の母は、わが子を哀れむあまり、「王さま、お願いです。この子を生かしたままこの人にあげてください。この子を絶対に殺さないでください」と哀訴嘆願します。しかし、一方の女は、王の提案を結構な提案だと受け入れるわけです。そして王はこのとき、どちらが生きている子の母親であるかを瞬時に見抜くのです。第三章の二八節はこの物語を次の言葉で締めくくります。「王の下した裁きを聞いて、

図2　ソロモンの大岡裁き、英訳詩篇挿絵

イスラエルの人びとはみな、王を畏れ敬うようになった。神の知恵が王のうちにあって、正しい裁きを行なうのを見たからである。」

この大岡裁きのパフォーマンスほど民に好まれるものはありません。

またこの裁きのスタイルほど、民衆の好意と敬意と信頼を勝ち取るための格好なものはありません。わたしたちを統治してくれる王は知恵あるお方だ、どこまでも公平だ、だから安心して統治を委ねることができる、ということになるわけですが、ここでの真の知恵者はソロモンではなくて、この手の話をつくりだしてそれを民の間に流した王の側近でしょう。その知恵ある側近が、王に嘘をついた方の遊女を打ち首にさせなかったのは幸いです。なぜならば、もしそうさせたのであれば、ソロモンは知恵ある王であるが、同時に峻厳・冷酷の実践者であると警戒されてしまうからです。物語の読み手（聞き手）である民衆を凍らせてはなりません。

ところで、昔出版された『ユダヤ民話40選』（小脇光男ほか訳、六興出版）に「ラビの名裁判」と題した民話が収録されております。ギリシアのサロニカで収集されたその土地の生んだラビ、サウル・モルホーによる民族の境を超えた公平な裁判ぶりを後の世代に伝えるためにつくられた民話だと思われますが、この背後にソロモンの大岡裁きがあるようです。一読をお勧めいたします。もうひとつ余計なことを申し上げます。日本の宗教界にも「知恵ある民衆指導者」がおられると聞いております。外国の大学から何十という学位をもらって喜々としているばかりか、勲章などを含めてその数が二〇〇に達したということでお祝いをしたというニュースを最近耳にしましたが、この品格ある「福相」の人と一度でいいですから対談してみたいと願っております。どんな知恵の持ち主

図3　ソロモンの大岡裁き、ヘブル語聖書への挿絵

図4　ソロモンの大岡裁き、ジョルジオーネ

であるのか知りたいからです。

さて、この大岡裁きの場面は絵になりました。

最初に写本の挿絵。ケンブリッジ大学のセント・ジョン・コレッジが所蔵する英訳詩篇（一三世紀）の挿絵にその場面が見られます（図2）。二人の母親の目つきからして、ソロモン王の前で赤ん坊を抱いているのは、その子の真の母ではないでしょう。赤ん坊の顔の向きがそれを示唆いたします。ここでは王が剣を手にしております。これから王の右にいる側近の者にその剣を振り落とさせようとしております。エルサレムのイスラエル博物館が所蔵するヘブル語聖書の挿絵にも見られます（図3）。なかなか素朴なもので、わたしのお気に入りです。わたしは一度だけ展示されている原本を見たことがあります。ラッキーでした。今行っても見れるかどうか……。盛期ルネサンスのヴェネツィア派の画家で、近代絵画の始祖のひとりと数えられるジョルジオーネ（一四七六―一

図５　ソロモンの大岡裁き（1620年作）、ヴァランタン

五一〇）も作品を残しております（図４）。右端に玉座のソロモンが描かれておりますが、それが描かれていなければ、村はずれでの民衆裁判の絵と化します。

わたしの知るかぎり、ラファエロ（一四八三―一五二〇）は二点の作品を残しております。最初のものは一五一〇年のもので、二番目のものはそれから八年後の一五一八年のものです。前者の作風と後者のそれは随分と違います。それもそのはず、ヴァチカンが所蔵する後者のフレスコ画は正確にはラファエロの助手の一人が制作したものだからです。前者には六人の登場人物――死んだ子をも含めて――がいずれも力強く描かれておりますが、後者にはその力強さが欠けております。

北方バロックの代表とされるルーベン

図6　ソロモンの大岡裁き（1626年作）、ヴァランタン

ス（一五七七―一六四〇）はなかなか力強い作品を残しておりますが、そこに登場する二人の女性は、見る者に、娼婦ではなく、名家《めいか》の女性のような印象を与えます。名家の女性は人前での争いを好みません。それははしたないものだ、という教育を受けているはずです。

ここでお見せするのはフランスの画家ヴァランタン（一五九一―一六三二）がローマで制作したものです（図5、6）。比較のために二つの作品を並べてみます。二つは酷似しております。そのため、最初のものは長い間、ヴァランタンの作品の模写だとされてきましたが、現在ではそうでないとされております。

第一のものは、中央にソロモンが描かれておりますが、右と左に二人の女性と二人の男性が配置されておりますから、ソロモンは画面を左右に分ける対称軸の上に立っているかのような印象を見る者に与えます。

第二のものは、右に男性を二人配置することにより、第一のものに見られた対称性が崩されております。両方の絵に見られる右側の母親の手の動きに注意してください。彼女は胸に手を置くことで、生きている子の真の母親であることを見事に示しております。では、左の女性はどうでしょうか。彼女の目つきにも注意してください。それは彼女の左にいて剣を構えている男に生きている子を積極的に差し出すときの目つきです。その目つきこそは彼女が真の母親でないことを示しております。彼女が抱いている赤ん坊の視線は母親の方に向かってはおりません。これも彼女が真の母親でないことを示唆するものとなっております。両者の間に認められる明暗の配分はどうでしょうか？　前者の方が明暗がはっきりとしておりますが、後者の方は洗練されているという指摘がなされております。なお、このフランスの画家はローマでカラヴァッジオの作品を多数目にして、その影響を受けているとの指摘もあります。

## ソロモン、神殿を建てる

ダビデは三〇歳のとき、ヘブロンと呼ばれる町でイスラエルとユダの統一国家の王となると、そこからエルサレムに向かい、エブスびとが住むその土地を占領し、シオンの要害を陥れます。ギリシア語訳サムエル記下の第五章によれば、「ダウィド（ダビデ）は要害に住み、そこはダウィドの町と呼ばれた。彼は要害の周辺に町を築き、また自分の館を築いた」（五・九）とありますが、ここを真の都としたのはソロモンです。彼こそはエルサレムを国家宗教の中心に位置する都へ変貌させるのです。

ダビデは、その勲功から判断すると、すぐれた軍事指導者であったようですが、ソロモンは行政や外交に大きな手腕を発揮したようです。彼は国庫につねに税金が流れ込むシステムをつくりあげました。彼はその金を潤沢に使用して、「ソロモンの神殿」として知られる神殿を完成させるのです。この神殿建設の計画はダビデによってなされたものですが、ソロモンは即位四年目に神殿建設を開始し、六年の歳月をかけて一一年目に完成させます。この神殿建設は王国の歴史にとって非常に大きな出来事であっただけに、列王記上の第六章の冒頭は、「ソロモン王が主の神殿の建築に着

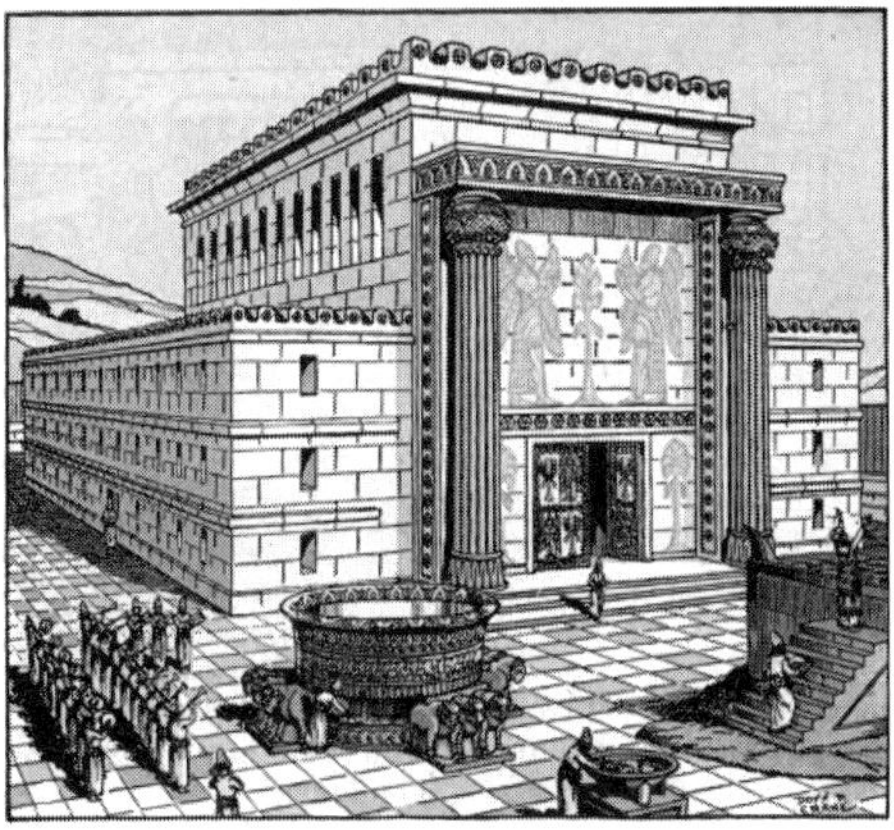

図7　ソロモンの神殿

図8　ソロモンの神殿、フーケ

手したのは、イスラエルびとがエジプトの地を出てから四八〇年目」（六・一）の出来事であったと記録します。それはエジプトの地を出立した以降の大きな出来事であったのです。神殿の建築の詳細はこの第六章に記述されております。研究者はそれにもとづいてその神殿を想像し、さまざまな図面を描いてきたわけです。

まずお見せするのはこれです（図7）。神殿は切石を積み上げてつくられたものです。神殿の前にある洗盤ですが、それは東西南北に頭を向けている、計一二頭の雄牛の像で支えられております。この洗盤は祭司たちの身の清めのために使用されるものです。神殿で奉仕をする祭司やレビびとたちは、ここで体を清めねばならなかったのですが、この図面で不満なのは、水を引いてくる導水管も、また汚水を神殿の外に出す導水路もそこには描かれていないことです。右側に階段がついている建造物は、犠牲を焼く祭壇でしょうが、ここでも犠牲の動物の血を祭壇の外に落とすダクト類が描かれておりません。

これはフーケ（一四二〇頃―八一頃）の描いたものです（図8）。彼は重量感のある描き方をいたします。これも例外ではありません。このフーケはヨセフスの著作である『ユダヤ戦記』や『ユダヤ古代誌』の挿絵画家としても知られており、そちら方面の研究もイスラエルの学者によってなされております。

## ソロモン、宮殿を建てる

列王記上の第七章によりますと、ソロモンは神殿を完成させると、次に一三年の歳月をかけて宮殿を築きます。神殿を建ててから宮殿の建築、これこそは為政者として守るべき建築の順番です。豪華な宮殿を建ててから、失業対策事業の一環として神殿でも建ててみるかでは駄目です。後の時代のヘロデはその点で失格者なのですが、彼はローマの権力を盾にした専制君主でしたからそれが可能でした。

この宮殿建築ではレバノン杉がふんだんに使用されたようです。「レバノンの森の広間」と呼ばれる広間には四五本の杉の柱が立てられたと記されております。どんな広間なのでしょうか？　万博か何かのイベント会場のようなものでなければ幸いです。彼が裁きを行なう「玉座の広間」とか「裁きの間」の床全面にもレバノン杉の板が張られたと記されております。わたしは一度だけですけどシリア経由の軍事道路を使い、何度か民兵の検問にひっかかりながらベッカー高原を登り、そこからレバノンへ下りて行ったことがありますが、そのときこの高原が良質の野菜や果物（そして麻薬）の供給場所となっていることをはじめて知りました。ベッカー高原とくれば、日本の赤軍派ですが、そこは革命の予備軍の供給基地にとどまってはいなかったのです。

さて、そのときわたしはレバノン杉の生育状況を知りたくて、それが生えている冠雪の山の中に分け入りました。途中の街道沿いにレバノン杉の苗木を売っている店を見て驚き、あれを何とかして京都の北山あたりで生育させて、大きくできないものかとお節介にも考えました。レバノンにおいてもこの杉は圧倒的に少なくなっているからです。

さて神殿が完成されますと、その中に契約の箱が持ち込まれ、そして安置されます。列王記上の第八章によれば、「箱の中には石の板二枚のほか何もなかった。この石の板は、主がエジプトの地から出たイスラエルびとと契約を結ばれたとき、ホレブでモーセがそこにおさめたものである」(八・九)そうですが、もしかしたら、開けてびっくり玉手箱ならぬ契約の箱であって、中には何も入っていなかったかもしれません。この箱が置かれたのは神殿の中の至聖所と呼ばれる場所で――「至聖所」は「聖なるものの中の聖」とか「足を踏み入れてはならぬ場所」と表現されます――、大祭司を除いては誰も足を踏み入れることのできぬ場所でしたから、箱の中身の有無などはだれも確認はしていないのです。しかも、大祭司が至聖所に入ることが許されたのは、一年に一度、贖罪の日だけだったのです。

列王記上の第八章によれば、神殿のオープニング・セレモニーでは「和解の捧げ物として牛二万二〇〇〇頭、羊一二万匹をささげた」(八・六二)とあります。みなさん方にお伺いいたしますが、こういう数字をどう思われますか?

やすやすと数の詐術にひっかかってはいけません。これだけの数の牛や羊をかき集めることなどできるわけがありません。屠ることもできません。聖書に見られる数の誇張は「聖書の伝統芸」であると、わたしはつねづね声を大にして申し立てておりますが、ここの数もその例外ではないのです。神殿の中庭かどこかで屠れる犠牲獣は、せいぜい一〇頭かそこらでしょう。もしかしたら、二頭か三頭であったかもしれません。『シバの女王』(邦訳、紀伊国屋書店)を著したニコラス・クラップは、「ソロモンの時代のエルサレムは要衝ではあったものの、辺鄙な土地の要衝にすぎず、平屋の住居や天幕が一カ所に固まっているほかは、宮殿と寺院(=神殿)が荒涼たる山の尾根にひとつ建っている程度だったのだろう。人口は九〇〇～一二〇〇人、五万平方メートルもない町だったはずだ」と述べております。わたしも多分そんなところではないかと思います。こういう指摘にもとづいて、聖書の誇張を考えてみるのも面白いものです。ソロモンの神殿や宮殿の記述も見直したいものです。本当に至聖所などもあったのかと、疑ってみることも大切です。

では、なぜ彼らは誇張したのでしょうか？

その目的は何だったのでしょうか？

もし列王記がはるか後の時代にまとめられたものであるのならば、バビロン捕囚の影響がそこにあるのでしょうか？　彼らがバビロンの都で目にした華やかな神殿や宮殿がここでの記述に投影されているのでしょうか？　それとも他の可能性をも想像すべきなのでしょうか？　その可能性については最後に触れます。

ソロモンの神殿は紀元前五八七年にバビロニア人によって破壊されますが、既述のように、それまでここがユダヤ民族の宗教的祭儀の中心となります。つまり中央聖所としての役割をはたすことになります。

ソロモンは勢いの人でした。

事業家が成功するかどうかは、その人に勢いがあるかどうかにかかっております。ソロモンは神殿と宮殿を造って満足したのではありません。彼はさまざまな事業に手を出し口を出します。事業拡大論者であったようです。そして、物語によれば、それがすべて成功するのですから、その評判は広がります。事業家としての彼の評判ばかりか、知恵ある者としての彼の評判を聞いて訪ねて来る人が、後を絶たなくなります。少なくとも、そういう物語が生まれます。シバの女王もソロモンのもとを訪ねた者たちの一人とされます。

## シバの女王の来訪

列王記上の第一〇章（＝歴代誌下の第九章）によりますと、シバの女王は難問をもってソロモンを試そうと、大ぜいの随行員と一緒に、ラクダに乗ってエルサレムにやって来ます。ソロモンは彼女があらかじめ考えてきた難問にすべて解答します。彼女がどんな難問を彼に浴びせたのか、そして彼がどう答えたのか、肝心な所は書かれておりません。常識的に考えれば、シバの女王は難問をぶつけるために、砂漠の中の死と隣り合わせの旅をしてきたとは思われません。彼女は、多分、お国の繁栄のために通商交渉か何かでエルサレムにやって来たのだとも一応考えられます。そう想像する研究者は少なくありません。もっとも、この物語を読み進めて行きますと、細部がまったく詰められていないことに気づかされます。シバは国名なのか、部族名なのか――シバの女王について再話したヨセフスは『ユダヤ古代誌』第八巻の中で、彼女を「エジプトとエチオピアの女王」（第八巻一六五節）としております。列王記上の第一〇章の一節以下や歴代誌下の第九章の一節以下では「シバの女王」で、七十人訳では「サバの女王」です。

少しばかり脱線いたしますが、一般にシバはアラビアの一部、イェーメン辺りではないかと想像されたりしますが、これはあまりあてにはならない想像です。道中の旅の様子はどうであったのか、どのような手続きで女王はソロモンに会うことができたのか、女王が携えた手土産は何だったのか、ソロモンの歓待ぶりはどうであったのか、王はこの遠来の客に手を出したのかどうか――それにつ

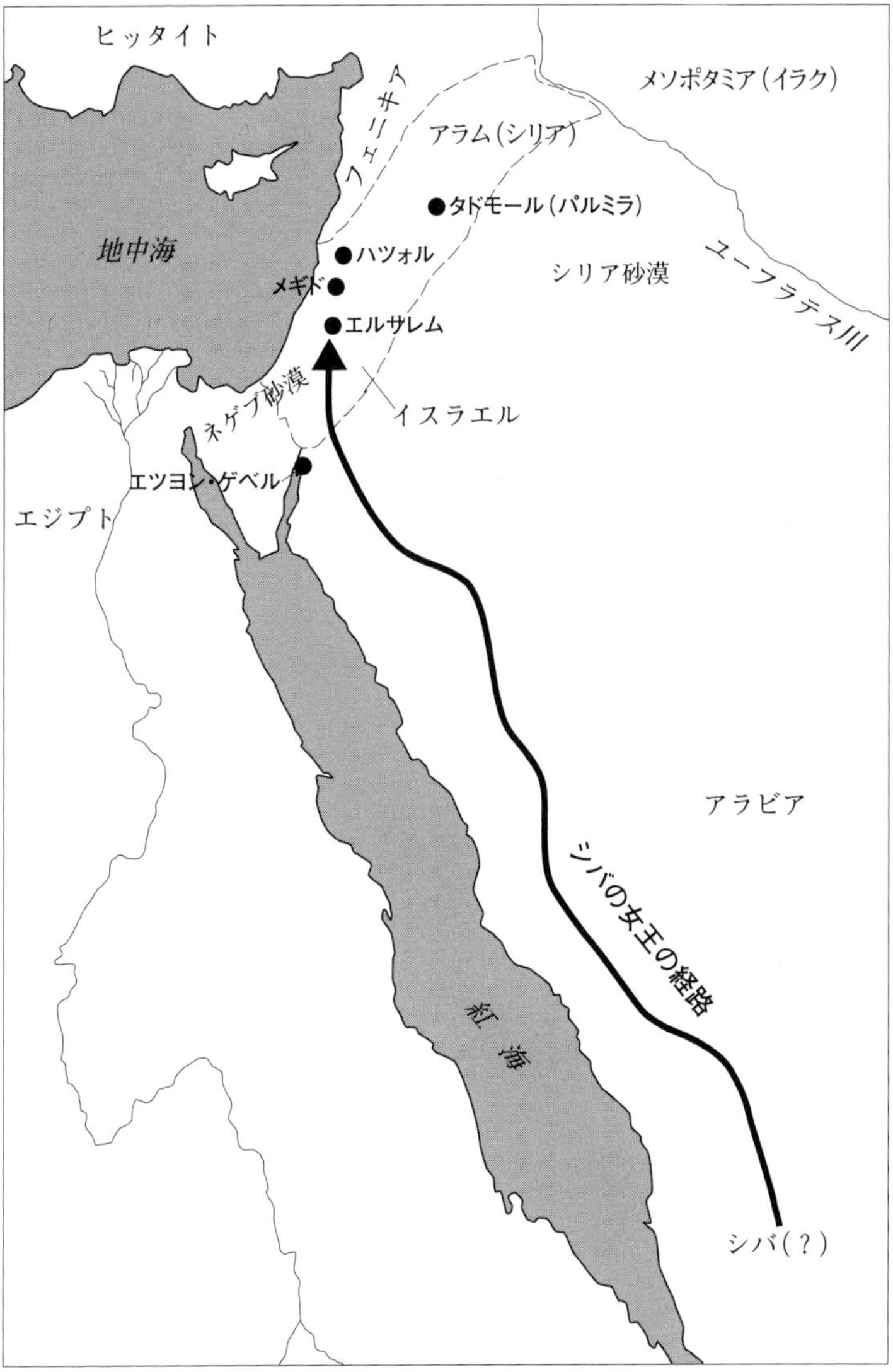
ヒッタイト
メソポタミア（イラク）
フェニキア
アラム（シリア）
タドモール（パルミラ）
地中海
ハツォル
メギド
シリア砂漠
ユーフラテス川
エルサレム
ネゲブ砂漠
イスラエル
エツヨン・ゲベル
エジプト
アラビア
シバの女王の経路
紅海
シバ（？）

図9　シバの女王の旅路

いては先に進んでから述べます——、これらの詳細はひとつとして語られていないのです。ということは、ソロモン王宮のパブリシティ担当者が、大岡裁きと同様、この物語をもつくって流布させた可能性は高いのです。ですから、ここでは荒唐無稽だが、それなりにすてきな物語として読んでまいりましょう。

さて、エルサレムにやって来た女王は、ソロモンの知恵と彼の建てた宮殿を目の当たりにして仰天し、王に次のように申します。聖書から女王の言葉を引いても面白くないので、ヨセフスの『ユダヤ古代誌』第八巻に見られる彼の再話の言葉を引いてみましょう。お時間がありましたら、後で比較してください。

「王よ、すべては噂で知っておりましたが、(実際に見るまでは)信じられませんでした。あなたが内にもっておられるよきもの、つまり、あなたの知恵と理解力ですが、それと、王権があなたに授けるよきものについての評判は、ともにわたしたちの耳に入っておりました。そして、それはまちがいなく真実でございました。それどころか、それは、今こうして繁栄を目の当たりにいたしますと、はるかに評判以上のものでございます。

噂というものは、俗耳に入るだけで終わり、実際にここに滞在して目の当たりするまでは、王国の威勢を十分には教えてくれませんでした。白状いたしますと、わたしは自分のところにくる報告を信じておりませんでした。話があまりにも大げさすぎるように思われたからです。しかし、わたしは実際に噂以上のものを見たのでございます。

図10　シバの女王の船出、クロード・ロラン

わたしはヘブルびとの民は幸福だと思います。あなたのしもべや友人のお方も同様です。毎日あなたに拝謁し、あなたの知恵にたえず耳を傾けることができるからです。ひとはこの国をかくも愛された神と、あなたを王にしたこの国の住民を祝福するでしょう。」（第八巻一七一—三節）

ソロモンはシバの女王に、彼女が願うものは何でも望みのまま与えます。そして、彼女とその一行は「故国に向かって」帰って行きます。

先に掲げた地図はシバの女王物語が史実であると信じるおバカな研究者が想像する旅路を示すものです（図9）。この地図の描き方はなかなか興味深いものです。一本の直線ではなくて、うねうねとした線で出発

点と到達点を結んでおります。聖書は、このときの旅の交通手段・運送手段を「駱駝」としているため、その旅は砂漠経由であったと無邪気に想像されたりするのですが、風景画家としてもてはやされたクロード・ロラン（一六〇〇―八二）は、その旅を砂漠の旅から船旅に変えてしまいます（図10）。大胆すぎます。びっくり仰天です。この絵はロンドンのナショナル・ギャラリーで展示されておりますが、どの絵の隣りに置かれているでしょうか？　この「シバの女王の船出」と題する作品は、実は、雨の中を驀進してくるグレート・ウェスタン鉄道の蒸気機関車を描いて有名なターナー（一七七五―一八五一）の作品「雨、蒸気、スピード」の隣りに置かれているのです。わたしはこれまで何度もその二つの作品を目にしてきましたが、なぜこの二つが並置されているのか考えてもみませんでした。しかし最近読み直した『ターナー』（千足伸行訳、美術出版社）と題する本は、生前のターナーが自作をこのクロードの作品の隣りに置かれるのを望んでいたというのです。なぜ彼がそれを望んだのか、その詳しいことは書かれておりませんが、ご承知のように、風景画家としてターナーは己の才能や力量が他のすべての画家のそれにまさると信じていた野心家でしたから、その野心が一目置くクロードの作品との並置を望ませたのかもしれません。

では、シバの女王がエルサレムに到着し、ソロモン王を訪ねる場面を見てみましょう。

最初のものはホルバイン以前のスイスの最大の画家と評されるヴィッツ（一四〇〇―四四）のものです（図11）。ベルリンの国立美術館で展示されております。女王は王に土産を手渡そうとしております。この二人の顔には何かエキゾチックなところがあります。女王のオリエント的な顔に知性と、エルサレムまで訪ねてくる意思の強さや好奇心の強さを見て取ることができます。女王の装束

図11　ソロモンとシバの女王、ヴィッツ

の色ですが、頭を覆うものは白で、着衣は赤、その上に羽織っているものは青です。色彩の構成は、白、赤、青と単純で明快です。ソロモンの帽子や着衣の色彩の構成も明快です。この単純な色彩構成と背景に塗られた金色が二人の人物の輪郭をいやがおうでも際立たせるものになっているのです。彼らの知性も併せて際立つものとされております。それにしてもシバの女王が持参した土産は何なのでしょうか？　気になります。サソリの精力剤だったりして。

フィレンツェのサン・ジョヴァンニ洗礼堂の「天国の門」と呼ばれる扉にもソロモンがシバの女王を接見している場面が描かれております（図12）。制作者はギベルティ（一三七八―一四四五）で、その制作年代は一四二五―五二年です。この場面では王と女王の二人は起立して、手を取り合っております。対等の関係です。背後の建造物はソロモンの神殿なのでしょう。画面には馬が描かれております。女王がエルサレムまで乗ってきた動物はラクダでしたが、ここではそれが馬になっております。聖書によれば、ソロモンは馬の保有でも有名でしたから、それをここで二頭の馬で象徴的に表しているのかもしれません。

ピエロ・デッラ・フランチェスカ（一四一〇―九二）は、アレッツォのサン・フランチェスコ聖堂のアプシス（後陣）にフレスコ画で、聖十字架伝説にまつわるさまざまな場面を描いております。これは聖木の前にぬかづくシバの女王です（図13）。この木は後になってイエスが架けられることになる木なんだそうで、そのため「聖木」と呼ばれております。間違っても、東南アジアのどこかから輸入された新建材だなどと口をすべらせてはいけません。

次はソロモンが女王を接見する場面です（図14）。わたしの同僚である諸川春樹さんが訳された

図12　ソロモンとシバの女王、ギベルティ

マリリン・A・レーヴィン著の『ピエロ・デッラ・フランチェスカ』（岩波書店）は「ここでシバはソロモンに対して前にかがみ、体を低くして、彼の知恵がまさっていること、そして『列王記』（一〇・八―九）にあるように、彼が神に指名されたことを認めている。フランチェスコ会の壁画連作において、彼女は当時の東方の異邦人、すなわちイスラーム教徒（当時は「異教徒」と呼ばれていた）の役割を与えられる。教皇とフランチェスコ会の勝手（な解釈）をゆるすならば、彼女らは十字架の木を認め、それに頭を垂れてカトリックに服従したわけである」と説明しております。さすがに一流の美術史家です。その見事な説明に脱帽してしまいます。実は、わたしはこのレーヴィンさんにお会いしたことがあるのです。ある年エルサレムで開催されたユダヤ美術史学会に諸川さんと出席したことがあるのですが、確か、大統領に接見する機会があって、大統領府で紹介されたのです。彼女も旦那もジーパン姿です。ジーパン姿で大統領に会うのですから、これぞアメリカンですが、いい度胸をしております。

ここでのシバの女王はソロモン王にたいして、少しばかり身をかがめた姿勢を取っておりますが、なぜ全面降伏の象徴である跪拝の姿勢を取っていないのでしょうか？　シバの女王と握手しているソロモン王の表情が冴えないのはなぜなのでしょうか？　二日酔いだったのでしょうか？　シバの女王の随行員は全員女性ですが（図15）、その誰ひとりとしてソロモンにたいして頭を垂れていないのはなぜなのでしょうか？　シバの後ろに控えている緑色の服を着たお付きの女性は、その左手を腰に当てております。シバの女王が服従の姿勢を取っているならば、彼女のお付きの者たちは彼女以上にそれを示さねばなりませんが、それがここでは示されていないのです。ここでレーヴィン

図13　聖木にぬかづくシバの女王、ピエロ・デッラ・フランチェスカ

図14　シバの女王を接見するソロモン、
ピエロ・デッラ・フランチェスカ

女史が正しくも指摘するように、イスラーム教徒とされたここでのシバがカトリックに服従したというのは、まったくカトリック側の身勝手な解釈だと思われます。なお、これは最近知ったのですが、ここでの連作で描かれているソロモンの顔は、実は、ピエロ・デッラ・フランチェスカの数少ない自画像のひとつなんだそうです。この浮かない顔も画家本来の顔だったのですね。

少しばかり脱線いたしますが、サン・フランチェスコ聖堂のアプシス（後陣）の正面の右下には、コンスタンティヌスが空中に顕現する十字架の夢を見ている場面が描かれております。彼は夢から覚めると、十字架をつくり、その十字架を身に帯びてマクセンティウスとの戦いに臨んで勝利するのです。わたしはこの聖十字架伝説の種もととなったエウセビオスの『コンスタンティヌスの生涯』（京都大学学術出版会）を訳出しておりますので、詳しいことを知りたい方はそちらをおもとめ下さい。

次はホルバイン（一四九七―一五四三）の作品です（図16）。縦三〇センチ、横一八センチの羊皮紙に描かれたもので、ウィンザーの王室図書館が所蔵するものです。ソロモン王は玉座に座っており、その下にシバの女王が描かれております。彼女の随行員の左半分は女性で、右半分は男性で、その男性たちは各種の土産を差し出そうとしております。

ここで描かれているソロモンをよーくご覧ください。この時代の重要な人物に似ていないでしょうか？

この人物はホルバインがかなりの数描いているチューダー朝のイギリス国王ヘンリー八世（一五〇九―四七）なのです（図17）。この国王は、厚かましくも自分をキリストの先駆けであるソロモン

図15　シバの女王の随行員、ピエロ・デッラ・フランチェスカ

と見なしておりましたから、ここでホルバインがソロモンの座にヘンリー八世を座らせてみせたところで、何の不思議もないのです。ここで申し添えておきますが、ヘンリー八世は六人の妻をもちましたが、ソロモンにはかないません。

ところでこのヘンリー八世を描いたホルバインですが、この国王の肖像画を何枚も描いていることから分かるように、彼はバーゼルに最初アトリエを構えておりましたが、遠近を問わず金持ちのパトロンをもとめて絵を描いたのです。困窮の中から身を起こした画家ですから、富と名声を執拗に追い求めました。チューダー王朝の研究者デレク・ウィルソンは彼を、「絵画史上、権力にもっとも奉仕した画家」とこき下ろしております。彼は時代の動向を的確に嗅ぎ取る独特の嗅覚をもち、パトロンからパトロンへと渡り歩いたのです。画家とパトロンの関係や画家と批評家の関係を論じるとき、見落とすことのできぬ人物です。

脱線しました。元に戻ります。

比較のために、もう一度前の作品に戻ります（図14）。これは小さなことかもしれませんが、この作品の下段に「レギーナ・サバ」とラテン語の表記が認められます。これはもちろん「サバの女王」の意ですが、サバという表記は、すでに指摘したように、七十人訳ギリシア語聖書に由来するものです。ところでヨセフスは『ユダヤ古代誌』第二巻で、モーセがエチオピア遠征で、エチオピアの王の娘タルビスに惚れられ彼女と結婚したとする民間伝承を伝えておりますが、彼はそこでサバをエチオピアの王都と見なしております（第二巻二四九節）。ヨセフスはシバの女王の物語を再話するにあたっては、彼女を二度ほど「エジプトとエチオピアを支配していた女王」と述べておりま

図17　ヘンリー八世、ホルバイン

図16　シバの女王を接見するソロモン、ホルバイン

すから、シバをエチオピアと理解していたように思われます。

次の画像はどうでしょうか？

わたしが気に入っている作品です。エチオピアでつくられたパネル画です（図18）。このパネル画はシバをエチオピアとするエチオピアの伝承にもとづくもので、ここではその王女の旅の途次、ソロモンとの接見、そしてソロモンと同衾の場面などが全部で三一コマの中に押し込まれております。われわれの目からすれば非常に漫画チックなものですが、それだけに楽しいものです。それぞれのコマにはその内容を説明する短い文章がエチオピア語で入れられております。それが読めないのが残念ですが、絵からだけでもその内容が察せられる場面はいくつもあります。たとえば、上から三段目の左から三番目のコマからはじめてみましょう。エチオピアを出発する王妃の頭に冠が置かれております。その右隣りはナイル川を北上する王妃の一行です。ピラミッドが見えます。エジプトにはたくさんのピラミッドがありますが、どのピラミッドなのでしょうか？船から下りた一行は、エルサレムに到着する前に、ネゲブ砂漠を横断しなければなりません。彼らは天幕持参です。上方に描かれている少し大きめな天幕の中に女王がいるはずです。前景の白の天幕は彼女のお付きの者たちのものです。

エルサレム到着です。

女王はソロモンとの接見が許されます。その晩でしょう、王は歓迎の宴を催します。このウェルカム・パーティでは、左端にソロモンが描かれておりますが、女王は見あたりません。多分、彼女は右端に座っていると想像しなければなりませんが、左から三番目が女王かもしれません。彼女のお付きの者たちも招待されているようです。食事が終わった後で、王は彼女を別室に案内し、そこで一杯、また一杯と盃を重ねて打ち解けていきます。二人ともイイ気分になります。女王はお国の阿波踊りか何かを王に披露し、王はそれに調子を合わせるのですが、何しろはじめてのエチオピア流の踊りですから、なかなか手がついていけません。

やがて就寝の時間となります。女王の女官長は何やら女王にささやいております。王からお誘いがあれば、断らないようにと、暗に女王に、そのときその場に必要な作法を教えているようです。ここでの女官長はやり手婆《ばばあ》に見えなくもありません。女王は着衣を脱ぎ捨てて、誘いの手が伸びてくるのを今か今かと待ちます。予想どおり、いや期待どおり、王から誘いの手が伸びてきます。ここでの王は口ひげなどをたくわえた、小金持ちの中小企業の社長《おっちゃん》の風情です。女王の左手にはワ

図18　シバの女王の旅

イン・グラスが置かれております。どうやら酔った勢いで、王に身を任せようとしているようです。

女官長はシナリオ通りにことが運んで手を打って喜んでおります。

王は女王の所へ潜り込んできます。女官長は寝たふりをして、ことの進行を息を殺して見守っているかのようです。次のコマで、王が手にしているのは知恵の輪ではありません。これは二人が結ばれたことを象徴的に示すものと思われます。

エチオピアの民間伝承にとって重要な場面は、実は、女王がソロモン王と同衾する場面なのです。エチオピア人にとっては、エチオピアの初代皇帝はソロモン王と女王の間に生まれたメネリクと呼ばれる息子の末裔だったからです。エチオピアの最後の皇帝だったハイレ・セラシエが自分をダビデの末裔であると称したのは、自分こそがソロモンの直系の子孫だと考えていたからですが、今お見せした図の最後から二番目のコマをよく見てください。そこにはダビデの星が描かれているではないですか。なお、余談ですが、最近出版された『シェバの女王』(山川出版社)の著者によりますと、アジス・アベバの土産物店に行くと、布や獣皮にこの場面を描いたものが売られているそうです。ここでの物語の展開は、中世のエチオピアでつくられたパネル画と基本的には同じです。

## 古代の千人斬り第一号——精力絶倫王だったソロモン

ソロモンとシバの女王との性的関係はともかくも、列王記上の第一一章はソロモンの妻や側室についてわたしたちを仰天させるような情報を提供してくれます。ソロモンはファラオの娘を正式な妻としておりましたが、それとは別に、彼には七〇〇人の王妃と三〇〇人の側室がいたというのです。

七〇〇+三〇〇=一〇〇〇。

単純な足し算です。誰でも出来る足し算ですが、この数字をじっと睨んでおりますと、ソロモンが古代世界における「千人斬り」の第一号だったのではないかと想像したくなります。彼は多分、古代のバイアグラであるマンダラゲ(創世記三〇・一四)の恩恵を多大に受けたのでしょうが、それにしてもです。この一方の極端は、それから一〇〇〇年後に、他方の極端を生み出すことになります。それはイエスです。彼は過激なことを口にするのです。「淫らな思いで他人の妻を見る者はだれでも、すでに心の中でその女を犯したのである。もし、右の目がおまえを躓かせるなら、えぐり出して捨てるのだ。……」(マタイ五・二八—九)。こんな極端で脅されてはたまったものではありません。もちろん、みなさん方、ご安心ください。これは多分イエスの言葉ではなく、イエスの口に仮託したマタイの言葉です。マタイは非常にユダヤ教的です。それから申し添えておきますが、ソロモンの「千人斬り」も、誇張かもしれません。わたしはすでにあちこちで指摘しておきましたが、聖書に見られる数の誇張は「聖書の伝統芸」なのです。伝統芸は伝統芸としてそれなりの敬意を払わねばなりませんが、歴史家はそれに振り回されてはなりません。わたしが将来研究テーマのひとつにしたいのは、なぜ彼らはそのような芸を身につける必要があったのか、というもので、また同時に、聖書後時代のユダヤ人もその伝統芸のもとにいないか、というものです。ヨセフスの数の扱いはどうか？　……そしてアウシュビッツは？

脱線したので、元に戻ります。

外国人妻たちは彼の心を迷わせました。シドンびとの妻は彼に、シドンびとの女神アシュトレトを拝するようにと迫ったそうです。アンモンびとの妻は彼に、アンモンびとの神ミルコムにしたがうようにと迫ったのです。モアブ人の妻は彼に、モアブびとの神ケモシュに香を焚くように迫ったそうです。ソロモンが外国人妻たちの尻に敷かれていたことが分かります。

ヨセフスが『ユダヤ古代誌』の第八巻でソロモンについて何と言っているのかと調べてみました。彼はこう言っているのです。

「彼はある時期に父祖の慣習を捨てたために、その最後は、既述の彼の生き方とはおよそ釣り合いのとれないものになった。ソロモンは見境もなく外国の女にのぼせあがり、あちらの楽しみにすっかりおぼれてしまったからである。彼は自国の女では満足できず、シドンびとや、ツロびと、アンモンびと、エドムびとなどの外国の多数の女と結婚し、同胞にあらざる女との結婚を禁じたモーセの律法を足蹴にし、外国の女にたいする情熱を満足させるために、彼女らの神々に奉仕しはじめた。わたしたちの律法制定者であるモーセは、まさにこうした事態の発生を恐れ、ヘブルびとが外国の慣習に惑溺して父祖の慣習を捨てることのないように、また、自分たちの神を敬うことを忘れてこうした女どもの神々を礼拝することがないように、外国の女との結婚を禁じたのである。ところが、ソロモンは思慮分別を失って快楽にうつつを抜かし、これらの警告を無視して君侯や貴族の娘を七〇〇人も妻にし、側室を三〇〇人ももった。エジプトの娘のほかにである。やがて彼は女たちの軍門に下って彼女らの弊風を模倣するにいたり、女たちにたいする好意と愛情の証しを、彼女らの父祖伝来の慣習にしたがって生活することによって見せねばならぬはめにおちいった。そして、老齢になり、この間に知力も衰えて自分の国の慣習すら忘れ、ヘブルびとの神をますますないがしろにした。彼が熱心に崇拝しつづけたのは、妻たちが持ち込んだ神々であった。」（第八巻一九〇―四節）

みなさん方はエジプトのラメセス二世（第一九王朝、一二七九―一二一三年）の名前をどこかでお聞きになったと思います。エジプトを旅行された方でしたら、ただちにルクソールのアブシンベル大神殿や小神殿の建設者としてその名前を想起されるのではないでしょうか？　もしかして彼のミイラ像や彼の父のセティ一世のミイラ像をカイロの考古学博物館でご覧になっておられるかもしれません。エジプト史の上では一二人のラメセスが登場すると言われておりますが、わたしがこのラメセス二世の名前を最初に記憶の片隅にとどめたのは、彼がヒッタイトの王妃を正妻とし、三〇人以上の側室をもった精力絶倫王だったからです。古代において精力絶倫は権力（パワー）を象徴するものですが、あるエジプト史の本によれば、彼は一〇〇人を超える子をもうけたそうです。ラメセスはこの方面で名を残したばかりでなく、すでにふれたアブシンベル神殿の例からも知られるように、建築方面でも名を残しました。実際、エジプトの建築遺跡の七割はラメセス二世のものだそうです。わたしは、こうした話を聞くにつけ、ソロモン王の物語はこのラメセス二世の物語をモデルにしてつくられたと想像するようになりました。ソロモン王の権力の誇示は、どこかでこのラメセス二世と張り合ってはいないでしょうか？　ソロモン王の正妻がファラオの娘であったことも気になります。この話の真実性はともかくも、そう記述するのには何かわけがありそうな気がしてならないのです。わたしが先に「他の可能性は？」と言いかけたのは、そのためなのです。ソロモンの神殿などちっぽけなものであったのかもしれません。ソロモンも本当は精力絶倫ではなくてほどほどであったのかもしれません。ソロモンの知恵もたいしたものではなかったのかもしれません。旧約学者に尋ねてみたいものです。

**新約聖書のシバの女王**

最後にもう一言。

マタイの福音書の第一二章の三八―四二節やルカの福音書の第一一章の二九―三二節でイエスの

言葉として、シバの女王が「南の国の女王」として言及されております。そのことはみなさん方、ご存じのことかと思いますが、わたしにはイエスがそこで何を言おうとしているのかさっぱり分かりません。それがはたしてイエスの口から出たものであるのかどうかは慎重に吟味してみる必要があると思われますが、ここではそれを指摘するだけにとどめて今日の講義を終えたいと思います。

# 第8講　旧約外典——トビト記、ユディト記、エステル記、スザンナ物語

梅雨明け宣言がなされたようです。この時期、京都の祇園祭がはじまります。祇園祭といえば、ハモ料理ですので、わが家でも梅雨明けのころは必ず一度はハモ料理を口にいたします。

わたしは六月三〇日に日本を出発し、イスラエルのハイファという港町の小高い山の上にあるハイファ大学で開催されたヨセフス研究の国際研究集会に参加いたしました。毎年ヨセフスの専門家が四〇人から五〇人集まっては彼の著作について、あーだ、こーだ、なんだ、かんだ、と喧しく議論いたします。本年度の統一テーマは歴史に関わるもので、非常に面白いものでした。

エジプトのカイロの北東二〇キロの場所にテル・バスタ（＝ブーバスティス・アグリア）と呼ばれる場所があります。わたしは去年の九月に東京女子大学のM教授や中近東文化センターのK教授と一緒にこの地を訪ねたのですが、この研究集会ではそれについて報告し、将来この場所を発掘する機会があれば、わたしたち日本人のグループを支援するようにと厚かましいお願いをしてまいりました。この場所はヘレニズム・ローマ時代のユダヤ教研究者にとっては見逃すことのできない場所なのです。紀元前二世紀の中頃に、エルサレムで大祭司の正統性をめぐる熾烈な争いが起こり、それに敗れたオニアス四世が、彼を支援する祭司やレビびとと一緒にエジプトに逃れ、プトレマイオス六世王とクレオパトラ王妃からブーバスティス・アグリアと呼ばれる土地を下賜されると、そこにエルサレムの神殿を模したものを建てて、エルサレムと対抗したのです。この神殿は対ローマの第一次ユダヤ戦争が敗北に終わったときに、ローマの将軍で後に皇帝になるウェスパシアノスによって閉鎖されるのですが、実にそのときまで二〇〇年以上にわたって存続したのです。イギリスの著名な考古学者フィンダーズ・ペトリは二〇世紀のはじめに、テル・エル・ヤフディエーと呼ばれる場所を発掘し、その場所を神殿跡としたのですが、その同定には異議申し立ての声があがりました。わたしもこの場所を考古学の専門家と一緒に見て回って、どうもここではないという印象を考古学のド素人ですが受けました。

わたしはザガジグの町にあるテル・バスタと呼ばれる場所がブーバスティス・アグリアではないかと考えて、いやそう信じて、その場所の発掘を行ないたいと願っているのです。もし神殿跡を掘り起こすことができれば、財宝はともかく、離散のユダヤ人たちの歴史を知る上で貴重な資料が多数出てくるに違いありません。もしこの地のユダヤ人たちがアレクサンドリアに対抗して聖書のギリシア語訳をつくっていたらどうなるでしょうか？　ユダヤ教のイデオロギーでは「ひとつの神とひとつの神殿」ですから、もし「ひとつの神と二つの神殿」が実証できたらどうなるでしょうか？ワクワクするではありませんか！

わたしは紀元前一六八年にシリア（セレウコス王朝）のアンティオコス四世がエルサレムにやって来て、神殿にゼウスの神像を祭ったときが、すでにしてユダヤ教の一神教のイデオロギーの第一回の破綻を、オニアス四世の神殿の建設に第二回の破綻を、そして対ローマのユダヤ戦争の敗北に第三回の破綻を見る者ですが、問題は、なぜユダヤ教がヘレニズム・ローマ時代のわずか二〇〇年に三回もの破綻を見たか、なのです。一神教に内在する致命的な弱点は歴史的には何だったのか？実はこれはわたしの長年の研究テーマであり、その解明の手がかりを得るひとつの手段として聖書のギリシア語訳をも試みているのですが、テル・バスタの発掘もわたしの研究に大きな貢献をなしてくれるものと願っております。ハイファの学会で、この場所の発掘はユダヤ教の一神教の破綻を証明するためにも必要だと申し立てますと、さすがに、ユダヤ人学者の顔色はさっと変わりましたが、わたしの意見に同調してくれる学者も少なくありませんでした。

さて、旧約聖書をめぐるこの講義も、本日をもって最終の講義となりました。今日は、旧約聖書の外典文書であるトビト記と、ユディト記、エステル記、そして時間が少しばかり超過するかもしれませんが、スザンナ物語を扱ってみたいと思います。そこでは裸のスザンナの図像をいくつかお見せいたします。楽しみにしておいてください。

最初にみなさん方にお伺いいたします。旧約外典とは何でしょうか？

旧約には正典文書、外典文書、そして偽典文書があります。正典文書とはわたしたちが聖書を開いたときに、ごく自然にわたしたちの目に飛び込んでくる文書群です。正典とは「基準」（カノン）の意であり、ユダヤ民族にとってもっとも大切にしなければならない文書群です。外典はその正典の仲間入りができなかった文書群です。ユダヤ教の聖書の中には入れられず、長い間それはカトリックによって「第二正典」として分類されてきたもので、プロテスタント側が無視してきたものです。しかし、それらはヘレニズム・ローマ時代に書かれたものだけに、この時代のユダヤ民族の歴史や宗教を知るためには欠かすことのできない文書であり、プロテスタントとカトリックの学者が共同して新共同訳聖書をつくりだしたとき、その中に取り込まれたおかげで、プロテスタントは、はじめてこの時代の外典文書を読むことができるようになったのです。新共同訳聖書の中では、これらの文書はすべて「旧約聖書続編」の名でくくられております。第二正典という術語が、カトリック側の了解の上で、回避されております。

さて、この旧約聖書続編の冒頭に置かれているのがトビト記です。まずその内容についてお話いたします。

## トビト記

ニネべの都にトビトと呼ばれるイスラエル人が住んでおりました。彼は上ガリラヤのティスべと呼ばれる町の住人でしたが、アッシリア人の王シャルマナサルに登用されて、王の執事となります。創世記でいうヨセフに似ております。周囲の者たちが偶像のバール神を拝むのに、彼だけは「生涯を通して真理の道と正義の道を歩みつづけた」(一・三)そうです。真理と正義。ヤレヤレ。彼は父方の親族にあたるハンナを妻として迎え、男子トビアスを儲けます。

シャルマナサル王が亡くなり、その子のセンナケリブが王位につきます。トビトはシャルマナサルの時代から同胞たちに慈善を施してきました。同胞たちの中に死者が出て、葬る者がいなければ、遺体を引き取っては丁重に埋葬しておりました。新しい王になっても同じでした。彼の善行を密告する者がおり、そのため彼は身を隠しました。しかし、王が殺され、息子エサルハドンがその後を襲うと、トビトの甥アヒカルが国務長官に抜擢されます。そのため、トビトは再びニネベの自宅に戻ることができました（一章）。

トビトはペンテコステの祭（五旬祭）の夜、同胞の死体が市場に放り出されているのを知ると、折角のご馳走には箸をつけずに出かけて行き、日没を待ってそれを手厚く葬ります。彼は不浄の身となったため、その夜は家の中には入らず、中庭で休みますが、運悪く鳥のふんを目にかけられ、それが原因で失明いたします。妻のハンナは、働けなくなったトビトに代わって、仕立物をして生計を立てることにします。あるとき彼女は注文主にもらった子山羊を連れて帰宅しますが、トビトは彼女がそれを盗んできたのではないかと邪推し、「このクソばばあ、盗みを働きやがったな。おれは目は見えなくなったが、おまえが盗みを働いたことぐらい分かるんだ」と口汚く罵ります（二章）。死体は丁寧に扱うが、働き者の連れ合いはゾンザイに扱うイヤなじじいですね、トビトは。

トビトは自分の置かれた不幸な境遇を嘆き、死を願って神に祈ります。これまた大袈裟な。同じころ、メディアのエクバタナでもトビトの親族にあたるラグエルの娘サラが神に祈っております。彼女はこれまで七度も新郎を迎えましたが、初夜の床入り前にどの新郎も悪霊アスモダイによって殺されてしまうため、女奴隷からは、「新郎殺し」の嫌疑をかけられます。

トビトとサラの祈りは聞かれ、二人を救うためにみ使いのラファエルが神から遣わされます。ラファエルの使命は、トビトの目から白い膜を取り除いてやることであり、サラをトビトの息子トビアスに嫁がせ、悪霊のアスモダイを縛りつけることでした（三章）。

その日トビトは、メディア地方のラゲスに住んでいるガバエルに預けておいた銀一〇タラントのことを思い起こし、息子トビアスに証文を持たせて取りにやらせます。そこにみ使いのラファエルがアザリアの名のイスラエル人に扮して登場し、道中のトビアスの道案内人役を買ってでます。二人はラゲスという町に向かって出発しますが、ある日の夕方、ティグリス川にさしかかり、そこで夜を明かすことになります。そのとき、大魚が川の面から跳び上がってトビアスの足をひと呑みにしようとします。彼はそれを捕らえると、アザリア（ラファエル）の指示にしたがって解体し、その胆のうと心臓と肝臓を取っておきます（四章―六章九節）。

エクバタナに近づいたとき、アザリア（ラファエル）はトビアスに「わたしたちは今晩ラグエルの家に泊まらねばなりません。彼はあなたの親戚にあたり、サラという娘さんがおります。……その娘さんは飛びっきり美しく、父親も立派な人です」と言って、彼に彼女を妻にするように勧めます。

トビアスはラグエルの家に入るとサラとの結婚を申し入れ、彼女はそれを了承します。床入りの夜、トビアスはアザリア（ラファエル）の指示にしたがって、魚の肝臓と心臓をいぶします。すると、悪霊のアスモダイはその臭いをかいで飛び出し、エジプトの果てまで逃げようとしますが――なぜエジプトなのでしょうか？――、み使いはそれを追いかけて縛り上げます。実体のない悪霊をどうやって縛り上げたのでしょうか？　結婚の祝宴が一四日間にわたって執り行なわれます。この間アザリア（ラファエル）はトビアスの代理人としてガバエルに会い、銀一〇タラントを受け取ります。

ここで旅の本来の目的は達成されたのです（六章一〇節―九章）。

一方ニネベでは、トビアスの年老いた両親が彼の帰ってくるのを、一日千秋の思いで待ちわびております。それを知ってか、トビアスは、結婚の祝宴が終わると、もうしばらく滞在せよ、実家には人をやって様子を知らせるからと言って引き留めるラグエルの言葉に耳を貸すことはしません。そこでラグエルは、財産の半分をトビアスに与え、サラとトビアスを祝福して出発させます。ニネベに帰ってきたトビアスは、アザリア（ラファエル）の指示にしたがって、魚の胆のうを父の目に塗って癒してやります。甥のアヒカルをはじめとする縁者が集まり、トビアスの結婚の祝宴が一週間にわたって催され、それが終わると、み使いのラファエルは、自分の正体をトビトとトビアスに明かします。み使いは二人に、神をいつまでもほめ讃え、彼らに起こったことすべてを書き記すよう勧めた後、天に戻ります。これを見た二人は神を賛美し、来るべきエルサレムの栄光を讃えます（一三章）。

トビトは一一二歳で亡くなります。ハンナもそれを追うかのようにして亡くなります。二人を埋葬したトビアスは妻のサラとともにエクバタナに退き、彼女の父ラグエルと一緒に住みます。そして彼は、父が預言していたニネベの滅亡を見聞きし、メディアの王アキアカロスが捕らえて連行してきたニネベの捕囚の民を見た後、一一七歳で亡くなります（一四章）。

以上が本書の内容です。

ある研究者によれば、この民話的な物語に関係する古代オリエントの物語は二四以上もあるそうですが、ここでの物語のプロットの構成に大きく与った民話は「感謝せる死人の物語」であり、それに「アヒカルの物語」とエジプトのテーベの祭儀の神「コンスの教訓」がつづきます。「感謝せる死人の物語」のあら筋は、次のようなものです。ひとりの旅人（または行商人）が、借金のために殺された男の死体が辱められるのを見て、それを手厚く葬ります。すると、その殺された者の霊が人間の姿をして現れて旅人の道連れとなります。この霊は旅人を道中の危険から救うばかりか、悪霊につかれていた美しい娘（あるいは王女）を妻とするのを助けます。そして、一連の冒険の最後になってはじめて、自分の正体を明らかにします。

さて、本書は多くの画家たちによって読まれました。

図１　トビトとハンナ、レンブラント

レンブラント（一六〇六―六九）が本書の主題を絵にしたのはご存じだと思いますが、もしみなさん方にアムステルダムを訪れる機会がありましたら、王立美術館で彼の絵を鑑賞されることをお勧めいたします。そこの二階の奥の正面には「夜警」がデーンと置かれていて、はじめての訪問者を圧倒しますが、左翼のレンブラント・コーナーに飾られている小振りの作品「トビトとハンナ」（一六二六年）を見落としてはなりません（図1）。わたしはこの作品に見られる盲目のトビトの描写を、レンブラントの最高傑作のひとつだと考えております。ロンドンのナショナル・ギャラリーのものは、これよりも少しばかり大きく、その描写はきめの細かさにやや欠けるものです。レンブラントはトビトの家族を訪れたみ使いが飛び去っていく場面をも描いております。そこでは空中浮遊するみ使いを見送るトビトとその妻ハンナ、そしてトビアスの姿が見られますが、左端で立っている女性は誰なのでしょうか？　トビアスが娶ることになるサラなのでしょうか？

トビアスの出発の場面はグアルディ（一六九九―一七六〇）が一七五〇年ころに描くものです。絵筆の運びの非常に早いもので、その音が聞こえてきそうです。これまでに何度も絵の中に子犬が描かれるのを見てきましたが、ここでの犬は物語からの必然だと思われます。トビト記の第六章の二節に「そこで息子トビアスはみ使いと一緒に出発した。トビアスの犬も出て来て、彼らについて行った」とあるからです。アントニオ・デル・ポライオロ（一四三一―九八）も一四六〇年に、旅の途次にあるトビアスとラファエルを描いておりますが、二人の背後に描かれている蛇行する川は、チグリス川ではなくて、どこの国にでも見られる小さな川です。

こちらはゴッツォリ（一四二〇―九七）の作品で、わたしの好きなものです（図2）。将来、みっ

図3　トビアスとみ使い、ヴェロッキオ

図2　ラファエルとトビアス、ゴッツォリ

図5　聖なる三位一体。ボッティチェリ

図4　（聖なる三位一体の中の）トビアスとみ使い、ボッティチェリ

ちりとこの絵を学んでみたいと願っております。ここでのトビアスは幼児であって、旅に出るに幼すぎますが、そこがご愛敬です。彼の手にあるのは「彼の足をひと呑みしようとした」大魚ではなくて、北海道の石狩川を遡上してきた鮭ではないでしょうか？　み使いの右手に置かれている皿の中にあるのは魚の「胆のう、心臓、肝臓」で、後になって盲目となったトビトの目薬に化けるものです。このみ使いの着衣に注意してください。スパッツのようなものを身につけております。現代の若い娘さんたちも愛用しております。服飾史の専門家でしたら見落とせない一点です。

次はフィレンツェの彫刻家でもあった画家ヴェロッキオ（一四三五頃―八八）のものです（図3）。トビアスの左手にはガバエルに見せる証文が、そしてみ使いラファエルの右手には魚の胆のうなどを入れた容器が見られます。

こちらはボッティチェリ（一四四五頃―一五一〇）

図6　トビアスとラファエルと大魚、ラストマン

図7　待つ人、ミレー

のものですが（図4）、この絵自体は「聖なる三位一体」と題する作品の左下隅に描かれたものです（図5）。ここでの三位一体は、十字架を支えている神――オウム真理教の麻原某に似ているのが気になります――と、この神の下に描かれている鳩（＝聖霊）と、十字架の上でぐったりとしているイエス（＝神の子）から構成されております。キリストの周りには八人のみ使いが身光のように配置されていて、いたって賑やかです。画面の右側に立っている人物は洗礼者ヨハネであり、左はマグダラのマリアです。マリアも毛衣を着ております。その日は寒かったのでしょうね。ここでのヨハネはこの絵を見る者に悔い改めることを呼びかけていると指摘されたりします。

この三位一体は、荒涼たる土地を進んで行くトビアスとみ使いのラファエルの前に出現した幻なのでしょうが、わたしはこの絵を見ていて、ヨルダンの荒れ地を車で飛ばしていたとき遭遇したコカコーラや煙草のマールボローの馬鹿でかい広告塔を思い起こしてしまいました。どちらも荒れ地にはふさわしくない広告塔だからです。それにしてもなぜトビアスとラファエルが描かれたのでしょうか？　どうもこの絵を寄進した人物の職業の守護神がラファエルであり、それを描くことで、寄進者はこっそりと自己主張をしようとしたらしいのです。

次はアムステルダムが生んだ歴史画家ラストマン（一五八三―一六三三）の描く、トビアスとラファエルと大魚です（図6）。魚は大ナマズでしょうか？　作品自体は縦三四センチ、横五九センチの小さなものです。

こちらはミレー（一八一四―七五）の描く「待つ人」で、わたしの好きな作品のひとつです（図7）。なぜこの絵をお見せするかというと、すでにいろいろ指摘もされているように、わたしはこの絵の題を「トビアスの帰宅を待つトビトとハンナ」に変えてみたらと思いますが、いかがでしょうか？画面の右側に描かれている建物から出てくる男は盲目で、杖をついております。そのためでしょう、出迎えにあたっては、妻のハンナに先を越されております。犬も描かれております。この犬はトビアスの帰国を知らせるために、彼の手から放たれてこの老夫婦の家に飛び込んできた犬に見立てたいものです。彼らはこの尻尾をふる犬を見て、愛する息子の帰宅を知るのです。

盲目のトビトは、トビアスの持ち帰った魚の胆のうで癒されることになりますが、この場面も絵になります。

図8　トビトの目の治療、マサイス

これはオランダの画家マサイス（一五一〇―七五）が一五五〇年ころに描いたものです（図8）。トビアスはポシェットから胆のうを入れた薬つぼを取り出して、それをトビトに塗ろうとしております。孝行息子をもったハンナは幸せです。右手を胸におく仕草がそれを表しております。トビアスの後ろには連れ帰ったサラがおります。

以上です。では次に、ユディト記に移ります。

## ユディト記

まず本書の内容を紹介いたします。

都ニネベでアッシリア人を支配していたネブカドネツァルは、その治世の第一二年、ラガウ地方の平原で、メディア人を支配していたアルファクサド王に一戦を挑みますが、そのときネブカドネツァル王を支援しない住民や民族がパレスチナの各地におりました。激怒した王は復讐を決意し、その治世の第一七年に、アルファクサド王とその全軍を滅ぼし、ニネベに凱旋します（一章）。

一年後、ネブカドネツァルは自分を支援しなかった民族に復讐します。王の側近のナンバー・ワンだったホロフェルネスが遠征軍の総指揮官に任命され、彼は大軍を率いて西進し、各地を征服したのち、ユダヤの地へ向かいます。彼の軍勢とイスラエルの軍勢の決戦場となるのはベトリアの町で、双方が長期戦を覚悟いたします（二章―四章）。

ホロフェルネスの陣営内で参謀会議が開かれます。席上、指揮官のアキオルは、イスラエルの歴史を説きおこし、現在の彼らが離散の地から帰国して聖所のあるエルサレムを守っていること、したがって、彼らが神にたいして罪を犯しているならば、彼らと戦うべきであるが、そうでなければ戦うべきではない、と勧告いたします（五章）。

アキオルの勧告は、ホロフェルネスの高官たちを激怒させ、そのため捕らえられ、イスラエルの男子が守りを固めているベトリアの町に置き去りにされます。彼は町の長老たちを前に、イスラエルに見舞う災禍を告げます（六章）。

翌日、ホロフェルネスの全軍がベトリアに進軍し、町の水源を断ち、外部からの食糧の搬入を阻止いたします。相手を兵糧攻めにするこの手続きは戦闘のイロハです。現代のわたしたちはそれを「経済封鎖」と申します。町の長老オジアスは、人びとに向かって、この包囲攻撃に耐えるよう、しかし五日待って神からの助けがなければホロフェルネスの軍門にくだると告げます（五章―七章）。そして、ここで、本書の表題となっているユディトなる女性がはじめて登場いたします。第八章の冒頭に置かれている人物紹介的記事によりますと、

「……彼女の夫マナセは彼女と同族で、同じ家系に属していたが、大麦の刈入れのときに死んだ。畑で、麦を束ねる人びとの監督していたとき、暑熱に頭をやられて床につくようになり、故郷のベトリアで死に、人びとはドタンとバラモンの間の野に、彼を先祖と共に葬った。ユディトがやもめとなって三年四か月の間、家に引きこもっていた。……安息日のその前日、新月の日とその

前日、およびイスラエルの家の祝祭日のほかは毎日、断食した。彼女の容姿は非常に美しく、見るに蠱惑的であった。……また深く神を畏れるひとであったので、だれも彼女を悪く言う者はいなかった。」（八・二―八。訳文は新共同訳、一部改める）

美貌で貞節で信仰心の篤い寡婦。このような女性の登場は、読む者を最後まで捉え、物語の展開に大きなヴァリエーションをつけます。七章までの話の展開がやや単調だっただけに、彼女の登場により、読者は、もう少し先まで読んでみようかという気にさせられます。

さて、ユディトは、包囲攻撃のもと、町民を前に、神を試みる不信仰な約束をした長老たちを非難します。彼女はホロフェルネス暗殺計画を立てると、美しく着飾り、侍女とともに町を出て行きます。そして、敵の陣営内への潜入に成功すると、ホロフェルネスの前に立ち、こう言います。

「会議の席上でアキオルが語ったことについては、彼から話を聞きました。ベトリアの人びとに助けられたとき、彼がわが主《あるじ》の前で述べたことをすべて、人びとに話して聞かせたのです。……

・確かにわたしたちの民は、神にたいして罪を犯さないかぎり罰を受けることもなく、剣に攻め立てられることもありません。……しかし、……彼らは罪にとらえられており、道に外れたことを行なうたびに神を憤らせているからです。食糧が尽き、水もほとんどなくなったために、彼らはその家畜を殺すことにし、また神が律法をもって食べることを禁じている物までもみな食べようと決めました。……ご主人さま、わたしがおそばにとどまり、夜ごと谷へ出て、神に祈りましょ

図9　ホロフェルネスの首を討ち取るユディト、カラヴァッジオ

う。そうすれば、イスラエル人が罪を犯したとき、神はそれを教えてくださるでしょう。わたしがそれを知らせに参りますから、そのとき全軍を率いて出陣してください。」（一一・九―一九。訳文は新共同訳、一部改める）

この言葉は、ホロフェルネスを喜ばせます。

容姿が美しく、言葉の巧みな寡婦にとっては、男どもの武装を解除させるのは容易なことです。ある日のこと、ホロフェルネスは宴席に彼女を呼び寄せます。ご機嫌となった彼は、浴びるように酒を飲みます。やがて従者たちはホロフェルネスの前から退き、天幕の中には彼女だけが残されます。ここで二人の間に何かが起こるんじゃないかとげすの勘ぐりをすれば、それは裏切ら

れます。ホロフェルネスは、へべれけの状態で、寝台の上でいぎたなく寝込んでいたからです。そのとき、ユディトは彼の剣を取って首をはねます。彼にとって、これはとんだ「不覚な」出来事でした。そしてユディトは、その生首を皮袋の中に隠すと、侍女とともに陣営を脱出し、ベトリアの町に凱旋します。

何枚かの画像をお見せいたします。

これは一五九九年ころに描かれたカラヴァッジオ（一五七三―一六一〇）の作品です（図9）。ここでのユディトは娼婦のフィッリデ・メランドローニをモデルとしたと言われておりますが、彼女の顔に注目してください。緊張のあまり、眉間にシワを寄せております。ダビデがゴリアテの首を討ち取った場面でも、カラヴァッジオの作品をお見せいたしましたが、彼はこのようなシーンを描くのが異常に好きだったようです。ある本の解説は、ミラノ生まれのカラヴァッジオは青年期にローマに出ましたが、そこでは連日のように罪人の公開処刑が行なわれており、彼も何度かそれを見ているはずだと述べております。カラヴァッジオが何度も暴力沙汰を引き起こし、ついには殺人をも犯していることは、みなさん方ご承知のことと思われます。なお、ここに描かれたホロフェルネスは、彼の自画像であるという指摘もなされております。なおまた、ある解説書によりますと、ここでのユディトは、最初ブラウスを身につけず、その胸ははだけていたそうです。もしそうだとしたら、最初のものは、ユディトとホロフェルネスの情交の場面を想像させるものとなります。

次はアルテミシア・ジェンティレスキ（一五九七―一六五一）のものです（図10）。ここでのユディトはジェンティレスキ自身で、ホロフェルネスは、彼女の父親オラツィオ・ジェンティレスキのア

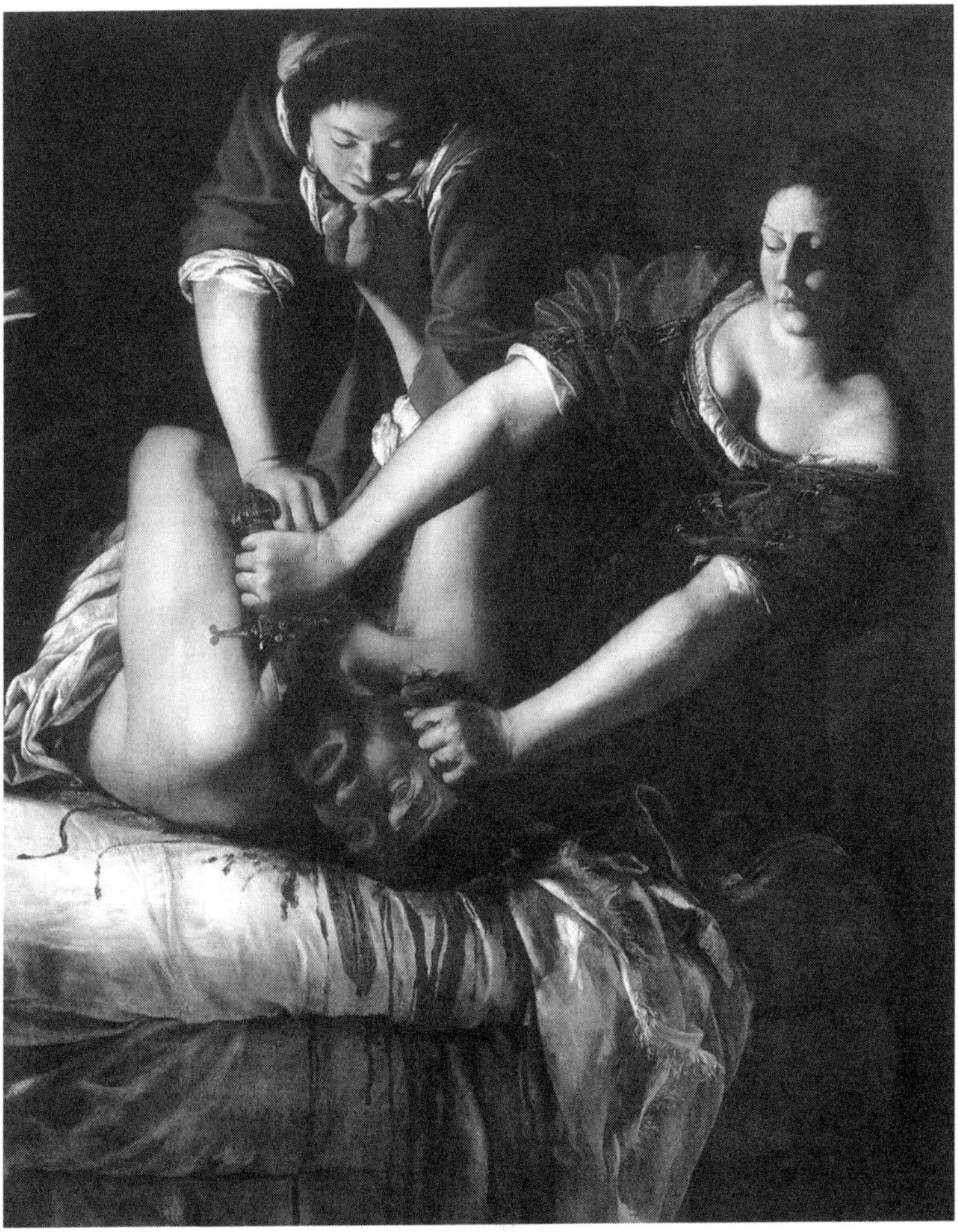

図10　ホロフェルネスの首を討ち取るユディト、ジェンティレスキ

トリエで働いていて彼女をレイプしたタッシと呼ばれる画家だそうです。冷静沈着の手さばきの中に恐ろしい復讐の情熱が秘められているように感じられます。しかし、法廷に告発したアルテミシアは、後になって、「なかったことにしましょう」とお手々をつないで法廷を去ることになるのです。二人はいつの間にか愛人同士になっていたのです。仰天ものの結末ですが、面白いのは、いや不可解なのは、いつの時代であっても男と女の関係です。なお、ジェンティレスキはこれに似たような作品を他に一点、そしてユディトがホロフェルネスの首を取った後で、現場から立ち去ろうとしている場面を描いた作品をも残しております。フリーニ（一六〇〇―四六）は、カラヴァッジオ的なものが吸収されていると評される斬首の場面を残しております。クラーナハ（一四七二―一五五三）は、ユディトの絵を何枚も描いております。彼の描く聖書に登場する人物は、彼の時代のファッションで身をかためていることはご承知のことかと思われます。

アロリ（一五五七―一六二一）は、一六一三年に「ホロフェルネスの首を手にするユディト」と題する作品を二点制作しております。これがその一点です（図11）。ここでのホロフェルネスの顔は画家アロリのそれで、ユディトは彼の愛人マリアであり、ここでの侍女は、確か、マリアの母であったと思われます。いやはや、と言いたくなります。画家は首を刈ったり刈られたりする主題に自らを仮託するのが、そんなに好きなのでしょうか？　マンテーニャ（一四三一―一五〇六）の作品に登場するユディトは、ホロフェルネスの首を買い物袋か何かに入れようとしております（図12）。この買い物袋はわたしたちがスーパーのレジで渡されるやつとそっくりです。あの時代にすでに買い物袋があったのでしょうか？　調べておきたいトリビアな知識です。

図11　ホロフェルネスの首を手にするユディト、アロリ

図12　ユディトとホロフェルネス、マンテーニヤ

既出のボッティチェリは、少なくとも三つの異なる場面を描いております。ホロフェルネスの軍勢の指揮官たちはホロフェルネスがなかなか起きてこないのを知って、彼の天幕の中に入ってきて惨状を目にしますが、ボッティチェリは、一四七二年ころに、その場面を描いております。それぞれの人物の驚きの表情が巧みに描写されております。この画家はまた、同じころに、ホロフェルネスを成敗したユディトと侍女がベトリアの町に凱旋しようとする場面を描いております（図13）。ユディトの右手には新月刀が、その左手には平和の象徴とされるオリーブの枝が置かれております。凱旋する二人の足取りは軽快です。スキップしているような感じです。ところで、この絵と前の絵が同じ時期に「対」として描かれているとされますが、もしそうならば、ユディトの侍女が篭に入れているホロフェル

ネスの首を天幕の中のホロフェルネスの遺体に縫合してみたくなるではありませんか。するとどうでしょうか？　天幕の中の寝台に転がっているホロフェルネスのトルソー部分は明らかに若者のそれですが、こちらの首は若者のものではありません。実は、老人の首なのです。縫合はうまくいっても、奇っ怪な人間の誕生です。

実は、もう一枚ボッティチェリのものがあるのです。前者を描いて二〇年以上も経った一四九五年ころの再度の挑戦ですが、彼は右手に大きな剣をもち、左手でホロフェルネスの首を戦利品として高く掲げるユディトを描いております（図14）。この間に彼の中にスタイルの変化があったことが認められます。ここではユディトの隣に立っている女性の顔ははっきりとは描かれておりません。それが逆にこの絵を見る者の視線をユディトに集中させる結果となっております。

物語に戻ります。

ベトリアの町に戻ってきたユディトは、その戦利品を町の者たちに示します。ホロフェルネスの生首が袋から取り出され、長老のオジアスに見せられます。ついで、その「首実験」のためにアキオルが呼ばれます。彼はイスラエルの神が行なったことを見て、神を信じるようになり、割礼を受けてイスラエルの家に加えられます。町の人たちも万歳三唱の大喜び。

さて翌日、ベトリアの住民は、ユディトの指示にしたがってホロフェルネスの陣営に不意打ちをかけます。兵士たちはそのときはじめて、首をはねられた指揮官の死体を発見し、そのため浮き足だって逃げ出します。町の住民は三日間にわたってホロフェルネスの陣営を略奪しまくります。エルサレムの聖所の前では、戦勝の祝いが三か月にわたってつづけられます。

図14　ホロフェルネスの天幕を出るユディト、ボッティチェリ

図13　ベトリアの町へ凱旋するユディト、ボッティチェリ

ユディトは、その後も貞節な寡婦の生活を守りつづけ、言い寄る男性には「オー・ノー」と断固言いつづけます。見上げたものです。そして、一〇五歳で死ぬと、夫マナセの墓に葬られるのです。以上は、一六章を費やして書かれたユディト記の内容ですが、これは歴史物語を装ったオハナシです。本書が史実と無関係であることは、そこに認められる二、三の矛盾を指摘すれば十分だと思いますが、ここではそれをいたしません。最後にユディトの記述について一言述べておきます。

彼女は、亡き夫への貞節、美しい容貌、後家としての家（財産）の管理能力、神を畏れるその信仰、その知恵などの点で、文句無しの百点満点が与えられています。一般的に言って、ヘレニズム・ローマ時代の伝記作家がある人物を理想的な人物として描くときには、その人の容貌と幼い頃の知恵を強調しますから（たとえば、モーセ［ヨセフスの記述する］、ホメーロス、アエスキネース、アレクサンドロス、ロードス島出身のアポローニオス、アウグストゥス、オウィディウス、ダマスコのニコラオス、イエス、ティアナのアポローニオスほか）、ここでの言及の一部はその範にしたがっているわけです。「神の人」（テオス・アネール）が描かれるときにも、しばしばその容貌と幼い頃の知恵が強調されますから（ダニエル書のダニエルほか）、ユディトは「テオス・アネール」の女性版と言えなくもありません。

しかしわたしたちは、こうした範を云々するよりも、彼女の名ユディトが明らかに「ユダヤ婦人」を包括的に示すものであることに注意を払い、彼女の中にユダヤ女性のかくあるべき姿、すなわち信仰に篤いばかりか危局において剛胆な勇気を発揮し、夫の死後にも家をしっかり守る女性像への期待か、異教世界にたいするユダヤの女性についてのプロパガンダ的性格を、あるいはその双方を読み取るべきでしょう。渡辺淳一の官能の世界に喜々として身を置く現代の日本の女性に彼女の姿をダブらせることが難しいだけに、わたしなどは本書を読んでいろいろ考えさせられますが、また同時に、こんな完全無欠な女性との結婚生活を強いられる男性も大変だなと同情したりします。浮気のひとつでもすれば、もちろん、新月刀でバッサリ、発覚と同時にバッタリだからです。

## エステル記（ギリシア語）

エステル記も画家たちの気を引くものでした。

現在、この物語のギリシア語訳は新共同訳で読むことができます。新共同訳は最初からヘブル語本文のギリシア語訳と称するものと一緒に、それに付されたABCDEFの大文字の付いた付加箇所一〇五節を読者に読ませようとしておりますが、そもそもそのABCDEFが何であるかを説明していないのですから、読者は戸惑います。確か、新共同訳の翻訳ポリシーには、説明は可能なかぎり行なわないというのがあり、そのためABCDEFの説明を加えていないのです。この人たちは、聖書の中で、説明や解説を与えることは、ある派の者たちの理解にとってはよいが、他の派の者たちの理解にとっては好ましいものではなくなる、それゆえ、公平のためにも説明や解説は本文の中では行なわないとするのです。

この人たちの狭い了見には呆れかえるではありませんか。彼らは聖書がキリスト教徒たちだけのものであると信じているのです。愚かしい時代錯誤だと遠慮容赦なく罵倒しておきましょう。このABCDEFについての解説や、ヘブル語本文との位置関係については、拙著『旧約聖書続編講義』（リトン刊）をお読みください。

では、内容を紹介いたします。

このギリシア語訳の第一章の付加部分（A）の冒頭で、本書の主人公のひとりとなるモルデカイと呼ばれる人物が登場いたします。彼は首都スサに住むユダヤ人で、捕囚の民に属しますが、アルタクセルクセス王の王宮で奉仕しております。創世記のヨセフ、本書のモルデカイ、ローマ時代のヨセフス……異国の王宮に仕える「宮廷ユダヤ人」のイメージがつくられてまいります。ついで、ある日モルデカイが王の命をねらった二人の宦官について王に上奏して報奨を得た話や、王に仕える貴族のハマンが「二人の宦官のことで」モルデカイとその民族に危害を加えようとした話が語られます。第一章本体ではアルタクセルクセス王が主催した酒宴と、それへの出席を拒否した王妃ワシュティがその地位を奪われたことが語られます。

第二章では、首都スサに住んでいたモルデカイの養女エステルがワシュティに代わる王妃に選ばれることになった経緯が語られます。全国各地から美しい処女たちが後宮に集められ、王の前に伺候するために彼女たちは一二か月は宦官に託されて化粧などをしてはその美しさに磨きがかけられます。どこかの国の首領さまの前に伺候する「喜び組」、いや「喜ばせ組」を想像すればいいのでしょう。喜ばせ組の娘たちは次つぎに王のもとに召し出されては王に奉仕します。やがてエステルの番がきます。彼女はユダヤ人であることを明かすことなく、王に奉仕し、王に気に入られます。

王は彼女をワシュティに代わる王妃とし、友人たちを招いて酒宴を催します。この間、モルデカイも王宮に仕えるようになります。

第三章では、ハマンによるユダヤ人迫害の陰謀が語られます。ハマンはユダヤ民族絶滅計画に王を巻き込み、その勅書が王の権威で書かれ王国全土に伝えられます。

第四章では、この民族絶滅計画を知ったモルデカイが、帝国内に住む同胞たちを救うために、エステルを説得いたします。王に哀訴嘆願できるのは彼女しかいないからです。付加部分のDでは、王に訴えるために彼の前に出るエステルが描かれております。彼女は緊張のあまり、「よろめき、血の気がうせて顔色が変わり、前を歩んでいた女官の肩に倒れかかった」そうです。

第五章では、エステルが自分の主催する酒宴に王とハマンを招待する話が語られます。エステルは次の日にも二人を酒宴に招きます。

第六章では宮廷日誌を読む王が語られます。王は日誌により、ハマンの陰謀を知りモルデカイに栄誉を授けます。

そして第七章ではハマンの失脚が語られます。ハマンはモルデカイを処刑しようとして密かに用意した木の上に自分が架けられてしまうのです。

第八章では迫害の取り消しが、そしてハマンが送付した先の勅書が無効とされたことが宣言され、滅びの日と定められていたアダルの月の一三日を祝日として盛大に祝うことを命じる王の新たな勅書の内容が紹介されます。

第九章ではユダヤ人の復讐とプリム祭の話が、そして最後の第一〇章では、モルデカイの栄誉の話が語られ、さらにはモルデカイがかつて見た夢を想起し、さまざまな出来事がすべて夢の中で示されていたと述べ、それは彼の言葉「それゆえ、アダルの月のこれらの日、すなわちこの月の一四日と一五日は、ユダヤ人が神の前で、神の民イスラエルの間で、代々限りなく、集会をして喜び祝う日なのである」で結ばれるのです。

ギリシア語エステル記にはなぜ大きな付加部分があるのでしょうか？　なぜそこで勅書の内容が語られたり、モルデカイの祈りやエステルの祈りの内容などが明らかにされているのでしょうか？　どなたか、お分かりになるでしょうか？

さまざまな答えが予想されますが、正解は、多分、ギリシア語訳の訳者がヘブル語聖書に見られる物語の完成度を一段と高めようとしたから、というものだと思います。

みなさん方はヘブル語テクストをギリシア語に翻訳するさい、テクストを勝手にいじくることが許されたのかと訝しく思われるでしょうが、ヘレニズム・ローマ時代のユダヤ人にとって、モーセ五書は別として、聖書の諸文書を絶対視する思想などはまるでなかったのです。そのことは覚えておいてください。テクストを読んでいて不自然な箇所があれば、あるいは舌足らずの箇所があれば、あるいは矛盾した箇所があれば、それらを改めることは構わないと考え、テクストの改良をある程度「自在に」行なったのです。ヘレニズム時代にさまざまなテクストが存在したとするのがわたしの持論ですが、このハガダー（物語）的読み方も、テクストの多様性を説明するものとなります。

さてここまでで何度も登場した紀元後一世紀のユダヤ人であるフラウィウス・ヨセフスですが、彼は、『ユダヤ古代誌』の前半の一〇巻の中で、異教のローマ世界に向かって、ユダヤ人の歴史が

図15　エステル、カスターニョ

天地創造の大昔から今日に至るまで連綿とつづいてきた誇り高いものであることを示すために、聖書物語を再話いたしました。彼はそのさい、自分がこれから語る物語は聖書にもとづくものであり、その内容を変更したりすることは一切ないと読者に約束しておきながら、様々な巧みな仕方で、聖書物語を改めていくばかりか、そこにさまざまな伝承などを巧みに織り込んで聖書物語の内容を一段と豊かなものにしているのです。彼は『古代誌』の第一一巻一八四—二九六で、エステル物語を再話しておりますが、その再話は自在なのです。紀元後七〇年以降ローマでフラウィウス王朝に奉仕した彼は、自身が「宮廷ユダヤ人」の一人ですから、この物語には俄然興味を示しております。彼はエステル記の宮廷の光景をフラウィウス王朝の光景とダブらせたり、後者の光景を前者に持ち込んでいたりしているのです。したがって、注意深い読者であれば、エステル記の物語から、ローマにおけるヨセフスの生活の一面を引き出すこともできるのです。

それはともかくとして、論より証拠ですから、ヨセフスが行なった改変箇所をひとつ紹介してみましょう。

物語によれば、ある日、王は王妃のワシュティを召し出したそうですが、王妃はどういう理由か分かりませんが、「王の命令を拒み、来ようとはしなかった」そうです。読者は当然のことながら、「どういう理由からか」を詮索するものです。ヨセフスは、そこで「彼女は女が見知らぬ客人の前に姿を見せることを禁じたペルシア人の法を盾に」（第一一巻一九一節）と述べて、王命を拒むことが出来た理由を説明するのです。ヘーロドトスによれば、王妃は王の主催する宴席につらなることが許されましたから、そのことを知っている読者は、いったいどっちが真実なのだと戸惑いを覚えるかもしれませんが、合理的な思考をするヨセフスにとって重要なのは、それが事実だったかどうかではなくて、それが合理的な説明になり得るかということなのです。アラム語のタルグム（聖書を再話したもの）は、王命を拒んだ理由を、彼女が裸で王の客人の前に伺候せよと命ぜられたからだと想像力豊かに説明いたします。これはこれで「うーん、そうだったのか」とうなづかせる合理的な説明となっております。

王の前への伺候を拒んだワシュティのその後はどうだったのでしょうか？　気になるところです。ヘブル語本文は王妃のその後を語りません。ギリシア語訳の訳者は「もはやワシュティを召し出すことはなかった」と述べますが、これでは読者は納得しません。ヨセフスは「（この結果）アステー（＝ワシュティ）は追放されることになり……」（第一一巻一九四節）と述べて、ひとつの解決を読者に与えます。ラビ伝承では、彼女は処刑されます。みなさん方の中には、聖書物語の再話だから、このような改変ができたのだろうと反論されるかもしれませんが、ヨセフスがテクストの転写生であったならば、彼は改変しながら、あるいは改良しながらとでも言うべきでしょうが、同じようにしてテクストをいじくったと思われるのです。そしてこのような態度が一般的であったと想像することによりはじめて、なぜヘレニズム・ローマ時代に多種多様のヘブル語テクストが出回ったかが説明できるものとなるのです。

図16　エステルの化粧、シャセリオ

図17　アハスエロスの前に伺候するエステル、シラニ

聖書は「神の言葉」であるから、それに手を加えることなどもってのほかだ、とするのは愚かしい「聖書信仰」ですが、ヘレニズム・ローマ時代のユダヤ人たちにはそのような愚かしい信仰などなかったのです。みなさん方にそれを覚えておいてほしいのですが、聖書それ自体も、いかなる箇所を突っついても、そのような信仰を要求していないことを覚えておきたいものです。

それでは、このエステル記に関係する絵について解説を加えてまいりましょう。

最初のものはカスターニョ（一四二一―五七）のフレスコ画です（図15）。ここでのエステルはカスターニョが「三人の有名な女性」と題して描いた女性のひとりです。他の二人は創世記のエバと、ヘーロドトスの『歴史』に登場する中央アジアの遊牧民族の王女トミリスですから、エステルも随分と持ち上げら

図18　失神するエステル、アントワン・コイペル

れたものです。カスターニョが描くこの女性は庶民的でありながら、気品があります。知性を感じさせるものがあります。楚々としたものが漂っております。これはフィレンツェのウフィツィ美術館で見ることができます。是非見てきてください。そしてなぜ彼が「マサッチオにつづく世代のもっとも影響力のある画家」（ピーター&リンダ・マリ『西洋美術事典』）と評価されるのかと考えてみたいものです。

次は王妃ワシュティに代わることになるエステルを描いたものです。彼女は王のもとに召し出された多くの娘たちのひとりです。最初の六か月はミルラと香油で、次の六か月は香料と化粧品でその美しさに磨きがかけられたというのですが、ここでのエステルは化粧に専念しております。これを描いたのはアングルの弟子シャセリオ（一八一九―五六）です

（図16）。エステで磨きをかけられたエステルは王の前に伺候いたします。

こちらはユダヤ人絶滅の計画を知ったエステルがそれを阻止しようとして王に訴え出ている場面で、シラニ（一六一〇―七六）が描いたものです（図17）。王笏を手にする王の右手がエステルの左胸に置かれておりますが、これは王とエステルの間の関係を暗示するものでしょう。レンブラントが描いた「ユダヤ人の花嫁」と題する絵もそうでした。確か、花婿の右手は花嫁の左の胸の上にそっと置かれておりました。昔この絵をはじめて見たとき、男と女の間の信頼関係はこの辺りからはじまるのかと感動したものです。

緊張のあまり王の前で失神する――失禁ではありませんよ――エステルもティントレット（一五一八―九四）や、アントワン・コイペル（一六六一―一七一二）らによって描かれております。後者の絵（図18）はエステルの「ぐったり感」をより巧みに捉えております。いずれにしても、どちらの絵もヘブル語本文のエステル記ではなくて、ギリシア語訳エステル記に依拠していることは明らかです。すでに述べたように、そこにはアハスエロスが威厳にみちた顔でエステルを見据えたとき、彼女は「よろめき、血の気が失せて顔色が変わり、前を歩んでいた女官の肩に倒れかかった」とか、「こう話しているうちに、王妃は血の気がうせて倒れた」と書かれているからで（付加部分D）、この詳細はヘブル語本文には見られないものだからです。なおここで、余計なことを申しておきますが、新共同訳はこの付加部分Dに見られるエステルのアハスエロス王にたいする呼びかけの間投詞を二箇所において「主よ」と訳しておりますが、ここではそのギリシア語からしても、「ご主人さま」の訳語を与えるべきです。「主よ」では主・神の「主」と混同されます。訳語の選択は機械的

図19　エステルとアハスエロスの宴会、ビクトルス

図20　モルデカイの凱旋、ラストマン

であってはなりません。無神経すぎます。

次はビクトルス（一六二〇―七六）が描いたものです（図19）。この画家はオランダのカルビン派の収集家たちのために旧約聖書の諸場面を描いたとされます。立っているエステルはアハスエロスに向かってハマンを指さしながら彼の陰謀を暴露しております。ハマンは明らかに当惑しておりま す。この絵をよくよく眺めておりますと、その重厚感においてレンブラントの影響があるように思われ、またここでのエステルにレンブラントの愛妻サスキアがダブってくるような気がいたしますが、時代的にどうなのでしょうか？

最後のものは町の広場で馬に乗るモルデカイを描いたものです（図20）。王により下賜された馬であることは、それが白馬であることから示されております。これを描いた画家はすでに紹介済みのラストマンです。

## スザンナ物語

では、今回取り上げる最後の物語を紹介いたします。

これはわずか六四節から成る物語です。新共同訳聖書が底本としたテオドティオン訳で紹介します。古代キリスト教世界でうまれたテオドティオン訳については、最近わたしが出版した『乗っ取られた聖書』（京都大学学術出版会）をお読みください。なお、七十人訳ギリシア語聖書にみられるこの物語は、同じく拙著『旧約聖書続編講義』（リトン）を参照してください。

「バビュローン（バビロン）にヨーアキム（ヨアキム）という男が住んでいた。男は妻をめとった。ケルキアの娘で、名をスーサンナ（スザンナ）といい、たいそう美しく主を畏れる人であった。彼女の両親は正しい人で、自分たちの娘をモーセの律法にしたがって教育した。夫ヨアキムは、大変裕福で、家の隣に美しい庭園を持っていた。ヨアキムは、このうえなく評判のよい人物だったので、ユダヤ人はよく彼の所にやって来た。さて、その年、民の中から裁判官として二人の長老が選ばれた。主はこの二人について言われた。不正がバビュローンの、民を裁くはずの裁判から起こった、と。」（一・一―五）

これはスザンナ物語の冒頭の一節です。

この冒頭で、物語の舞台がバビロンで、その地のユダヤ人共同体であることや、物語の主人公がヨアキムの妻スザンナと二人の長老であることが示されます。

物語によれば、二人の長老がヨアキムの家に出入りしそこで裁判を行なっていたというのですから、彼らは一種の巡回裁判官であったわけです。昔、新潮文庫にアースキン・コールドウェルの小説『巡回裁判』が入っておりました。舞台はアメリカの南部でしたが、小さな村などには裁判所がありませんから、定期的に裁判官がやって来ては、そこで即決の裁判を行なうのです。アメリカの南部がよく描かれていた記憶があります。

さて、この長老たちは、ヨアキムの家で彼の美貌の妻スザンナの裸姿を見ると、劣情を催してしまうのです。裁判官も人の子なのです。しかも、この二人の長老は、長老ないしは裁判官の理性でその劣情をコントロールするのではなくて、劣情を発情させてしまうのです。困ったものです。

話はこうです。

ある蒸し暑い夏の日の夕方のことです。スザンナが「美しい庭園」（パラディソス）の片隅で水浴びをしております。水がはねる音がたらいにひびきます。そのとき、夕暮れまでかかった審理が終わった二人の長老がその庭園の傍らを通りかかります。そして水浴びの音を耳にすると、庭園に入りこみ、裸のスザンナを覗き見してしまうのです。女性が無警戒と解放感の中で水浴びしている姿ほど美しいものはありません。二人の長老は思わず生つばゴックンの状態になります。彼らは見て見ぬふりをしていれば、問題は発生しなかったのですが、見るだけでは満足できず、彼女に迫るわけです。彼女は必死に抵抗します。裸の抵抗ですから、大変だったと思われます。長老たちは目的を果たせずに終わります。彼らは、自分たちの卑しい目的を隠すために、彼女が他の男といちゃついていたとして彼女を不倫の罪で訴え、死罪に定めます。長老たちが目撃者となり、告発者となり、審判者となるのです。

哀れなのはスザンナです。彼女は処刑のために引き出されます。このとき神はダニエルの「聖なる霊」を呼び起こします。この若い青年は進み出ると、「わたしはこの女性の血に責任はない」と叫んで、長老たちの判決に異議申し立てを行ないます。わたしたちはどこか他の所で、この若者の口をついて出た言葉を聞いたはずです。そう、ピラトはイエスを死罪に定めた判決を下した後で、

図21　スザンナと二人の長老、ロット

図22　スザンナと二人の長老、アロリ

手を洗いながら、「この人の血について、わたしには責任がない」（マタイ二七・二四）と言いましたが、あのときのローマ総督の言葉と同じです。ダニエルは人びとの見守る中で、二人の長老の告発が虚偽のものであることを暴き、スザンナを危機一髪のところで救い上げるのです。もちろん二人の長老たちが、申命記の規定により、処刑されるのです。これがどんでん返しというやつなのでしょう。

　それでは図像の説明をいたします。

　最初にお断りしておきますが、わたしの承知している、ルネサンス時代のスザンナ物語の図像に限定して申せば、そのほとんどすべては「スザンナとその水浴び姿を覗き見する二人の長老」か、スザンナの水浴び姿に限られており、スザンナとその無実を証しするダニエルを描いたものや長老たちの処刑の場面はありません。しかし、考えてみれば、それは当然です。何しろこの時代、スザンナ物語（やダビデ物語に登場するバト・シェバ）こそ裸の女性を描く絶好の口実となったからです。

最初にお見せするのは、亡くなる前の二年間サンタ・カーサ修道院（ロレト）の修道士になったロット（一四八〇頃―一五五六）のものです（図21）。この一枚の絵は赤煉瓦の壁によって上下二つの世界に分断されております。上半分の世界の光景と下半分のそれはまったく異なるものです。上半分は非常に牧歌的です。平和です。退屈なほど平和です。「世はこともなし」と、詩人のシェリーに成り代わって口ずさみたくなります。この絵のどこかに村の鎮守マリアが描かれていないかと思ってしまいます。ひとりの女性がこちらに向かって歩いてきます。彼女の左の壁の向こうには反対方向に向かう二人の女性が描かれております。三人の女性に危険物の接近はありません。それとは対照的に、下半分の世界では、ひとりの女性にたいして二人の長老が乱暴狼藉を働こうとしております。助けをもとめる彼女の悲鳴を聞きつけたからなのか、二人の若者が入ってきます。ひとりはダニエルかもしれません。しかし、この二人の若者の目つきはどうでしょうか？　こちらもまた卑しい目つきではないでしょうか？　もしそうだとすると、ダニエルではなくて、この二人の長老を押しのけて最初に乱暴狼藉をやってのけようとしている平和な村のチンピラということになります。どんな平和な村にもチンピラは潜んでいるものです。スザンナと長老のひとりはラテン語か何かで書かれた布切れを振りかざしております。何が書かれているのでしょうか？　読みたいと思って最大限に拡大してみましたがダメでした。たいしたことは書かれていないのかもしれません。いずれにしても村の鎮守さまの御利益はなかったようです。

図23　スザンナと二人の長老、ルーベンス

図24　スザンナと二人の長老、バダロッチオ

ティントレット（一五一八―九四）や、バッサーノ（一五一〇―九二）も裸のスザンナを覗き見する長老たちを描いております。バッサーノの絵では右側にウサギが描かれ、その上には馬とも、ロバとも見分けられない動物が描かれております。「家政婦は見ていた」ではなくて、「ウサギは見ていた」のです。

次にお見せするのはアロリ（一五三五―一六〇七）が描いたものです（図22）。二人の長老、というよりは二人の男の手はすでに裸のスザンナの肢体にまわっております。それどころか、前面の男の右手はどこに向かっているのでしょうか？　二人が彼女を犯したかどうかは不明ですが、彼女が座っている所の下から流れ落ちる水は、フロイト的に解釈すれば、すでに男たちが射精していることを暗示しているように思われます。早漏だったのです。みなさん方はどう解釈されるでしょうか？　この絵にはチワワが見られます。日本でのチワワは悪徳金融業者の小道具ですが、ここでのチワワは頼りない証人です。いずれにしても損な役回りです。もっともチワワでないとする人もいるかもしれませんが、その場合は、品種改良前のチワワと想像しましょう。この画家は「ヴィーナスとキューピッド」と題する絵も描いております。このキューピッドとスザンナを見比べてみますと、二人は非常によく似ております。モデルは同一人物だったのではないでしょうか？

こちらはルーベンス（一五七七—一六四〇）の描くものです（図23）。長老のひとりは「シー」と言って物音を立てるなと左の人差し指で指図しております。この画家も左利きだったのかもしれません。もうひとりの男の手がスザンナの体にまわろうとしておりますが、この男の顔は見えておりません。ルーベンスは二年後にも同じ場面を描いておりますが、スザンナを見る二人の長老の視線のスケベ度や好色度は一段と増しております。本気なのですね。着衣の男たちはテラスか何かのフェンスを乗り越えようとしております。このフェンスは、長老たちが超えてはいけない一線を暗示しているようです。英語に「一線を越える」意で、フェンス・オーバー fence over という表現があるのかと調べてみましたが、ありませんでした。なければつくればいいのです。

次はバダロッチオ（一五八五—一六一九）が描いたものです（図24）。ある解説書によりますと、この聖書の主題「スザンナと二人の長老」は、一六世紀の終わりころまでにはヴェネツィアでよく知られておりましたが、ローマではそうではなかったそうです。そんなことがあるのですね。ここでのスザンナはひざまずくヴィーナスだと指摘されております。なるほど、鋭い指摘です。ヴィーナスを描いていたら、いつの間にかスザンナにしてしまったのかもしれません。前面に描かれている

図25　スザンナと二人の長老、グェルチーノ

図26　スザンナと二人の長老、レーニ

長老のターバンが気になります。このターバンは身分の高さを示すものと思われます。

アルテミシア・ジェンティレスキも描いているのですが、そこに登場する二人の長老のひとりは、ルーベンスの描く長老のひとりと同じように、スザンナに声をたてるなと迫っております。スザンナの両手の仕草は自然なものではなくて、わざとらしいものです。これは何かをいやがっているときの仕草ではありません。

こちらはグェルチーノ（一五九一―一六六六）がボローニヤの司教の注文に応じて描いたものです（図25）。いったいこの司教は、司教館のどこに飾ったのでしょうか？　食堂でしょうか？　まさかと言いたくなります。もしそうでないとすると、寝室になりますが、司教は毎晩この絵を見ながら何をしていたのでしょうか？　ちゃんと世界平和のためにお祈りをしていたのでしょうか？

こちらはレーニ（一五七五―一六四二）のものです（図26）。まあ、あまり変わり映えのしないものですが、よく見ますと、彼女の右の乳首がツーンと立っております。目も潤んでおります。彼女自身、長老たちの劣情を受け入れる用意があるように見えてしまいます。

これはヤン・ボト（一六一八頃―五二）が描いたものですが（図27）、彼の兄アンドリエス・ボト（一六〇八―四二以降）の作品だと主張する美術史家もおります。わたしは、この作品は二人がローマに滞在していた一六三八―四一年のある時期に描かれたもので、風景画の得意なヤンがまずキャンバスに風景を描き、ついで人物画が得意な兄のアンドリエスがスザンナと二人の長老を描き込んだと想像しております。これなどはX線で画像分析をしてみたい一品です。

こちらはレンブラント（一六〇六―六九）のものですが（図28）、この絵の下には一〇年前に描か

図27　スザンナと二人の長老、ヤン・ボト

図28　スザンナと二人の長老、レンブラント

れた同じ主題の絵があるそうです。写本で言えば、二重書き写本のようなものですが、二重書き写本の場合であれば、その下に書かれているものをも可能なかぎり読みたくなるのと同様、この場合も最初のものを見たくなるではありませんか？　もっともレンブラントの研究者はとっくの昔にそれを見ていると思われますが、わたし自身の中ではレンブラント離れ、ターナー離れが進行しておりますので、わざわざ調べてみる気にはなれないのです。ここでのスザンナの表情には恐怖を認めることはできません。彼女の股間にあるものは何でしょうか？　水浴びをしようとしているのであれば、石けんか何かが考えられますが、当時石けんはあったのでしょうか？　石けんでなければ、垢こすりの束子《たわし》みたいなものかもしれません。

まだまだお見せしたい図像はあるのですが、みなさん方が長老やスザンナになっても困りますので、今日の最終の講義はこれをもって終わりといたします。わたしは絵のド素人としてキリスト教美術を鑑賞してまいりました。とんでもない思い違いを連発したかもしれませんが、またこれまでの美術史家が口にはしていない大切なこともいくつか指摘したつもりです。いずれにしてもまことに楽しい講座で、みなさん方の熱心には頭がさがりました。次は新約聖書の主題を取り上げてみようと考えております。ご静聴ありがとうございました。

# あとがきに代えて

目下のわたしの最大の関心は、西欧のキリスト教美術に見られる神のイメージの表現と反ユダヤ主義の表現である。

確か、出エジプト記第二〇章に見られる「十戒」の第一項か何かには、神の似姿を描いてはいけない、とあったと記憶する。これは神のイメージを描くことへの強力な規制であるが、この規制は、西欧のキリスト教美術においてはいとも簡単に破られてきた。この規制破りを可能にさせたものは何であろうか？　ひとつは、多分、聖書それ自体の中で、神が擬人化されて言及されていることであろう。そのことは、創世記を読んでみれば明白だ。神は天地や、最初の男や女を創造するにあたって人語を発している。また、神はエデンの園の中を歩いている。アダムとその連れ合いは、主なる神の足音を聞くと、「主なる神の顔を避けて」園の木の間に隠れている。神は人語を発する声帯をもつ。神は園を歩く足をもつ。神は顔をもつ。創世記によれば、アダムとその連れ合いは、神の顔を直視することを回避したそうであるが、出エジプト記によれば、モーセは——ただひとりモーセだけはと言うべきか——、神の顔を何度かは見たらしい。どんな顔だったのであろうか？

神は繰り返し擬人化される存在であれば、規制の徹底は困難になる。それでも、ユダヤ教側はそれを何とか守ろうとしたようである。実際、彼らが神を進んでは描くことはなかったからである。彼らが転写した聖書のヘブル語テクストに挿入された挿絵から窺い知れるのは、「神の手」が描かれることはあっても、神の顔や体は描かれなかったし、神の足が描かれることはなかった。

しかし、キリスト教美術においてはどうか。

ある時期以降、十戒の規制は、有名無実とされたのではないか？　この規制を足蹴にし得たのは、もちろん、既述のように、神が擬人化されていたことにもよるが、もうひとつの要因は四世紀に生まれた三位一体の教えではなかったか？　この十戒の規制を足蹴にし、それを徹頭徹尾無視することで何が誕生したのか？　カタコンベ（地下基地）から外に出たキリスト教美術の誕生ではないだろうか？

聖書（旧約）を読むかぎり、そこに流れる通奏底音は「反異教主義」である。ほかならぬモーセが、カナンの土地に侵入するにあたり、その地の異教徒を容赦なくぶっ殺せ、その地の異教徒の神々の祭壇を容赦なくぶっ壊せと檄を飛ばし、進軍ラッパを吹きまくっている。このラッパの音は強烈である。しかしそれがユダヤ教の展開の上で今日まで鳴り響きつづけているかというと、多分、「オー・ノー」と言うのが正しい答えであろう。歴史上で、ユダヤ教、ないしはそのイデオロギーは破綻寸前にまで追いやられること再三であったからである。わたしの見るところ、ヘレニズム・ローマ時代だけでも、ユダヤ教は数回、破綻寸前にまで追いやられている。

では、キリスト教はどうか？

その進軍ラッパの音は、徹底した「反ユダヤ主義」と、やはり「反異教主義」である。キリスト教は正義である。異教は悪である。正義は悪を駆逐しなければならない。この明白な論理にしたがって、正義は悪なる異教を征服すればよい。神の栄光のためには、躊躇があってはならない、容赦があってはならない。征服すれば、それまでの「異教」は「キリスト教」ないしは「親キリスト教」になる。神の栄光万歳である。しかし、対ユダヤ教の場合、それを破滅や破綻のコーナーにまで追い詰めることができても、それを征服できないでいる。同じ根っこを共有しているためなのか。そのためであろう、キリスト教の「反ユダヤ主義」のラッパの音は、ユダヤ教を征服できないだけに、いつまでも鳴り響きつづける執拗な通奏底音と化す。それは神学の領域においてだけではなく、絵画や彫像の美術の領域においても鳴り響きつづけている。

わたしは本書を、わたしの目下の関心、いや年来の関心を展開できればと願って上梓した。キリスト教美術は神を「神の子」や「教皇」として描くことで神を地上に引きずり下ろし、神が本来的にもったであろうと想像される「高み」や「深み」と訣別したように思われる。わたしはここのところを問うてみたい。他方、キリスト教美術に見られる反ユダヤ主義の影響は、それが視覚的なものであるだけに、キリスト教の反ユダヤ主義的な物書きたちが与えてきた影響よりもはるかに大きく深刻なものではなかったのか。わたしはこれをも今後問うつもりでいる。わたしは自分が立てるこの二つの問いに答えを見出すことができればと願っている。

なお、本書には一五〇点を越える参考図版を掲載したが、それでも紙幅の都合上、やむをえず省いたものもかなりある。本文で言及している作品のうち掲載していないものについては、画集等にあたっていただくか、あるいはインターネット環境の整っている読者に限られるので恐縮だが、巻末の「図版出典一覧」（とくに凡例を参考）を参照して、ネット上でご覧いただければ幸いである。

本書出版の企画を進めてくれたのは、青土社の水木康文氏である。わたしはこの企画の実現のために、わたしの議論に熱心に耳を傾けてくれた氏に心から感謝したい。水木氏は耳を傾けてくれたばかりか、有益で挑発的なコメントもしてくれた。

秦　剛平

二〇〇七年三月　世田谷の茅屋で

**著者紹介**
秦 剛平（はた・ごうへい）
1942年生まれ。多摩美術大学教授。同大学新図書館館長。
ヘレニズム・ユダヤ教を中心に初期キリスト教などの研究に携わる。
著書：『あまのじゃく聖書学講義』『描かれなかった十字架』（青土社）、『乗っ取られた聖書』（京都大学学術出版会）、『旧約聖書続編講義』（リトン）、『ヨセフス』（ちくま学芸文庫）他。
訳書：マック『失われた福音書』、ヴァンダーカム『死海文書のすべて』、モリスン＋ブラウン『ユダヤ教』（シリーズ世界の宗教）（青土社）、『七十人訳ギリシア語聖書』（河出書房新社）、ヨセフス『ユダヤ古代誌』『ユダヤ戦記』（ちくま学芸文庫）、エウセビオス『教会史』（山本書店）、『コンスタンティヌスの生涯』（京都大学学術出版会）他。

**旧約聖書を美術で読む**



2007年5月10日　第1刷発行
2009年7月10日　第2刷発行

著者――秦剛平
発行者――清水一人
発行所――青土社
東京都千代田区神田神保町1－29市瀬ビル〒101－0051
［電話］03-3291-9831（編集）　03-3294-7829（営業）
［振替］00190-7-192955
印刷所――ディグ（本文）
方英社（カバー・扉・表紙）
製本所――小泉製本

装幀――高麗隆彦

ISBN978-4-7917-6333-7　Printed in Japan

# 図版出典一覧

### 凡例

・以下で掲げる情報を参考にして、それぞれの画像はウェブ・サイト Web Gallery of Art (http://www.wga.hu/index.html) などから引き出せる。そのさい、人名や作品名のすべてを入力する必要は必ずしもない。たとえば、ミケランジェロの「天地創造」の画像を見たければ、人名（Author)の空欄箇所に、Michelangelo Bonarroti ではなくて Michelangelo を記入すれば十分であるし、作品名（Title）の空欄箇所も The Creation of the World あるいは The Creation of the Heaven and the Earth ではなくて Cretaion（あるいは小文字の creation）で十分である。なお作者名を省略し、作品名のみの Creation（あるいは creation）を入れ、次に「Any」の項目をエンターし、最後に「search（検索)」をエンターすれば、天地創造を描いた画家たちの作品が網羅的に現れる。以上のことは Google などのイメージ・サイトでも同じ。
・以下で、図１，図２，図３……とあるのは本書で取り上げられている画像である。
・以下で、＊印のついた作品は、本書の中で言及されているが、その画像は取り上げられていないものを指す。画像は上掲の手続きで見られる。

## 第１講　創世記１——天地創造の人間の誕生

### 第一の創造物語に見られる天地創造
### 第二の創造物語に見られる人間の創造
### 天地創造の図像

図１「天地創造」、ヴェネツィア、サン・マルコ大聖堂のアトリウム（玄関間）の天井画。
図２「天地創造」の場面から、同上（ここでの神は教皇？　それともキリスト？）。
図３「天地創造」、『道徳聖書』、13世紀、ウィーン、オーストリア国立図書館（ここでの神は天地創造の神？　教皇？　それともキリスト？）。
図４「天地創造」1280年代、Battistero di San Giovanni, Florence.
図５「天地創造」、『道徳聖書』、13世紀、フランス（ここでの神は教皇？）
図６「天地創造と楽園追放」(The Creation of the World and the Expulsion from the Paradise)、ジョヴァンニ・ディ・パオロ（Giovanni di Paolo [1403-82])、1440年頃作、Metropolitan Museum of Art, New York.
図７「世界の創造」(The Creation of the World)、ヒエロニムス・ボス（Bosch, Hieronymus [1450-1516])、1500年頃作、Museo del Prado, Madrid.
図８「天地創造」(The Creation of the World）の一場面、ミケランジェロ (Michelangelo Buonarroti [1475-1564])、1510年作、Cappella Sistina, Vatican.

図９「イッソスの戦い」(The Battle of Issos)、ポンペイのモザイク画、紀元前２―１世紀、Museo Archeologico Nazionale Napoli, Naples.

**アダムの誕生**

図10「アダムの誕生」(Creation of Adam)、ミケランジェロ (Michelangelo Buonarroti [1475-1564])、1510年作、Cappella Sistina, Vatican.

図11「エバの誕生」(Creation of Eve)、作者不詳 (Anonymous, Antwerp)、1530年頃、Musée St-Denis, Reims, France.

*「動物たちの創造」(Creation of the Animals)、ティントレット (Tintoretto, Jacopo [1518-94])、1550頃作、Gallerie dell'Accademia, Venice.

*「動物たちの命名」(The Naming of the Animals)、ベルトラム・フォン・ミンデン (Master Bertram von Minden [1345-1414])、――、Kunsthalle, Hamburg, Germany.

図12「アダムとエバ」(Adam and Eve)、バルドゥング (Baldung, Hans [1485-1545])、――、Galleria degli Uffizi, Florence.

図13「アダムとエバ」(Adam and Eve)、ホッサールト (Jan Gossaert)、1520年頃作、Royal Collection, Windsor.

図14「ネプチューンとアンピトリテ」(Neptune and Amphitrite)、同上、1516年作、Staatliche Museen, Berlin.

*「アダムとエバ」(Adam and Eve)、デューラー (Durer, Albrecht [1471-1528])、1507年作、Museo del Prado, Madrid.

*「アダムとエバ」(Adam and Eve)、クラーナハ (Cranach, Lucas the Elder [1472-1553])、1528作、Galleria degli Uffizi、Florence.

*「アダムとエバ」(Adam and Eve)、ゴーギャン (Gaugun, Paul [1848-1903])、1902年作。

**楽園追放**

図15「楽園追放」(The Expulsion from the Garden of Eden)、マサッチオ (Masaccio [1401-28])、1426-27年作、Cappella Brancacci, Santa Maria del Carmine, Florence.

*「誘惑」(The Temptation)、パニカーレ (Masolino da Panicale [1383-1447])、1426-27年作、Cappella Brancacci, Santa Maria del Carmine, Florence.

図16「楽園追放」(The Expulsion from the Garden of Eden)、ミケランジェロ、(Michelangelo Buonarroti [1475-1564])、1509-10年作、Cappella Sistina, Vatican.

**ユダヤ側の図像は**

図17「アダムとエバ」(Adam and Eve)、『タルグム偽ヨナタン』、The British Library, London.

図18「アダムとエバ」(Adam and Eve)、『サラエボ・ハガダー』、1460年作。

## 第２講　創世記２——大洪水とノアの箱船

### メソポタミア起源の洪水物語

### 創世記の洪水物語

図１「四階層のノアの箱船」、『シロス黙示録』、ノーマン・コーン著『ノアの大洪水』より

図２「箱船建造中のノアとその息子たち」、作者不詳（Master of the Duke of Bedford）、1428年作。

＊「箱船建造中のノアとその息子たち」(Noah and his Sons Building the Ark)、ラファエロ（Raphael Sanzio [1483-1520]）、1517年作、Palazzi Vaticani, Vatican.

図３「ノアの箱船」(Noah's Ark)、『ピルケー・ラビ・エリエゼル』、The British Library, London.

図４「箱船に乗り込む動物たち」(Noah and Friends)、ウィスコッキ（Wyscocki, Charles [1928-2002]）、1997年作、The Charles Wyscocki Gallery, Lake Arrowhead, Canada.

図５『ウィーン創世記』、６世紀、オーストリア国立図書館、ウィーン。

図６『シノペ福音書』、６世紀、フランス国立図書館、パリ。

図７『ロッサーノの福音書』(Rossano Gospels)、６世紀、ロッサーノ大司教館付属美術館、イタリア。

図８「大洪水」(Deluge)、『ウィーン創世記』→図５。

図９「大洪水」(The Deluge/The Flood)、ミケランジェロ（Michelangelo Buonarroti [1475-1564]）、1508-09年作、Capella Sistina, Vatican.

図10「冬」(Winter)、プーサン（Poussin, Nicolas [1594-1665]）、1660-64作、Musée du Louvre, Paris.

図11「洪水の朝」(The Morning after the Deluge)、ターナー（Turner, Joseph Mallord William [1775-1851]）、1843年頃作、Tate Gallery, London.

図12「アララト山頂のノアの箱船」(Noah's Ark on Mount Ararat)、ヒエロニムス・ボス（Bosch, Hieronymus [c.1450-1516]）、1500-04年頃作、Museum Boijmans Van Beuningen, Rotterdam.

図13「鳩を放つノア」(Noah's Ark)、14世紀作、サン・マルコ大聖堂、ヴェネツィア。

図14「ノアの捧げる犠牲」(Noah's Sacrifice)、バッサーノ（Bassano, Jacopo [1510-92]）、1574年作、Staatliche Schlösser und Gaäten, Potsdam-Sanssouci.

図15「酔っぱらったノア」(Drunkennes of Noah)、ジョヴァンニ・ベリーニ（Giovanni Bellini [c.1430-1516]）、1516年作、Musée des Beaux-Arts, Besancon.

図16「酔っぱらったノア」(Drunkenness of Noah)、ミケランジェロ（Michelangelo Buonarroti [1475-1564]）、1509年作、Capella Sistina, Vatican.

図17「洪水の前」(The Eve of the Deluge)、ウィリアム・ベル・スコット（William Bell Scott [1811-90]）、1865年作、Royal Scottish Academy, Edinburgh.

## 第3講　創世記3——アブラハム物語

**アブラム、カルデアの地を離れる**

図1アブラハムの旅の経路、地図

＊「アブラム一行のカナンへの旅立ち」(Departure of Abraham for Canaan)、バッサーノ (Bassano, Jacopo [1510-92])、1570年頃作、Gift of Michal and Renata Homstein, Montreal.

＊「アブラム一行のカナンへの旅立ち」(Abraham's Journey to Canaan)、ラストマン (Lastman, Pieter [1583-1633])、1614年作、The Hermitage, Petersburg.

図2「アブラム一行のカナンへの旅立ち」(Abraham's Journey to Canaan)、モルナール (Molnar, Jozset [1821-99])、1850年作、Hungarian National Gallery, Budapest.

**主、アブラムに顕現する**

**アブラム、飢饉のためにエジプトへ向かう**

**アブラム、甥のロトと別れる**

**アブラム、甥のロトを奪還**

**主、アブラムに顕現し約束する**

**アブラム、イシュマエルを儲ける**

図3「ハガルをアブラムにあてがうサラ」(Sarah Presenting Hagar to Abraham)、ストーメル (Stomer, Matthias [1600-c.50])、1639年作、Staatliche Museen zu Berlin, Berlin.

図4「ハガルをアブラムにあてがうサラ」(Sarah Presenting Hagar to Abraham)、ヴェルフ (Werf, Adriaen van der [1659-1722])、1699年作、Staatsgalerie, Schleissheim.

**主、再びアブラムに顕現し約束する**

**息子の誕生の予告とアブラハムの懐疑**

＊「アブラハムに顕現した三人のみ使い」(The Three Angels Appearing to Abraham)、ティエポロ (Tiepolo, Giovanni Battista [1696-1770])、1726-29年作、Palazzo Patriarcale, Udine.

**ソドムとゴモラ**

**ロトとその娘たち**

図5「ソドムの町から娘たちと逃げ出すロト」(Lot Fleeing with his Daughters from Sodom)、デューラー (Durer、Albrecht [1471-1528])、1498年頃作、National Gallery of Art, Washington.

図6「ロトとその娘たち」(Lot and his Daughters)、ルーカス・ファン・レイデン (Lucas van Leyden [1494?-1533])、1520年頃作、Musée du Louvre, Paris.

図7「ロトとその娘たち」(Lot and his Daughters)、アルトドルファー (Altdorfer, Albrecht [c.1480-1538])、1537年作、Kunsthistorisches Museum, Vienna.

＊「ロトとその娘たち」(Lot and his Daughters)、フリーニ (Furini, Francesco [c.1600-

1646])、――、Museo del Prado, Madrid.

＊「ロトとその娘たち」(Lot and his Daughters)、マサイス (Massys, Jan [1509-75])、1565年作、Musées Royaux des Beaux-Arts, Brussels.

図8「ロトとその娘たち」(Lot and his Daughters)、ホルツィウス (Goltzuius, Hendrick [1558-1617])、1617年作、Rijksmuseum, Amsterdam.

**カデシュでの出来事**

**イサクの誕生**

＊「荒れ野のハガルとイシュマエル」(Hagar and Ishmael in the Wilderness)、ドゥヤールディン (Dujardin, Karel [1622-78])、1622年頃作、Ringling Museum of Art, Sarasota.

図9「ハガルとイシュマエルを追い出すアブラハム」(Abraham Casting Out Hagar and Ishmael)、グェルチーノ (Guercino, [1591-1666])、1657年作、Pinacoteca di Brera, Milan.

図10「アブラハムにより追い出されたハガルとイシュマエル」(Hagar and Ishmael Banished by Abraham)、フェルハーゲン (Verhaghen, Pieter Jozef [1728-1811])、1781年作、Koninklijk Museum voor Schone Kunsten, Antwerp.

**アブラハム、イサクを犠牲として捧げようとする**

＊「イサクの奉献」(The Sacrifice of Isaac)、ドナテッロ (Donatello [c.1386-1466])、1418年頃作、Museo dell'Opera del Duomo, Florence.

図11「イサクの奉献」(The Sacrifice of Isaac)、カラヴァッジオ (Caravaggio, Michelangelo Merisi da [1573-1610])、1602年作、Galleria degli Uffizi, Florence.

＊「イサクの奉献」(The Sacrifice of Isaac)、チゴーリ (Cigoli [1559-1613])、1607年頃作、Galleria Palatina (Palazzo Pitti), Florence.

＊「イサクの奉献」(The Sacrifice of Isaac)、ドメニキーノ (Domenichino [1581-1641])、1627年作、Museo del Prado, Madrid.

図12「イサクの奉献」、創世記の写本の挿絵 (13世紀)、ジョン・ライランズ図書館。

図13「イサクの奉献」、ヘブル語創世記の挿絵 (13世紀)、フランス。

**ヨセフスによる再話**

**アブラハムの妻サラ、亡くなる**

**アブラハムの家僕、イサクの嫁探しの旅に出る**

図14「アブラハムの家僕とリベカ」(Eliezer and Rebecca)、ブライ (Bray, Salomon de [1597-1664])、1660年作、Musée de la Chartreuse, Douai.

**イサク、リベカを嫁に迎える**

図15「イサク、リベカを出迎える」(Meeting of Isaac and Rebecca)、カスティリョーネ (Castiglione, Giovanni Benedetto [1616-70])、――、The Hermitage, Petersburg.

**アブラハム、今一度結婚する**

図16「エジプト人たちに天文学を教えるアブラハム」(Abraham Teaches Astronomy to the Egyptians)、ザンチ (Zanchi, Antonio [1631-1722])、Santa Maria Zobenigo, Venice.

## 第4講　創世記4——ヨセフ物語

**ヨセフ、夢を見る**

図1「兄弟たちに夢の内容を告げるヨセフ」(Joseph Reveals his Dreams to his Brothers)、ロマーノ (Romano, Giulio [1499-1546])、1517年作、Private collection, Italy.

**ヨセフ、兄たちによって売り飛ばされる**

＊「イシュマエルびとに売り飛ばされるヨセフ」(Joseph Being Sold by his Brothers)、オーヴェルベック (Overbeck, Johann Friedrich [1789-1869])、1816年作、Nationalgalerie, Berlin.

図2「ヨセフの血のついた着衣」(Joseph's Bloody Coat Brought to Jacob)、ベラスケス (Velazquez, Diego Rodoriguez de Silva [1599-1660])、1630年作、Monasterio de San Lorenzo, El Escorial.

図3「ポティファルに売られるヨセフ」(Joseph Being Sold to Potiphar)、ポントルモ (Pontormo, Jacopo [1494-1556])、1515年作、National Gallery, London.

**ユダとタマル物語——レビレート婚、オナニー、買春**

＊「ユダとタマル」(Judah and Tamar)、アエルト (Aert de Gelder [1645-1727])、1700年頃作、最近 (2006年12月)、クリスティーのオークションにかけられる。

図4「ユダとタマル」(Jehuda and Tamar)、ヴェルネ (Vernet, Horace [1789-1863])、1840年作、Wallace Collection, London.

図5「道端のユダとタマル」、作者不詳、ウェブから転載。

**エジプトにおけるヨセフ——不倫を迫るポティファルの妻**

図6「ヨセフとポティファルの妻」(Joseph and the Wife of Potiphar)、作者不詳 (Master of the Joseph Legend)、1500年頃、Alte Pinakothek, Munich.

＊「ヨセフとポティファルの妻」(Joseph and Potiphar's Wife)、チゴーリ (Cigoli [1559-1613])、1610年頃作、Galleria Borghese, Rome.

＊「ヨセフとポティファルの妻」(Joseph and Potiphar's Wife)、レーニ (Reni, Guido [1575-1642])、1631年作、Pushkin Museum, Moscow.

図7「ヨセフとポティファルの妻」(Joseph and Potiphar's Wife)、ティントレット (Tintoretto, Jacopo [1518-94])、1555年作、Museo del Prado, Madrid.

図8「ポティファルの妻に訴えられるヨセフ」(Joseph Accused by Potiphar's Wife)、

レンブラント・ファン・ライン（Rembrandt van Rijn [1606-69]）、1655年作、National Gallery of Art, Washington.

図9「ヨセフとポティファルの妻」(Joseph and Potiphar's Wife)、ムリリョ（Murillo, Bartolome [1617-82]）、1640年作、Staatliche Museen, Kassel.

### ヨセフ、投獄される

図10「獄中のヨセフ」(Joseph in Prison)、メングス（Mengs, Anton Raphael [1728-79]）、1773年頃作、Albertina Museum, Vienna.

図11「ファラオに夢を解釈するヨセフ」(Joseph Interpreting Pharaoh's Dreams)、グィグネ（Guignet, Adrien [1816-54]）、1845年作、Nationalgalarie, Berlin.

図12「民に穀物を売るヨセフ」(Joseph Selling Wheat to the People)、ブレーンベルフ（Breenbergh, Bartholomeus [1599-1657]）、1653年作、Barber Institute of Fine Arts, Birmingham.

### ヤコブの息子たちの帰国と報告
### エジプトへ下って行ったヤコブの一族
### ヨセフと父ヤコブの再会

図13「父ヤコブや兄弟たちと再会するエジプトのヨセフ」(Joseph Receiving his Father and Brothers in Egypt)、ブライ（Bray, Jan de [1626-97]）、1655年作、Private collection.

### 死期が近づくヤコブ
### ヤコブの祝福

図14「ヨセフの子らを祝福するヤコブ」(Jacob Blessing the Children of Joseph)、レンブラント・ファン・ライン（Rembrandt van Rijn [1606-69]）、1656年作、Staatliche Museen, Kassel.

### ヤコブの死とヨセフの死

## 第5講　出エジプト記——モーセ物語

### モーセの誕生

図1「ファラオの娘と嬰児モーセ」(Finding of the Infant Moses by Pharaoh's Daughter)、ドゥラ・エウロポスの壁画、ダマスコ博物館、シリア。

図2 ドゥラ・エウロポスとシリア周辺地図。

図3 ダマスコ（シリア）、博物館に移設されたドゥラ・エウロポスの壁画。

＊「ファラオの娘と嬰児モーセ」(Pharaoh's Daughter with Her Attendants and Moses in the Reed Basket)、ブライ（Bray, Jan de [1626-97]）、1661年作、Museum Boijmans Van Beuningen, Rotterdam.

図 4 「ファラオの娘と嬰児モーセ」(Pharaoh's Daughter)、ブレーンベルフ (Breenbergh, Bartholomeus [1598-1657])、1639年作、National Gallery, London.

図 5 「身代わりの山羊」(The Scapegoat)、ウィリアム・ホルマン・ハント (Hunt, William Holman [1827-1910])、1854年作、Lady Lever Art Gallery, U.K.

＊「ファラオの娘と嬰児モーセ」(The Finding of Moses)、オラツィオ・ジェンティレスキ (Gentileschi, Orazio [1563-1639])、1630年作、Museo del Prado, Madrid.

＊「ファラオの娘と嬰児モーセ」(The Finding of Moses)、グレッベル (Grebber, Pieter de [c.1600-1653])、1634年作、Gemäldegalerie, Dresden.

＊「ファラオの娘と嬰児モーセ」(The Finding of Moses)、シャルル・ド・ラ・フォッス (Charles de La Fosse [1636-1716])、1675年作、Musée du Louvre, Paris.

＊「ファラオの娘と嬰児モーセ」(The Finding of Moses)、ブルドン (Bourdon, Sebastien [1616-71])、1635年作、National Gallery of Art, Washington.

図 6 「ファラオの娘と嬰児モーセ」(The Finding of Moses)、サー・ローレンス・アルマ＝タデマ (Sir Lawrence Alma-Tadema [1836-1912])、1904年作、Private collection, UK.

## モーセ、殺人を犯し、逃亡する

図 7 「モーセの試練と召命」(The Trials and Calling of Moses)、ボッティチェリ (Botticelli, Sandro [c.1445-1510])、1481年作、Cappella Sistina, Vatican.

## ホレブ山でのモーセ—ファラオとの出国交渉

図 8 「燃える茨とモーセ」、ドゥラ・エウロポスの壁画、ダマスコ博物館、シリア。

図 9 「燃える茨の前のモーセ」(Moses before the Burning Bush)、フェティ (Feti, Domenico [1589-1623])、1613年作、Kunsthistorische Museum, Vienna.

図10「燃える茨」(The Burning Bush)、フロマン (Froment, Nicolas [1430-85])，1476年作、Catedrale Sant Sauveur, Aix-en-Provence.

図11「モーセとファラオの呪術師」、『タルグム偽ヨナタン』。

図12「五つの神秘的な食事」(Altarpiece of the Holy Sacrament)、ブーツ (Bouts, Dieric the Elder [c.1415-75])、1464-67年作、St. Pieterskerk, Leuven.

## 出エジプト、紅海での奇跡、荒れ野での彷徨

図13「紅海徒渉」、ドゥラ・エウロポスの壁画、ダマスコ博物館、シリア。

図14「紅海徒渉とモーセ」(Crossing of the Red Sea)、ロッセリ (Rosselli, Cosimo [1439-1507])、1481-82年作、Cappella Sistina, Vatican.

＊「岩を撃つモーセ」(Moses Drawing Water from the Rock)、ティントレット (Tintoretto, Jacopo [1518-94])、1577年作、Scuola di San Rocco, Venice.

図15「岩を撃つモーセ」(Moses Striking the Rock)、レアンドロ・バッサーノ (Leandro Bassan [1557-1622])、——、Musée du Louvre, Paris.

## シナイ山での十戒授与

図16「シナイ山付近の光景」、著者撮影。

図17「シナイ山」(Mt. Sinai)、エル・グレコ (Greco, Domenikos Theotocopoulos [1541-1614])、1568年作、Galleria Estense, Modena, Italy.

図18「モーセ、シナイ山で十戒を授かる」(Moses Receives the Law on Mount Sinai)、クラーナハ (Lucas Cranach the Elder [1472-1553])、——、Lutherhalle, Wittenberg, Germany.

図19「十戒を授かるモーセ」、『アルバ聖書』の挿絵、15世紀。

図20「十戒を授かるモーセ」、『パルマ祈祷書』の挿絵、15世紀。

図21「黄金の牛崇拝」(The Adoration of the Golden Calf)、プーサン (Poussin, Nicolas [1594-1665])、1634年作、National Gallery , London.

図22「黄金の牛と十戒の石板を叩きつけようとするモーセ」(Tables of the Law with the Golden Calf)、ロッセリ (Rosselli, Cosimo [1439-1507])、1481年作、Cappella Sistina, Vatican.

＊「十戒の石板を叩きつけようとするモーセ」(Moses and the Golden Calf)、ベッカフミ (Beccafumi, Domenico [1485-1551])、1536-37年作、Duomo, Pisa.

＊「十戒の石板を叩きつけようとするモーセ」(Moses with the Table of the Law)、レーニ (Reni, Guido [1575-1642])、1600年作、Galleria Borghese, Rome.

＊「十戒の石板を叩きつけようとするモーセ」(Moses Smashing the Table of the Law)、レンブラント・ファン・ライン (Rembrandt van Rijn [1606-69])、1659年作、Gemäldegalarie, Berlin.

### シナイ山を後にしてから

＊「青銅製の蛇とモーセ」(Moses and the Serpent)、ファン・ダイク (Dyck, Sir Anthony van [1599-1641])、1621年作、Museo del Prado, Madrid.

＊「青銅製の蛇とモーセ」(Moses and the Brazen Serpent)、ブルドン (Bourdon, Sebastien [1616-71])、1653-54年頃、Museo del Prado, Madrid.

### モーセの死

図23「モーセの十戒授与と死」(Moses's Testament and Death)、シニョレリ (Signorelli , Luca [1450-1523])、Cappella Sistina, Vatican.

## 第6講　サムエル記上・下——ダビデ物語

### ヨシュア、モーセの後継者になる
### サムエル、エッサイ（イェッサイ）のもとへ遣わされる
### ダビデ、油を注がれる

図１「油を注がれるダビデ」(David Anointed)、挿絵入り旧約聖書、1250年頃作、Pierpont Morgan Library, New York.

### ダビデ、音楽療法をサウロにほどこす

図2「楽士ダビデ」(David As Musician)、ラテン語訳詩篇の挿絵、1320年頃作、All Souls College, Oxford.

図3「竪琴を奏でるダビデ」(King David Playing a Psaltery)、アンジェリコ(Angelico, Fra [1387-1455])、1430年作、British Museum, London.

図4「サウロとダビデ」(Saul and David)、レンブラント・ファン・ライン(Rembrandt van Rijn [1606-69])、1655-60年作、Mauritshuis, The Hague.

### ダビデ、ゴリアテと一騎打ちする

＊「ダビデ」(David)、ドナテッロ (Donatello [c.1386-1466])、1430年作、Museo Nazionale del Bargello, Florence.

図5「ダビデ」(David)、ベルニーニ (Bernini, Giovanni Lorenzo [1598-1680])、1623年作、Galleria Borghese, Rome.

### 小人ダビデ、巨人ゴリアテの首を取る

図6「ダビデとゴリアテ」(David and Goliath)、ミケランジェロ (Michelangelo Buonarroti [1475-1564])、1509年作、Cappella Sistina, Vatican.

＊「ゴリアテの首に手をかけるダビデ」(David with the Head of Golliath)、レーニ(Reni, Guido [1575-1642])、1605年作、Musée du Louvre, Paris.

＊「討ち取ったゴリアテの首を見やるダビデ」(David Contemplating the Head of Goliath)、オラツィオ・ジェンティレスキ (Gentileschi, Orazio [1563-1639])、1610年頃作、Galleria Spada, Rome.

＊「ゴリアテの首を持つダビデ」(David with the Head of Goliath)、ストロッツィ(Strozzi , Bernardo [1581-1644])、1635年作、The Hermitage, Petersburg.

＊「ゴリアテの首を討ち取ったダビデ」(David with the Head of Goliath)、フェティ(Feti, Domenico [1589-1623])、1620年作、Royal Collection, Windsor.

図7「ダビデ」(David)、カラヴァッジオ (Caravaggio, Michelangelo Merisi da [1573-1610])、1606-07年作、Kunsthistorisches Museum, Vienna.

図8「ゴリアテの首を討ち取るダビデ」(David)、挿絵入り旧約聖書、1250年頃作、Pierpont Morgan Library, New York.

＊「ベトリアの町へ凱旋するユディト」(The Return of Judith to Bethulia)、ボッティチェリ (Botticelli, Sandro [c.1445-1510])、1472年頃作、Galleria degli Uffizi, Florence.

＊「洗礼者ヨハネの首を持つサロメ」(Salome with the Head of St. John the Baptist)、ドルチ (Dolci, Carlo [1616-86])、1665年作、Royal Collection, Windsor.

＊「出現」(The Apparition)、モロー (Moreau, Gustave [1826-98])、1874年頃作、Musée Gustave Moreau, Paris.

＊「メドゥーサの首を手にする若者ペルセウス」(Perseus Fighting Phineus and his Companions)、ジョルダーノ ( Giordano, Luca [1632-1705])、1670年頃作、National Gallery, London.

図9「レイディ・ジェイン・グレイの処刑」(The Execution of Lady Jane Grey)、ドラ

ロシュ（Delaroche, Paul [1797-1859]）、1833年作、National Gallery, London.
図10「ゴリアテを成敗するダビデ」、偽フィロン『聖書古代誌』、The British Library, London.

## 右肩上がりのダビデの人気

図11「ダビデを殺そうとするサウロ」(Saul Attacking David)、グェルチーノ(Guercino [1591-1666])、1646年作、Galleria Nazionale d'Arte Antica, Rome.

## サウロ、ギルボア山で自害する

＊「サウロの自害」(The Suicide of Saul)、ブリューゲル（Bruegel, Peter I [1525-69]）、1562年作、Kunsthistorisches Museum, Vienna.

## ダビデ、統一王国の王となる

## 女好きのダビデと人妻バト・シェバ

図12「ダビデとバト・シェバ」(David and Bathsheba)、挿絵入り旧約聖書、1250年頃作、Pierpont Morgan Library, New York.
図13「バト・シェバ」(Bathsheba)、メムリング（Memling, Hans [1440-94]）、1485年作、Staatsgalerie, Stuttgart.
＊「ダビデとバト・シェバ」(David and Bathsheba)、クラーナハ（Cranach、Lucas the Elder [1472-1553]）、1526年作、Staatliche Museen zu Berlin, Berlin.
図14「バト・シェバ」(Bathsheba at Her Bath)、レンブラント・ファン・ライン(Rembrandt van Rijn [1606-69])、1654年作、Musée du Louvre, Paris.
＊「バト・シェバ」(Bathsheba)、コルネリス（Cornelis van Haarlem [1562-1638]）、1594年作、Rijksmuseum, Amsterdam.
図15「バト・シェバ」(Bathsheba at the Fountain)、ルーベンス（Rubens, Sir Peter Paul [1577-1640]）、1635年作、Gemäldegalerie, Dresden.
図16「バト・シェバ」(Bathsheba at the Bath)、リッチ（Ricci, Sebastiano [1659-1734]）、1720年代作、Museum of Fine Arts, Budapest.
図17「バト・シェバ」(Bathsheba)、ブルロフ（Brulloff, Karl [1799-1852]）、1832年作、The Tretyakov Gallery, Moscow.
図18「ダビデとウリヤ」(David and Uriah)、レンブラント・ファン・ライン(Rembrandt van Rijn [1606-69])、1665年作、The Hermitage, Petersburg.

## エッサイ（イェッサイ）の木

図19「エッサイの木」、1195年以前、アルザスの女子修道院長ヘラートが編んだ聖書からの章句などを含む一種の百科全書『喜びの園』(Hortus Deliciarum) から。

図20「エッサイの木」、『インゲボルク詩篇』(The Ingeborg Psalter)、13世紀。

図21「エッサイの木」、聖書挿絵、12世紀、パリ。

## 第７講　列王記上――ソロモン物語

**ソロモンの誕生**

**老いゆくダビデ**

**ソロモン、ダビデの後継者になる**

図１「トーラの写しを読むソロモン」(Solomon reading the Torah)、北フランスでつくられた彩飾写本（旧約聖書)、1278年作。

**ソロモンの大岡裁き**

図２「ソロモンの大岡裁き」(The Judgment of Solomon)、英訳詩篇挿絵、13世紀作、St. John College, Cambridge.

図３「ソロモンの大岡裁き」(The Judgment of Solomon)、14世紀作、Israel Museum, Jerusalem.

図４「ソロモンの大岡裁き」(The Judgment of Solomon)、ジョルジオーネ(Giorgione [1476-1510])、1496年作、Galleria degli Uffizi, Florence.

＊「ソロモンの大岡裁き」(The Judgment of Solomon)、ラファエロ（Raphael Sanzio [1483-1520])、1510年作と1518年作, Palazzi Pontifici, Vatican.

＊「ソロモンの大岡裁き」(The Judgment of Solomon)、ルーベンス（Rubens, Sir Peter Paul [1577-1640])、――、Statens Museum, Copenhagen.

図５＋図６「ソロモンの大岡裁き」、ヴァランタン（Vallentin de Boulogne [1591-1632])、1620年作（Galleria Nazionale d'Arte Antica, Rome)、1626年作（Musée du Louvre, Paris).

**ソロモン、神殿を建てる**

図７「ソロモンの神殿」、聖書学者の想像図、ウェブサイトから転載。

図８「ソロモンの神殿」、フーケ（Fouquet, Jean[c.1420-c.81])、――、Bibliothèque Nationale, Paris.

**ソロモン、宮殿を建てる**

**シバの女王の来訪**

図９「シバの女王の旅路」、地図。

図10「シバの女王の船出」(Seaport with the Embarkation of the Queen of Sheba)、クロード・ロラン（Claude Lorraine [1600-82])、1648年作、National Gallery, London.

図11「ソロモンとシバの女王」(Solomon and the Queen of Sheba)、ヴィッツ（Witz, Konrad [1400-44])、1435年作、Staatliche Museen, Berlin.

図12「ソロモンとシバの女王」(Solomon and the Queen of Sheba)、ギベルティ(Ghiberti [1378-1445])、1425-52年作、Bapptistry, Florence.

図13「聖木にぬかづくシバの女王」(Adoration of the Holy Wood)、ピエロ・デッラ・フランチェスカ（Piero della Francesca [1410-92])、1452年頃、San Francesco,

Arezzo.

図14「シバの女王を接見するソロモン」(The Meeting of Solomon and the Queen of Sheba)、同上、1452年頃。

図15「シバの女王の随行員」(Attendants of the Queen of Sheba)、同上。

図16「シバの女王を接見するソロモン」(Solomon Receiving the Homage of the Queen of Sheba)、ホルバイン (Holbein, Hans [1497-1543])、1534-35年作、Royal Library, Windsor.

図17「ヘンリー八世」(Henry VIII)、ホルバイン (Holbein, Hans [1497-1543])、1537年以降、Walker Art Gallery, Liverpool.

図18「シバの女王の旅」、エチオピア、パネル画。

**古代の千人斬りの第一号―精力絶倫王だったソロモン**
**新約聖書のシバの女王**

## 第8講 旧約外典――トビト記、ユディト記、エステル記（ギリシア語)、スザンナ物語

**トビト記**

図1「トビトとハンナ」(Tobit and Anna)、レンブラント・ファン・ライン (Rembrandt van Rijn [1606-69])、1626年作、Rijksmuseum, Amsterdam.

＊「トビトとハンナ」(Tobit and Anna)、レンブラント・ファン・ライン、同上、1630年代作、National Gallery, London.

＊「トビアスの出発」(The Departure of Tobias)、グアルディ (Guardi, Gianantonio [1699-1760])、1750年頃作、Chiesa dell'Angelo Raffaele, Venice.

＊「トビアスとみ使い」(Tobias and the Angel)、アントニオ・デル・ポライオロ (Antonio del Pollaiolo [1431-98])、1460年作、Galleria Sabuda, Turin.

図2「ラファエルとトビアス」(Raphael and Tobias)、ゴッツォリ (Gozzoli, Benozzo [c.1420-97])、1464-65年作、Apsidal chapel, Sant'Agostino, San Gimignano.

図3「トビアスとみ使い」(Tobias and the Angel)、ヴェロッキオ (Verrocchio, Andrea del [c.1435-88])、1470年頃作、National Gallery, London.

図4＋図5「聖なる三位一体」(Holy Trinity) の部分と全体、ボッティチェリ (Botticelli, Sandro [c.1445-1510])、1491年頃作、Courtauld Institute Galleries, London.

図6「トビアスとラファエルと大魚」(The Angel and Tobias with the Fish)、ラストマン (Lastman, Pieter [1583-1633])、1625年頃作、Museum of Fine Arts, Budapest.

図7「待つ人」(Waiting)、ミレー (Millet, Jean-François [1814-75])、Nelson-Atkins Museum of Art, Kansas City, Missouri.

図8「トビトの目の治療」(The Healing of Tobit)、マサイス (Maays, Jan [1510-75])、1550年頃作、Musée de la Chartreuse, Douai.

## ユディト記

図9「ホロフェルネスの首を討ち取るユディト」(Judith Beheading Holofernes)、カラヴァッジオ (Michelangelo Merisi da Caravaggio [1573-1610])、1599年頃作、Galleria Nazionale d'Arte Antica, Rome.

図10「ホロフェルネスの首を討ちとるユディト」(Judith Beheading Holofernes)、アルテミシア・ジェンティレスキ (Gentlileschi, Artemisia [1597-1651])、1611年頃、Museo Nazionale di Capodimonte, Naples.

＊「ユディトとホロフェルネス」(Judith and Holofernes), フリーニ (Furini, Francesco [c.1600-46])、1636年作、Galleria Nazionale d'Arte Antica, Rome.

＊「ホロフェルネスの首を手にするユディト」(Judith with the Head of Holofernes)、クラーナハ (Cranach, Lucas the Elder [1472-1553])、1530年作、Kunsthistorisches Museum, Vienna.

図11「ホロフェルネスの首を手にするユディト」(Judith with the Head of Holofernes)、アロリ (Allori, Cristofano [1557-1621])、1613年作、Royal Collection, Windsor.

図12「ユディトとホロフェルネス」(Judith and Holofernes)、マンテーニヤ (Mantegna, Andrea [1431-1506])、1495年作、National Gallery of Art, Washington.

図13「ベトリアの町へ凱旋するユディト」(The Return of Judith to Bethulia)、ボッティチェリ (Botticelli, Sandro [c.1445-1510])、1472年頃作、Galleria degli Uffizi, Florence.

図14「ホロフェルネスの天幕を出るユディト」(Judith Leaving the Tent of Holofernes)、ボッティチェリ、同上、1495年頃作、Rijksmuseum, Amsterdam.

## エステル記

図15「エステル」、「三人の有名な女性」(Three Famous Persons: Queen Esther) から、カスターニョ (Castagno, Andrea del [1421-57])、1450年頃作、Galleria degli Uffizi, Florence.

図16「エステルの化粧」(The Toilet of Esther)、シャセリオ (Chasseriau, Theodore [1819-56])、1842年作、Musée du Louvre, Paris.

図17「アハスエロスの前に伺候するエステル」(Esther before Ahasuerus)、シラニ (Sirani, Giovanni Andrea [1610-76])、1630年代作、Museum of Fine Arts, Budapest.

＊「アハスエロスの前に伺候するエステル」(Esther before Ahasuerus)、ティントレット (Tintoretto, Jacopo [1518-94])、1547-48年頃作、Royal Collection, Windsor.

図18「失神するエステル」(The Swooning Esther)、アントワン・コイペル (Antoine, Coypel [1661-1712])、1704年頃作、Musée du Louvre, Paris.

図19「エステルとアハスエロスの宴会」(The Banquet of Esther and Ahasuerus)、ビクトルス (Victors, Jan [1620-76])、1640年代作、Staatliche Museen, Kassel.

図20「モルデカイの凱旋」(The Triumph of Mordecai)、ラストマン (Lastman, Pieter [1583-1633])、1624年作、Museum het Rembrandthuis, Amsterdam.

**スザンナ物語**

図21「スザンナと二人の長老」(Susanna and the Elders)、ロット (Lotto Lorenzo [c.1480-1556])、1517年作、Contini Bonacossi, Florence.

＊「水浴びするスザンナ」(The Bathing Susanna)、ティントレット (Tintoretto, Jacopo [1518-94])、1560-62年作、Kunsthistorisches Museum, Vienna.

＊「スザンナと二人の長老」(Susanna and the Elders)、バッサーノ (Bassano, Jacopo [1510-92])、1571年作、Musée des Beaux-Arts, Nimes.

図22「スザンナと二人の長老」(Susanna and the Elders)、アロリ、アレッサンドロ (Allori, Allessandro [1535-1607])、1570年頃作、Musée Magnin, Dijon.

図23「スザンナと二人の長老」(Susanna and the Elders)、ルーベンス (Rubens, Sir Peter Paul [1577-1640])、1607年作、Galleria Borghese, Rome.

図24「スザンナと二人の長老」(Susanna and the Elders)、バダロッチオ (Badalocchio, Sisto [1585-1619])、1609年頃作、Ringling Museum of Art, Sarasota.

＊「スザンナと二人の長老 (Susanna and the Elders)、アルテミシア・ジェンティレスキ (Gentlileschi, Artemisia [1597-1651])、1610年作、Schloss Weissenstein, Pommersfelden.

図25「スザンナと二人の長老」(Susanna and the Elders)、グェルチーノ (Guercino [1591-1666])、1617年作、Museo del Prado, Madrid.

図26「スザンナと二人の長老」(Susanna and the Elders)、レーニ (Reni, Guido [1575-1642])、1620年作、Galleria degli Uffizi, Florence.

図27「スザンナと二人の長老」(Susanna and the Elders)、ヤン・ボト (Jan Both [c.1618-52])、1642年以前、Private collection.

図28「スザンナと二人の長老」(Susanna and the Elders)、レンブラント・ファン・ライン (Rembrandt van Rijn [1606-69])、1647年作、Staatliche Museen zu Berlin, Berlin.

# 参考文献覚書

## 1　資料およびその周辺

**＊本書で使用した七十人訳ギリシア語聖書は、**

秦剛平訳『七十人訳ギリシア語聖書Ⅰ　創世記』(2002、河出書房新社)
秦剛平訳『七十人訳ギリシア語聖書Ⅱ　出エジプト記』(2003、河出書房新社)
秦剛平訳『七十人訳ギリシア語聖書Ⅲ　レビ記』(2003、河出書房新社)
秦剛平訳『七十人訳ギリシア語聖書Ⅳ　民数記』(2003、河出書房新社)
秦剛平訳『七十人訳ギリシア語聖書Ⅴ　申命記』(2003、河出書房新社)

**＊ギリシア語訳のテクストの成立経緯やその後の展開については、**

秦剛平著『乗っ取られた聖書』(2006、京都大学学術出版会)

**＊ギリシア語訳聖書の近代語訳については、**

秦剛平著『あまのじゃく聖書学講義』(2006，青土社)
秦剛平著『描かれなかった十字架』(2005、青土社)

**＊古代における聖書物語の再話は、**

フラウィウス・ヨセフス著、秦剛平訳『ユダヤ古代誌』全20巻（6分冊、ちくま学芸文庫)

**＊ヨセフスについては、**

秦剛平著『ヨセフス』(2000、ちくま学芸文庫)
シャイエ・J・D・コーエン著、秦剛平＋大島春子訳『ヨセフス―その人と時代』(1990、山本書店)

**＊外典文書については、**

秦剛平著『旧約聖書続編講義』(1999、リトン)

## 2　図像

**＊図典・事典関係は、**

増田朋幸＋喜多崎親編著『岩波　西洋美術用語辞典』(2005、岩波書店)
J・ホール編、高階秀爾訳、新装版『西洋美術解読事典』(2004、河出書房新社)
J・D・ヘイル編、中森義宗監訳『イタリア　ルネサンス事典』(2003、東信堂)
黒江光彦監修『西洋絵画作品名辞典』(1994、三省堂)
柳宗玄・中森義宗編『キリスト教美術図典』(1990、吉川弘文館)
秋山光和編『新潮　世界美術辞典』(1990、新潮社)

佐々木英也監修『オックスフォード　西洋美術事典』(1989、講談社)
ピーター&リンダ・マーリ著、大島清次ほか訳『西洋美術事典』(1967年、美術出版社)
今泉篤男+山田智三郎編『西洋美術辞典』(1954年、東京堂出版)

**＊西洋絵画史理解のためには、**

諸川春樹著『西洋絵画史入門』(1998、美術出版社)
諸川春樹著『西洋絵画史WHO'S WHO』(1996、美術出版社)
諸川春樹著『西洋絵画の主題物語　I 旧約編』(1997、美術出版社)
中丸明著『絵画で読む聖書』(1997、新潮社)